# 西洋自由七藝綱要

劉伯驥著

中華書局印行

# 序

自由七藝或七種自由藝（Seven Liberal Arts），中世紀教學之課程也：中初級教育，語文與數學兩類，為其講授之科目；大學教育，法醫哲神各科，藉此階梯而進修焉。質言之，自由七藝者，上承希臘之哲學，羅馬之經學，下廸人文主義之智慧，自由教育之通義，而構成中世紀西方文化教育之基礎，曾為學者皓首窮求，孳孳用力之道也。然而以時代之推移，教育之變革，文獻之散逸，故制湮沒，往跡消亡，所謂自由七藝者，紀述所遺，獨存概念耳。矧論其內容，究其學旨，考其師承，追溯其淵源本末，及史闕文，茫然實未易知。韋編已朽，而荒於末學，寧不惜哉？夫西方碩彥如林，墳典悉備，茹古涵今，馳騁風發，惟對此藝之勤劬鑽研，撰著考證者，僅得數子焉：一曰栢卡氏（H. Parker, "The Seven Liberal Arts" 英國歷史評論 The English Historical Review, 1890，卷五，第十九期，頁四一七至四六一），二曰戴維遜氏（Thomas Davidson, "The Seven Liberal Arts" 教育評論 The Educational Review, 卷二，頁四六七至四七三，及大教育家亞里斯多德與古代教育理想 The Great Educator Aristotle and Ancient Educational Ideals, 1892），三曰威斯特氏（Andrew F. West, "Seven Liberal Arts," 阿爾昆與基督教學校之肇興 Alcuin and the Rise of the Christian School, 1920, 頁四至二十七），四曰亞比爾遜氏（Paul Abelson, The Seven Liberal Arts, Teachers College, Columbia University, 1906），五曰巴陀氏（Louis John Paetow, "The Arts Course at Medieval Universities With Special Reference to Gramma and Rhetoric, 伊里奈大學學報 The

University Studies, University of Illinois, 1910, 卷三，第七期）。各具別裁，泝其原委，撮七藝之閫閾，爲人文之龜鑑，踵承絕學，殆空谷足音矣。然其論旨，限於教學之課程，粗舉教本，不過捃摭史材，稍作有系統之闡明而已。至對於中世紀學術之源流與演變，條理旁推，尙感闕如；卽論學統之全貌，及其產生此課程之前因後果，又語焉不詳，故義晦而莫彰也。若夫自由七藝之流於中土，首見諸李之藻名理探一書，早在第十七世紀之初，耶蘇會士挾西洋學問東來，迻譯亞里斯多德名著，而論藝之義，析藝之倫，顧戔戔立言，未引起儒者重視，蓋亦卑不足道焉。

或曰：自由七藝云者，不過爲中世紀一套百科全書式之課程，代表當時學校、修院、與大學授業之內容，欲以定型化之科目，統宇宙與人性之智識爲一體，遂使人類思想，囿於此形式者凡七八百年之久。自文藝復興後，思潮橫溢，感情奔放，此舊形式主義之藩籬，已被衝破；迨科學興起，工業革命後，社會生活，方式漸異，教學內容，又爲之一變。故此拘於七藝之有限經義，自難饜人類之需求，乃代之以新穎而豐富之智識，自由七藝，遂流於抱殘守闕之倫，不復爲人所眷顧者，勢也，亦理也。雖然，自由藝教學之定爲七種，原肇自中世紀，顧此藝乃人文之學也，當其編入課程，以時代之需要不同，分量自有多寡之別，範圍且有廣狹之殊，權衡輕重，自立範疇，猶今日學校課程，對科學之取捨，亦相類焉。故舉形式而言，似未足爲詬病。夫自由藝既爲人文之學，卽希臘之學也，羅馬之學也，陶冶靈性，啓廸思想，培養能力，一貫學統，儼然爲教化所是賴。韓昌黎曰：「根之茂者其實遂，膏之沃者其光曄」，此務本之學，東方然，西方亦莫不然也。是以現代思想之進步，文哲之優美，科學之昌明，以其歸於教育栽培之功，毋寧謂由此學問基礎所涵煦之結果，而表現文化發展之現象，譬蟠根之發繁花，濫觴之成亘浸已。是故，自由藝之價值，所以備靈性之作用，植人文之根基，允爲現代教育所宜重視者，卽在斯歟？

著者嗜藝，涉獵有年，稽尋墜緒，探搜殘篇，乃治其梗概，編爲綱要。不揣淺陋，欲抒一得之愚，纂義鈎玄，以明西方文教之本源也。當今世亂方亟，學術每失其方向，人類靈分惘然，尙詭崇霸，流毒天下。憫世之士，嘗倡自由也，人文也，以矯時弊，端德性，而淸本末。區區之作，竊慕斯旨焉。若夫故事敷陳，有類乎獺祭；義訓乖舛，莫辨於魯魚，大雅君子，斲而裁之，抑亦幸矣！

中華民國五十年十二月二十五日劉伯驥書於美國舊金山

# 西洋自由七藝綱要目次

# 西洋自由七藝綱要

## 第一章　緒　論

### 第一節　自由藝的淵源

西方文化的起源與發展，夷考其過程，析言之，是孕育於希臘，傳播於羅馬，而陶鑄於基督教。這三個時期，乃凝成西方文化基礎的三大主力。西方文化教育中一套定型化的課程——涵煦人文的自由藝，也濫觴於希臘的先哲，纘述於羅馬的作家，而普遍施教於中世紀基督教的修院與各級學校。故自由七藝的教學，實代表古代有組織的學校課程，也可以說是中世紀教育的縮影。即使後至文藝復興時期，以恢閎古代經學的學問爲職志，擺脫中世紀主義的桎梏，使智識的領域，益形擴展，亦不過終結自由七藝內容的增飾，而對於這種具有悠久傳統的學問軌範，還沒有完全放棄。這樣說來，自由藝支配着古代的西方文化教育，一脈相承，殆有二千年的歷史。

希臘創造文化的理想，實爲自由藝所由產生。無疑的，栢拉圖（Plato，西曆前四二七至三四七年）與亞里斯多德（Aristotle，西曆前三八四至三二二年）的著作，會論列自由藝的意義。前者見諸理想國（The Republic），啓廸自由藝的性質，並探究其遠古的起源。後者見諸倫理學（Ethica Nicomachea）與政治學（Politica），認爲自由藝的效用，乃對於人類最高能力的訓練。當公元前第三世紀時，希臘的自由藝教學，初級的有文法、體育、音樂或加以圖畫；高級的則爲算術、幾何、天文、音樂、論理學、修辭及哲學。約在第二世紀，亞歷山大里亞（Alexandria）和東方各地，自由藝漸變而臻於系統化，希臘的文法與修辭，名家輩出，數學的科學，像算術、幾何與天文等，則由歐克里德（Euclid）、亞基米德（Archimedes）、亞里斯塔古（Aristarchus）、喜帕卡斯（Hipparchus）、埃拉托色尼（Eratosthenes）、及托里買（Ptolemy）等著作爲代表，智識泉流，學藝雲湧了。

羅馬時期，拉丁作家開始追求希臘的學問，而表揚自由藝的價值。自由藝者，是適應於自由人的教學課程，不僅爲着社會的自由，且求思想的自由，這也可說爲人性的藝，即發展人之所以爲人之重要的能力，始成爲通才。公元前第一世紀，發祿（Varro）的著作，對自由藝首作有系統的論述。西塞祿（Cicero）以此等藝——幾何、音樂、文學與詩詞，及有關於人類性質習慣的人文之學，與公共事務的科目，稱爲自由的、高尚的。凡藝的理論與實際，其指示生活之正當途徑者，統歸於哲學範圍之內。西塞祿明言祖述希臘的學問，認爲法律、哲學、歷史之與自由藝的關係，是值得研究的，但應注意者，是否每一科都稱爲自由而已。昆體良（Quintilian）亦論及自由藝，惟其主旨，特別重視修辭。約在第四世紀，羅馬帝國的學校中，自由藝的課程，已普遍施教，而自由藝之列爲七種，首見諸卡比拉（Capella）的著作。當耶穌紀元之初，在東方，許多基督教傳教士，慕希臘的哲學與文學，認爲適宜於修習；在西方，大部份傳教士雖受希臘學術所薰陶，但認爲這種學問與教義相悖，故仍持反對的態度，視之爲異端的。及自第四世紀起，異端學校衰落，教會競興，其力量寖假影響於教育。教會領袖，以異教徒既制勝，對自由藝減少畏忌之心，且認識其需要，乃據爲己有，採納這課程的內容，視作一種方法，以達其準備神學研究之目的。這種世俗的學問，當時認爲對於基督教是有價值的，遂紛紛講求，博學之士，並加以勤劬的著作。因此，聖奧加斯定（St. Augustine）所寄以理想的教育本質，亦不殊於昆體良。繼之以波愛萃斯（Boethius）、加西奧多（Cassiodorus）、依西多祿（Isidore）等努力，踵武前規，闡揚其義理，視此古代希臘羅馬的智識爲七條大道，使成爲定型化，用作教士訓練及俗人教育的課程。

## 第二節　自由藝的傳布

羅馬帝國後期，自歷次戰爭，屢遭蠻族刼掠，教育廢弛，古籍散遺。及帝國沒落，社會蕩然，其所保持古代世界的智慧、規制及威儀，從而破滅了。可是，「天子失官，學在四夷」，這種文化遺產，尚維持一樣的流行於兩個地域——極西在愛爾蘭，極東則爲拜占庭（Byzantium）。溯其原委，分述如次：

當歐陸喪亂時期，學者皆遷避於英格蘭三島，尤其所謂「聖者之島」的愛爾蘭，所受蠻族的侵略與蹂躪，比大陸各國輕得許多，故對於古代文獻，能夠保存，且創立許多修院，維持着希臘語文教學。愛爾蘭蘊藏古代的學術，既享盛名，各方士子，紛紛負笈而從學，於是教士啓其傳布之心；另一方面，歐西大陸，因學問之空虛，梅盧溫任（Merovingian）朝與卡盧林任（Carolingian）帝國諸王，對愛爾蘭教士之傳教，既竭誠歡迎，且聘爲教師，更造成有利之形勢。第六七世紀之際，愛爾蘭教士，挾教義，懷學問，渡海而至歐陸，如哥林班（Columbanus，約五四三至六一五年）之涖法意，加盧

（Gallus，即聖加爾 St. Gall，約六二七至六四六年）之臨德國，爲其著焉者。由哥林班自己的績業與其門徒的紹述，在法意德等國，創立修院凡百餘間；教義與自由藝，遂傳布於各地。迨沙里曼（Charlemagne）大帝崛興，恢閎教育，禮延學者到歐陸，重振講帷，其著者爲阿爾昆(Alcuin)。阿爾昆亦曾在愛爾蘭受學，力倡以自由七藝爲學校課程，蔚爲風氣。由阿爾昆傳至莫路斯（Rabanus Maurus），發展富爾達（Fulda）修院，成爲日耳曼文化的中心，自由藝的府庫，名震於全歐。故這時自由藝的學科，其大部份基礎，乃傳自愛爾蘭，而非羅馬的。經過這種種努力的傳布，自由藝遂由羅馬帝國殘餘中救出來，墜緒重整，學統益彰。而修院在當時爲學術之府，名家繼述師承，亦大有助於自由藝的進展。五百年間，自由七藝陸續發揚，成爲教會之先決的需要，視此七條大道，可導引心靈通於智慧的秘密，而進於科學的聖地。文法是全部眞實學問與科學的基礎，學者應由文法、修辭與論理學開始修習，進而探究數學的科學，然後至自然哲學，最後至道德哲學——這是全體科學之冠。在哲學之上，則爲神學，高於一切。這是自由七藝在中世紀學術系統中所處的所謂下倫之地位。

東方的拜占庭，不僅爲古代希臘文化的寶庫，亦爲希臘學術的傳播者，且與基督教及東方文化相接觸而混合，遂陶鑄其拜占庭型的文化。然而此東羅馬文化的體系，仍爲西方文化的支流，故以自由藝，尤其亞里斯多德的學問，爲教學的內容。自第五世紀起，學術漸興，羅馬威儀，猶存未墜，以迄第九世紀，凡哲學、文法、修辭、辯證法、幾何、數學、天文、音樂的學問，皆注意講求。故當西方陷入野蠻時代，只有拜占庭依舊保持文明。第十一世紀時，由「哲學家的太子」西路斯（Michael Psellus，一〇一八至一〇七八年）領導，促使栢拉圖哲學的復興。這世紀亦爲拜占庭文化的黃金時代。其治學方法，學生初習文法與修辭，乃進而授高等課程——算術、幾何、音樂、天文，以躋於哲學。西路斯沒後，其弟子紹述前徽，亞里斯多德的論理學、倫理學，爲之闡揚。厥後學者輩出，類皆通人學士，勤於編譯，像凱薩（Caesar）的雅利亞戰爭（Bellum Gallicum）、西塞祿的西培奧之夢（Somnium Scipionis）、奧維德（Ovid）的變態（Metamorphoses）及希魯地（Heroides）、杜納陀斯（Donatus）的小藝（Ars Minor）、波愛萃斯的哲學的安慰（De Consolatione Philosophiae）等書，都由拉丁文譯爲希臘文，故典籍亦很豐富。叙利亞的上層階級社會，原宗希臘的文化，雖在公元前六四年被羅馬征服，但精神方面仍爲希臘化，故詩學、修辭、音樂、數學、哲學研究風氣特盛。迨至耶穌世紀，阿提克（Antioch）、依地沙（Edessa）、及尼西比（Nisibis）等城鎮，其禮拜堂學校，對於希臘學問的啓廸，頗負時譽。當聶斯多列斯（Nestorius）被伊斐宿斯（Ephesus）公議會所放逐，其教徒由拜占庭流浪至叙利亞，使此等爲智識中心的城鎮，益增其重要性。約由第六世紀起，聶派教徒，對亞里斯多德的哲學與論理學，普非里（Porphyry）的導論（Isagogue）、泰勒斯（Thrax）的文法、加連（Galen）的醫學，由希臘文譯爲叙利亞文，或釋以注疏，其中最重視者爲亞里斯多德的論理學。由第七世紀中期起，當回教徒初與聶派接觸時，聶派教徒已完全浸漬於希臘化的精神之中。在一世紀之間，經過聶派學者的傳遞，回教徒遂由叙利亞文或由原始希臘文的哲學家、數學家、及醫生的著作，傳入阿拉伯。另一方面，阿拉伯征服叙利亞後，開始與希臘文化學術之僅存者相接觸而吸收其大部份。可是，希臘的思想文化，實由叙利亞人、波斯的蘇魯支教徒（Zoroastrians）、猶太人及哈蘭（Harran）的異教徒，傳授於阿拉伯的學者，而以巴格達爲學術中心，翻譯亞里斯多德的論理學、希婆卡拉底（Hippocrates）及歐克里德的幾何、栢拉圖的政治學、加連的醫學、亞基米德的算術、托里買的天文，碩彥如雲，勤於著述，使希臘文化，儼然移植於阿拉伯半島。論理學之中，亞威宸納（Avicenna，九八〇至一〇三七年）闡釋亞里斯多德的工具(Organon)，爲其評註最偉大者之一。當回教徒經北非洲而侵入西班牙，此西方之阿拉伯人即摩爾族（Moors）。他們隨侵入法國，杜爾（Tours）一役(七三二年)敗後，退居於西班牙，開始發展其文化。其後，在巴格達回教徒中之宗教狂熱者，猶東方基督教之放逐聶派一樣，將希臘化的教徒驅逐（約一〇五〇年），故東方學者，紛紛逃往北非洲及西班牙。是時哥爾多巴（Cordova）、格拉納達(Granada)、托利度（Toledo）、及色維爾(Seville)等地，皆設有學院。當東西方基督教學校的學術淪於低潮之際，東方學者誠庸中姣姣，却在這裏溉植其學藝之圃，教授東方的學術，發展科學與數學，如算術、幾何、三角、物理學、天文、生物學、醫藥、外科、論理學、形而上學、及法律學等，有高度的進步；師生共同生活，研究精神，空前鼎盛。當此之時，阿拉伯人，實爲世界學子之巨擘。在摩爾族作家中，有亞味洛厄茲（Abu'l Walid Mohammed Averroes，一一二六至一一九八年）者，企圖將亞里斯多德的哲學與回教的教義，合而爲一，對中世紀後半期的思想家，有很大的影響。由羅馬時期以迄於文藝復興之間，他可稱爲對亞里斯多德學說最偉大的評註家。在回教世界中，東有亞威宸納之紹承，西有亞味洛厄茲之纘述，便產生新亞里斯多德的智識，引致學者更醉心的研究。當第十二世紀之初，實一文化活動劇烈之時，哲學家欲於波愛萃斯之典籍外，再探考亞里斯多德之學說；算學家欲於原有之智識外，更求深奧之學理，可是希臘的古籍不可得，故歐陸學者，只得轉而乞靈於回教徒，負笈從師。竟蔚爲風氣。迨歐洲學者之肄業於西班牙的，攜回各種重要譯本，遂恢復希臘學術已失之師承。這樣說來，希臘的文化學術，東奔的支流，由拜占庭、敘利亞，而至阿拉伯，再沿地中海南岸迂迴而注於西歐。這一般學術支流的復歸，雖較愛爾蘭一派稍後，但對西方的智識體系，益增其豐富，科學的眼光，思想的領域，也為之擴大，而使自由藝教學的內容，頓形改觀。

亞里斯多德的智識體系與思想方法，當黑暗時期的數世紀中，隨羅馬文化之崩潰，幾在西方世界中喪失。及至第十二世紀巴黎大學之建立，在自由藝各大師之零星講授中而復現，加以回教徒增補而發揚，一部份禁書亦被取消，歧視的阻力，更已消除。這時自由七藝、亞里斯多德的三種哲學、和基督教的神學，大前提趨於調和，相輔相成，而組立中世紀各大學之標準課程。自由藝亦確定其地位，乃為對法律、醫學、與神學研究之先修階段。基督教徒認為基督教教義與亞里斯多德的學說，並無相悖，而且得其理論之助，更可證實與完成之。除哲學外，亞里斯多德所討論其他的主題，在自由藝中則屬於科學的範圍，亞里斯多德首倡之，聖亞奎納（St. Thomas Aquinas）更從而闡明分析之，其中包括準備作用，與自由藝的內容和其教學的計劃。故這時期自由藝的教學，受着亞里斯多德學旨的影響最大。後至耶穌會的治學方法，即自由藝的教學計劃，是根據人類的本性，創出發展人類最高能力的方法，亦闡明而運用亞里斯多德的原理的。

## 第三節　自由藝的轉變

從西方文化教育的本身來說，各個時代都有其特殊背景和基本精神；其背景與精神不同，自由藝的內容，因而發生許多轉變。即以三大時期而言，希臘重哲學、羅馬重演講與法律、中世紀重神學、法律與醫學，故自由藝的精神與內容，偏重點也互異。這非僅限於智識的分量問題，乃因應時代的趨向而內容不得不隨之以轉變。就以中世紀的課程論，整個時代也不能維持其完全無缺，一成不變，至少在教學上各科之質與量，都有偏輕偏重之感，是以根據時代的需要，有些科目在某一時期是特別擴展的，崇高的，而對於其他科目，雖然並非完全忽視。早期中世紀，只側重前三藝，直至沙里曼大帝復興教育後，後四藝才被重視。在羅馬時期，修辭爲藝中奇葩，盛極一時，惟自昆體良所著演講原理（Institutio Oratoria）後，殆成絕響，地位逐漸降低，迄文藝復興時期始復活。在第十二世紀以前，由於追求拉丁語文與文學，絕對需要，故辯證法與數學，僅有小進展，而文法是最注重的。但在中世紀後期，由揭開士林哲學派（Scholastic）一頁伊始，神學與形而上學，爲智士所鑽研，正確思想乃對問題考慮的先決要求，在思想上及駁論上之雄辯力，且視爲最重要，故辯證法特別講求。同時，數學的智識，隨阿拉伯人而俱來，增加其份量，擴大其眼界，算術、幾何、與天文，由覃思之士所最嗜好的科目。迨文藝復興時期，重視古典經學，文法與修辭復抬頭，西塞祿與昆體良的學問，爲學者揣摩的對象，在亞里斯多德旗幟下的辯證法，却告衰退了。

再從教科書的轉變來說，當中世紀時，每將智識視作整體的東西，統在百科全書式作簡短的綜述，以期人人能夠全部學習，像卡比拉的語言與風神的結婚（De Nuptïis Philologiae et Mercurïi）、加西奧多的自由藝與科學論，（De Artibus et Disciplinis Liberalium Literarum）、依西多祿的探源論（Etymologiae）皆爲粗淺的百科全書，並爲各學校普遍採用的標準教本。自大學的興起，新智識陸續增加，從回教及古代智識中又獲得重要的教材，學術復古運動之來臨，時歷一世紀有餘，故西方總智識中所增加之量數，相當可觀。同時由於印刷術的發明，未幾，新學術便遍及全歐。新舊智識累積之後，百科全書式教學方法，殆爲不可能之事，中世紀時期課程的內容，不得不因而改變了。至於自由藝的教本，中世紀各學校奉爲師承而採用者，有杜納陀斯和巴立斯安（Priscian）的文法，西塞祿的修辭，亞里斯多德的論理學，波愛萃斯的算術，歐克里德的幾何，托里買的天文，畢達哥拉（Pythagoras）的音樂。以文法一藝而言，第十二世紀乃其顯著轉變的時期，卽分爲舊文法與新文法兩途，後者以亞歷山大（Alexander）的教義（Doctrinale）及伊巴赫德（Eberhard）的希臘文用途（Graecismus）爲代表，皆以詩體撰成，而代替巴立斯安所著散文體裁的文法。至第十六世紀時，其地位却又被達波泰亞（Johannes Despauterius）的文法所佔了。當第十三世紀時，亞里斯多德的工具、及倫理學、政治學、詩學、修辭，以至其自然科學的著作，皆由阿拉伯文所迻譯，而爲大學的教本。由阿拉伯稿本所譯的論理學，稱爲新論理學，影響於士林哲學派，在大學中定爲教本，而與波愛萃斯所譯的舊論理學相頡抗。其後，由梅蘭克吞（Philip Melanchthon）於第十六世紀時所撰的論理學教本，比士林哲學派學者所纂編的更爲進步了。修辭一藝，至中世紀時已變質，各修院所用的，志在對聖經的解釋；當第九及第十世紀中，各學校所採的，又變爲應用於散文中的散文筆錄或書札，以迄於文藝復興，羅馬講求演講術的修辭，始復重視。至於數學各藝，阿拉伯的算術、代數、與幾何，由英格蘭的修士亞達拉德（Athelard of Bath）於一一二〇年由哥爾多巴傳回西歐，他的歐克里德原本（Elements），一三〇〇年已在大學中普遍採用。另一位學者吉拉德（Gerard of Cremona），稍後在托利度修習，對意大利亦有同樣的貢獻。他並由阿拉伯文迻譯許多稿本，包括托里買的最偉大者（Almagest）。且藉西班牙的文化通道，西方學者於天文與占星學，獲得東方的激厲。基於對星宿的研究，他們乃由阿拉伯的理論而講求圓體及平面三角術。數學名詞中最感興趣者，爲仿自阿拉伯記數法的零號。卽使音樂一藝，當西歐浪遊學者於第十二世紀旅寓西班牙時，亦領受其理論的與專業的新學問。這樣說來，中世紀的自由藝課程，顯然又受阿拉伯文化的影響，故其內容不得不從而轉變，——學問的趨潮，宛似溢過舊堤而開始流入新道了。

自由七藝的分科，中世紀時，前三藝爲文法、修辭、辯證法；後四藝爲算術、幾何、天文、音樂。後期中世紀，後四藝則分爲算術、幾何與地理、天文與物理、及音樂。文藝復興時期，後四藝之幾何與地理，天文與物理，進一步而各自獨立了。至於音樂一藝的歷史，各國不同，在日耳曼，繼續保持其重要性；在英法兩國中，其地位却降低。由此發展，以後教學的課程，前三藝爲文法、修辭、論理學，而文法又分爲文法、文學、歷史、神話四科，並注意希臘語與拉丁語。後四藝且沿着科學運動的方向，衍爲更繁富，像算術與代數、幾何與三角、地理與植物學、動物學、天文、機械、物理、化學、音樂等。始簡畢鉅，儼然爲現代文理科分科的先驅了。

自由七藝課程的轉變，顯著的雖然始自文藝復興時期，可是學者們在思想上對中世紀主義的否定，而倡導人文主義，把亞里斯多德降貶，終於擎起西塞祿的大幟，希臘語與文學，活躍一時，對自由藝的內容，不過稍爲改變，修正其方向而已。第十六世紀宗教改革時期，乃文藝復興態度之延續，仍採用人文主義的課程，故前三藝與音樂的教學，極爲重視，其餘算術、幾何與天文，只重理論的。至於耶穌會的治學方法，恢復自由藝的教學精神，且變通而運用之。第十七世紀的實體主義（Realism），反對人文主義學者及宗教改革家的狹隘形式與方法，認爲實在智識乃肇於推理或感覺，而非來自記憶或傳統的憑藉。但這種運動之施用於教育，其本身表現於三個不同階段，即人文的、社會的、及感覺的。人文的實體主義重視理想與內容，認爲生活的智識僅憑博通經學而得，即以經學的語言與文法爲方法，以達於其所求實在生活價值的新目的。此派以拉比利（Francois Rabelais，一四八三至一五五三年）與密爾頓（John Milton，一六〇八至一六七四年）爲代表，前者對文法與修辭，極爲重視，後四藝亦頗爲注意；後者主張思想重於言詞，提出百科全書式修習計劃，包括科學與自由藝（除音樂）在內，但以課程之廣泛，自由藝並不見得有特殊的地位。社會的實體主義是爲着實際的生活而教育，其方法由直接與人物及其社會活動相接觸而得實際智識與經驗，養成實際的品性，以蒙旦（Michel de Montaign，一五三三至一五九二年）與陸克（John Locke，一六三二至一七〇四年）爲代表。蒙旦認爲自由藝雖應學習，但以實際有用的爲依歸，即以陶冶品性而使其有用的與能幹的最爲重要，故這種傳統的課程，僅放在次要的地位。陸克側重教育上訓練，不在所學習的內容而在其學習的方法，如基本能力獲得發展，就可應用於其他許多方面，因此在其課程中提出非常廣泛的科目，自由七藝包括在內。他對於自由藝的意見，認爲文法應以其自己適當的語言來教授，其效用乃在教導正確的講話。修辭根據優良的法則或模範，由練習與應用，養成習慣，而使擅於辭令。論理學是探索眞理，——所謂眞理者，乃由事情本身經過一番成熟的及正當的考慮而發現之，加以篤守之，並非靠虛僞的名詞與辯論的方法而得。算術是最容易的與普遍的應用，但不能懂得太多與太完全罷。幾何應授以歐克里德的原本前六冊就夠了。天文準備以明察行星的轉動與理論。音樂以其價值有限，放在最後的地位。感覺的實體主義，認為智識肇自感覺而來，教育重在訓練感覺的悟性，而不在純粹記憶的活動。教育的一般理論，是根據理性而不在經驗的基礎；教育的目的，是學習自然的定律以控制自然，使有益於人，並利用科學智識，增進人類的力量。其代表為穆爾加斯達(Richard Mulcaster，一五三一至一六一一年)、倍根(Francis Bacon，一五六一至一六二六年)、及夸美紐斯 (John Amos Comenius，一五九二至一六七一年)。穆爾加斯達破壞拘束性的人文主義，特別注意初等訓練，尤其注意訓練的方法，對於自由七藝，視為應學習之列。倍根雖曾受過自由藝的訓練，但擯棄以前所採用智識之理論的方式，而重視實際的與有用的目的。學習應直接趨向於自然的研究，追求有系統的智識，冀圖將全部人類智識範圍改組，但所根據的智識是新科學的，而非古代文學的，因此首宜考慮自然的本身，此為第十七世紀無所不知的理想(Pansophic Ideal)。倍根所著學問的增進(Advancement of Learning)，分論學問與智識之重要及提倡學問之方法，其所謂學問之分類，除論理學與修辭外，並未列有自由七藝。又所著新大西洋島(New Atlantic)，其烏托邦寓言的所羅門之宮(Utopian Solomon's House)，當作一間理想的實驗的大學，其中有數學院，講求數學的智識，對於自由藝，他只視為補助性的學科而已。夸美紐斯認為凡事物有實際的存在而可理會者，智識始為眞實的。教學側重土語與自然的事物，而非經學及字義。人生的終極目的是隨天主永恒的幸福，教育在薰陶智識、品德、與貞潔，以助於達致此目的。其名著解明語言入門 (Janva Linguarum Reserata)，乃論列全智理想的觀念及教育主旨的新傾向，而於智識部份，前三藝包涵在內。他根據心理的教學原理，訂有四級的學校——幼年學校、土語學校、拉丁學校、及大學。在拉丁學校中，學生應學習四種語言及自由藝的一種百科全書式智識，凡修完全部課程的青年，並應受自由七藝中的一種特別訓練。第十八世紀的自然主義，是文藝復興的否定。文藝復興所發展之觀念，包括書本與形式的精熟，自然主義推翻之。其代表爲盧騷（Jean Jacques Rousseau，一七一二至一七七八年），認爲教育乃一種自然的進行，並非技巧的；由內部發展，並非由外面添增的。換句話說，教育是靠自然的本能與興趣之動作而得，並非由對外面力量之反應而成。凡由自然的創造者之手而來的東西是良善的，但在人們之手中却墮落了。課程的內容，基於自然的現象而組成，表現於自然的秩序，使兒童之能力自然展開，以應其自然的需要。所有科學與自由藝，乃使人們墮落，退化其美德。人類本性，應脫離科學而保存，好像母親由兒童手中急奪其危險之武器一樣。他只重視能力發展；其最高的能力——推理的力量，應由數學、論理的辯論、及語言的適當，訓練以發展之。幾何，當作察知的藝，由運用其眼以養成敏捷及視覺的確實，亦宜尊重之。第十八世紀乃教育的轉變時期，其懷抱破壞的態度，是爲着現時代之心理的、科學的、及社會的傾向而準備其大道。心理的貢獻是關於方法，科學的是關於教材，社會的是關於較廣濶的目的與較優良的學校機構。

披斯他洛齊（Johann Heinrich Pestalozzi，一七四六至一八二七年）、赫爾巴特（Johann Friedrich Herbert，一七七六至一八四一年）、及福祿培爾（Friedrich Wilhelm August Froebel，一七八二至一八五二年），代表心理的運動之教育家。這種運動，乃將自然運動變而爲科學的原理及實際的放在課室進行，重視心理的基礎，及個性的發展。教育工作是根據兒童的實際智識並對其眞實的同情。因此教育是由內的生長，而非由外的累積。教學的課程，側重初級的科學，如本國地理、口語、心算、音樂、遊戲，以及「恩物」，對兒童施以這種初級訓練，乃基於其興趣，與自由藝沒有關係。科學運動的教育家，為斯賓塞（Herbert Spencer，一八二〇至一九〇三年）、及赫胥黎（Thomas Huxley，一八二五至一八九五年）。這種運動，僅為感覺的實體主義所倡的運動之延續。教育規定為完全生活的一種準備。全部教育之基本問題，在討論「如何生活」。科學的修習，作為對兒童活動的一種準備，是基本的與最有價值的，因此將科學編入學校課程之中。斯賓塞側重科學的修習，認為科學的眞理乃本質上價值，並將科學分為三類：一、抽象的科學：論理學與數學；二、抽象——具體的科學：機械學、物理學、與化學；三、具體的科學：天文、地質學、生物學、心理學、及社會學。每一種科學，具有兩種價值——智識的價值及訓練的價值。這種視作最有價值的科學教育，除論理學與數學外，與自由藝的智識體系，大相逕庭。赫胥黎專志於自由教育的理論。他劃分技術的學科與自由的學科，且認為大學的目的，是作為智識與文化的中心，無論在任何意義來說，不能作為一所技術的學校。可是他懷疑在現代的大學中，自由藝要如此清楚的分類；倘若任何現代大學的課程，好像古代前三藝與後四藝而表現如此清楚的與大量的一種文化的內涵，實難令人相信了。第十九世紀的教育，其特性為社會化的方法。社會化的方法，在性質上乃反對盧騷的極端個人主義；其產生的教育，幾完全為通俗化，消除宗教的支配，而由國家供應與控制來替代。這種運動演進，經過三個階段：一、慈善的時期；二、轉由國家控制的時期；三、社會化教育的時期。教學的課程，有時為職業學校的性質，包括語言、寫作、唱歌、體育、初等算術、科學、地理、及職業科目。學校制度雖然有各種方式，但在宗教上與道德上訓導，也一樣注重的。此種教育的目的，在古典意義言，並非人文的，因此自由藝沒有列入課程。

統括來說，由於上述四個世紀教育思潮的轉變，影響自由藝的地位，取捨無定，顯隱難明。考其故，自由藝云者，實爲人文的學問，當中世紀告終，繼之以文藝復興，自由藝所變者在形式，而傳統的精神仍在。迨宗教改革以後，各派思潮突興，衝破舊學問的藩籬，人文主義也被壓倒，這百科全書式的自由七藝，不足以饜時代的求智慾，其支配教育的地位，不得不發生動搖。而且自哥白尼（Nicholas Copernicus，一四七三至一五四三年）發表其天體旋轉論（De Revolutionibus Orbium Celestium）一書後，托里買的理論，遂被拋棄。繼之，伽利略（Galigeo Galilei，一五六四年至一六四二年）及牛頓（Sir Isaac Newton，一六四二至一七二七年），對數學或物理學的理論，開一新面目，使自由七藝中數學的各藝，相形見拙，不免落後。倍根在其所著新工具（Novum Organum），推倒亞里斯多德的演繹推理的論理學。由於科學本身的實際進步，自由七藝的原有智識體系，更不能保持完整無缺，其表現衰象乃自然的趨勢了。

然而西方各國學校的課程，雖每將文科的範圍擴大，但自由藝的傳統地位，仍舊保持，並未完全喪失。茲舉英美兩國的教育爲例。在英格蘭，各大學對於自由藝，至少在一正式體制中，保持其地位，以迄於現代。當英人在美洲殖民的時期，所謂自由藝的課程，實綜合中世紀的自由藝（但缺音樂），亞里斯多德的哲學（倫理學、詩學、物理學、及形而上學）、文藝復興的人文主義學問（拉丁文、希臘文、希伯來文、及修辭），爲其教學的內容。第十九世紀，牛津大學碩士學位的考試，在拉丁文與希臘文兩種經學的文學中趨向於廣泛的範圍，並且包涵自由藝的文法、修辭、論理學、道德哲學、及數學的綱要；但經學構成了重要的科目，而數學則處在次等的地位。在美國，各學院所專修的課程，其目標在教育上特別稱爲文雅的或自由的，自然不忘於自由七藝。最早設立的學院，不僅採納歐洲各大學的課程，並在新環境中表示其特有的精神。幾乎在所有殖民的學院中，其立案所聲明之目的，是爲着訓練教士或市政府領袖的準備，將授學生以科學或自由藝。此種自由藝的範圍，除原來自由七藝外，並加以希臘文、希伯來文、及一些較新的科學與哲學，但多少都帶有宗教的氣質。自由藝所訓練的，不僅爲着教師與專業者，並且爲着所有自由受教育的人們。因此，碩士學位乃成爲一種自由教育的象徵。哈佛學院（Harvard College，一六三六年創立），初由過去三種文化主力——中世紀自由七藝的觀念，人文主義的經學理想、宗教改革的高等教育計劃，配合於其課程之中。其領得之特許狀（一六五〇年），所規定立學之目的，爲「取法優美的文學、自由藝、與科學，以求青年的進步」。哈佛並冀圖規復劍橋（Cambridge）的全部自由藝課程（缺音樂）、亞里斯多德三種哲學、專精的語言、及古典的藝術文學。一六四二年的課程表，對於自由七藝，如文法（希臘文與希伯來文）、修辭、論理學、算術、幾何、天文（僅缺音樂）、於其三年學程中專修。拉丁文法，原期於文法學校中業已精熟，且以拉丁語爲教學的語言。一七二三年的課程，第一年級溫習拉丁文，續修希臘文，及始授論理學、希伯來文、與修辭。第二年級，續修論理學、希臘文、及希伯來文，始授自然哲學（物理學）。第三年級，續修物理學，並加入兩種哲學與地理。第四年級，溫習各種語言、論理學、物理學，並加入數學（算術、幾何、與天文），乃完成碩士的學位。當時自由藝與科學並重，爲課程中主要的科目，其關係所謂「如拱門之石，相倚相持的」。威廉與瑪利學院（College of William and Mary），在英國國教（Anglican）提挈下，一六九三年由英格蘭領得其特許狀，規定：「我們，認眞的將各大前提經過細察，並寄以最誠懇的願望，就我們的範圍內，凡眞正哲學，及其他有用的自由藝與科學，可以促進，而奉正說的基督教信仰，亦可傳布」。其課程與哈佛學院的相同，當最初八十五年中，並無多大的變易。哥倫比亞大學（Columbia University），由英王喬治二世（George II）敕准，於一七五四年作爲國王學院（King's College）而創立，乃「爲着青年學習語言、自由藝、及科學的教導與教育」。其肄業四年的課程，特別重視拉丁文與希臘文的文法及文學、修辭、論理學、與哲學。當時自由藝的概念，已擴展至包括科學的、實利的、以及傳統的科目。其他如耶魯大學（Yale University，一七〇一年立）、佛蘭克林學院（Franklin's Academy，一七五一年立）等，其所授自由藝與科學的課程，實大同小異。各州早期憲法中的教育條文，亦聲明提倡自由藝與科學。可見早期美國教育，自由藝仍佔着重要的地位了。

## 第四節　自由藝與自由教育

自由藝的教學，是一種自由教育。何謂自由教育？簡言之，即爲着文化與爲着自由藝的教育。在古代，這種教育，乃自由人所需要，而爲着本身的和自主的目的，倘若釋作多少其他的目的，像道德的、政治的、或其他的，則屬於一種末業，處於較低的地位，所從事者不過爲技藝的、專業的、或任何特殊訓練的而已。要言之，倘若教育所從事者是爲着本身，爲着自己的緣故，而不涉於其他隱秘的目的，則其乃眞正的自由。蘇格拉底（Socrates）曾說：「最高尚勞作的意味，乃自由人所愛好。其他有用的各藝，則稱之爲粗俗的、非自由的、與平庸的。」栢拉圖稱操此等藝之人爲技工，而非公民。亞里斯多德指此種粗俗技藝，不過損壞形體、付酬的雇傭、與玩物喪志，並非自由教育。故自由教育的意義，比諸狹隘的專業化爲廣寬。自由教育的理想，應用於個人的體格上、道德上、與智識上質素之諧和發展。爲着保證這種善爲平衡的發展，希臘人遂展開一種課程——自由藝，即包涵當日青年自由人所應稔知的一切事情，故自由藝與自由教育兩名詞，實際上是同義的。自由藝的內容，不僅限於學校的科目，而且蘊含基本的哲學；其直接的目的是對人類智識本身的追求、理智的敎化、與最高能力的陶冶，自由教育實有異於通才教育及職業教育，通才教育及職業教育，其主要目的並非爲心思的發展，乃爲求社會的資格與職業的適應。通才教育，學識重於陶冶，是較爲直接的實用性與社會性。自由教育，則求心思的訓練，和眼光的擴展，重在敎化與陶冶的作用；即使爲着補充於職業的訓練，亦教其怎樣享受較好的生活。

自由教育首創於希臘，羅馬人保持其理想，紹述不變。及至中世紀時，風氣已謝，僅存概念。自由藝的大部份內容，雖然在大學時期經已恢復，但桎梏於中世紀主義，逐漸流於狹隘。爲文藝復興時期，自由教育的理想復生，殆比以前的範圍更廣。教育家每從希臘羅馬的典籍中，復現自由教育的全部理想，因此，希臘羅馬文學的智識，常結托於自由教育。此種文學，稱爲人類文學，簡言之，則爲人文。人文之學，反映着人類深刻的審美感情，崇高的道德目的，與最聰慧的智識想像，而爲自由教育的理想，自然的，也成爲自由藝課程的特性了。

## 第五節　自由藝的本質與價值

自由藝在其本身言乃一種目的，以培養心智的能力、判斷的確實、眼界的擴展，和心理的健全。除了對人類最高能力的訓練外，自由藝另一重要意義，爲其在教育上之中間性及預備性地位，此所謂初步教化的。故自由藝之所以異於通才教育及職業教育的，以前者的目的是預備的，而後者的目的是終結的。一種實際能力的發展過程中，包涵有兩大作用，一爲陶冶，一爲轉移。陶冶訓練，釋作一個人之思想與意志的能力，以及其想像與動情的才能，能受學習的某種方式之同化而發展。訓練的轉移，即在一科已練習過的能力，獲得一種可適用於其他科的基本技能——一種共通的思想或方法，可以特別適用於此科之外的。陶冶訓練對於能力的改善，例如專修法律、醫學、或工程，經過充份的準備，才使專門課程的學習，領受更好的進益。換句話說，專門的生活經過自由教育後，更爲有能力的與圓滿的，但其所遇之困難，不在理論而在實行。凡討論人類能力的，對於實際能力的發展，每根據能力心理學(Faculty Psychology)來解釋，認爲心靈有種種先天的能力，人類的記憶、智力、意志、想像的能力，都有改進的可能，故啓廸器官、訓練感覺、陶冶心思，就可發展其能力。譬如一個受過教育的人，有較好的想像和願望；其所表現的，比諸未有學校的學識和親嘗的經驗者，較爲活潑的與有效的。因此，能力心理學與陶冶訓練，實有密切的關係。訓練的轉移，即說明後天有學習的可能性，經過專門的訓練，就獲得一種新能力的運用。陶冶訓練的可能性，當不爲現代心理學家所同意，但其用衡定自由藝的本質，在分析步驟上，自應注意考慮的。從歷史上體驗，人類之智識的與道德的習慣，原基於理想的實行和品性的活動而養成的。羅馬人認爲自由藝乃爲着品性而培養精力，但非灌輸之。譬如一個人學習高尚的生活，而不需踵武之；了解行爲的規矩，而非追隨之。然而正確的規矩與良好的榜樣，對於一個人的教化是最重要的。紐曼樞機（Cardinal Newman）認爲學問乃品性的工具，思想於運用之前必須陶冶，自由藝的價値所要求者，不在其名稱的權限，而在其理性的力量。就是這個意思。

自由藝所以應該修習者，是爲着個人智識的至善。可是，自由藝一詞，其本身內容事實上並無自由的，其主題必以某種方法並基於某種目的而教授的，例如修辭藝，爲着演講的目的，而教以雄辯之術。因此，自由藝的本質，不僅解釋其內容，而且釋作目的與方法。對於自由教育之定義亦然。自由藝實有助於一個人的專業、餘閒、和生活。凡太易學習或太早學習，揠苗助長的作法，在教育上並非常態。故亞里斯多德在政治學裏說餘閒比工作更好，就是這個意義。如論評自由藝的內容，必須牢記其本質的而不在其偶然的。其目的必爲求心理健全與眼光寬宏，基於達致這種目的之能量，方可對其內容之評價。統言之，自由藝者，是可能使人把握眞理的完全智識。人文的陶冶，是適用於前三藝的各科；其對自然的了解，是屬於後四藝的。前者爲語文，後者爲數學。語文是思想的工具，數學乃智識的鍛鍊。此種學問的軌範，即如近代德國的高等學校(Gymnasien)、法國的中學（Lycee）、英國的文法學校（Gramma School）或公共學校（Public School）、美國的自由藝學院(Liberal Arts College)，皆沿習不變，重視自由教育的精神，對莘莘學子，陶冶其能力之發展，而作準備的訓練。近人嘗倡開發自由藝的「新境界」，以宏揚人類的文化。良以自由藝乃人文的學問，欲恢復人性的尊嚴和自由的眞諦，自然應重視這種人文之學的研究，而加以重新估價了。

# 第二章　自由七藝的起源

## 第一節　自由藝的定義

自由藝（Liberal Arts）一詞，溯源於拉丁文之 Artes Liberales。希臘文之相等於此義者，則爲多方面訓練或完全發展（Encyclicus Discipiina）一詞，乃對一種全部準備的課程所常用之稱法。然而在較早些時期，栢拉圖不用這一詞，對於音樂與體育，却稱爲藝；又說及建築時，則稱爲藝或科學。亞里斯多德稱藝爲自由的，以其適用於自由人或公民之謂。這樣說來，自由藝一詞，實淵源於栢拉圖與亞里斯多德。加西奧多（Flavius Magnus Aurelius Cassiodorus，約四九〇至五八三年）以 Ars 一字釋作教科書（textbook），而 Liberales 一字，非取義於自由（Liber），實衍繹於書本（Liber）（註一）。依其說，則所謂 Artes Liberales 云者，不過訓爲教科書的書本而已，似與這名辭的原意不合。羅馬初時不用這名辭，迨採納希臘的教育理想後，始相沿習用。通常認爲 Ars 是學校所授智識的各藝；Liber 則爲自由之義。由 Liber 配於 Ars 的，所以稱爲自由藝者，乃因用以訓練自由人爲目的。少辛尼加（Lucius Annaeus Seneca, the Younger，西曆前二年至西曆六五年）以自由藝則稱爲自由學問（Liberalia Studia），是「對自由所生之士有價值的學問」（註二）。聖奧加斯定（St. Augustine，三五四至四三〇年）也認爲自由藝是僅適用於自由人；所謂自由人者，乃生長於高尚的生活（註三）。故 Liberal 的字義，訓作適應於自由人者，而與那些適應於奴隸者相反。Liberal Arts 的定義，可釋作適應於自由人的、運用心思的一種高尚的學問。

## 第二節 藝之自由的與實用的

從藝的本質分析，相對的有兩大類：一爲自由的，一爲實用的或非自由的（illiberal）。自由藝是普通的學問、廣博的訓練、充份的準備、和思想的全盤改進，以培養其將來所從事的能力。換言之，自由藝是包涵人類智識的各種基礎，把眞理的廣泛範圍，先作一種統括的衡量，以爲預教的普通準備。此所謂教化、陶冶、乃至孔子所謂：「博學於文」（論語，雍也第六）和「游於藝」（論語，述而第七），就是這種意義。實用藝爲直接的、具體的、實效的，只限於軀體的技能，或技術應用所需的智識，即屬於專門技術的智識，各自獨立的，範圍較爲狹隘，獨具特殊的和實用的目的。名理探論諸藝可分上下兩倫，而下倫之藝，又分兩端：「其一，總該修飾靈分之藝，其要有七：譚一，文二，辨三，算四，樂五，量六，星七。其二，總該事力之藝，古紀其要亦七：農一，畋二，兵三，匠四，醫形殘五，織六，浮海七也。前七者，皆屬自主之靈，故謂自主之藝。後七者，皆屬身力所運，故謂事力之藝」（註四）。因此自由藝是屬於抽象的，心思的，與中國儒家所謂君子之學相似，以別於末業（Servile Arts）而言，以後者僅由奴隸所操習，屬於勞力的——體力的勞動，機械的應用，精神上沒有餘閒，運用心思很少，甚至沒有關係的。孟子說：「勞心者治人，勞力者治於人」（滕文公章上），似可爲這義的區分。要言之，自由藝注重明悟與玩索，除運用外並沒有生利的關係。實用藝側重於有用的，即產生效果與進益，以從事於經濟爲目的。

又從藝的源流來說，早期希臘自荷馬時期（Homeric Time，約西曆前第九世紀）起，以迄於公元前第七第六世紀後，其文化教育，只有實用的技藝與工藝之進步，而未成爲有系統的智識。及至伯理克理斯時期（Periclean Age，西曆前第五世紀），自由藝始組成有系統的智識體，故能超越於實用的技藝。此種學問，由於詭辯家、栢拉圖、亞里斯多德、及其希臘人的門徒，大部份孳孳所從事，教育遂與這種智識體相結合，而這種智識體既成爲系統化，故使教師能傳授於學生。早期羅馬教育，重視道德的、軍事的、及職業的訓練，原爲實用的。自與迦太基（Carthage）第一次拔尼克（Punic）戰爭（西曆前二六四至二四一年）後，開始採用希臘的教育理想。及西曆前二五〇年當奧德賽（Odyssey）一書譯爲拉丁文後，希臘文化逐漸傳入，而成爲羅馬教育的內容，青年人教育，由希臘教師主持，用希臘語言教授，學校課程，採用希臘的智識體。直至希臘——羅馬時期，羅馬被希臘所同化，在修辭學校中，對於雄辯術的訓練，自由藝爲主要的課程。羅馬教育的目的，雖重實用，有別於希臘的，可是自由藝仍繼承希臘的傳統，逾乎實用藝而佔着一重要的地位。且經過羅馬的傳播，逐漸發展，被目爲異端的自由藝，在中世紀引進於基督教的學校裏，更成爲定型的和獨佔性的課程了。

## 第三節　自由藝何以列爲七種

自由藝的區分，可以說始自栢拉圖。根據他的理想國，其教育計劃包括有兩種課程：初級的爲體育、音樂練習、及文字（文法）。高級的分爲科學的與哲學的兩階段；科學的（可以說是中級的）階段，課程爲算術、幾何、音樂、與天文。栢拉圖的教育計劃，似爲後來劃分課程爲前三藝與後四藝的先聲。根據孟祿（Paul Monroe）（註五）和戴維遜（Thomas Davidson）（註六）的意見，自由藝包涵，自由教育，在古希臘時期是傳授於「高等」的階級。格溫（Aubrey Osborn Gwynn）曾指出西塞祿（Marcus Tullius Cicero，西曆前一〇六至四三年）之師波色度紐斯（Posidonius），分藝爲兩級：一爲自由藝，另一爲兒童藝（Children's arts）（註七）。威斯特（Andrew Fleming West）謂當西塞祿時期，自由藝乃由希臘傳入羅馬，成爲羅馬士人（Gentleman）教育的基礎（註八）。麥堅尼（Loren Carey Mackinney）也同意這說，謂由西塞祿時期起，包括自由藝的教育科目，實爲對自由之士最優良的訓練（註九）。

羅馬既注意自由藝，但劃分其爲七種，而編入教育的課程，始自何時呢？史密斯（David Eugene Smith）謂自由七藝最先明舉於卡比拉（Martianus Capella）的著作中（註十）。可是，納丹（Schachner Nathan）所指出的時期稍後，謂自由七藝的教授，實際上是在第五六世紀時由波愛萃斯（Anicius Manlius Severinus Boethius，四八〇至五二四年）及依西多祿（Isidore，約五七〇至六三六年）開始（註十一）。波爾特（A. K. Porter）也以爲自由七藝開始時期起自第五世紀，他說：「色維爾（Seville）的依西多祿，對首先創立自由藝的雛形，雖歸功於栢拉圖，但前三藝與後四藝，認爲直至基督教時代的第五世紀，才表現而固定的成爲定制。」（註十二）然而事實上，當第四世紀卡比拉時，顯然的自由七藝已列入所謂異端學校（Pagan Schools）的課程了，以迄於加西奧多，是第一個基督教徒經常應用這一名辭的。統括來說，自由藝的發展，約可分爲三個階段：一、希臘時期自由藝的產生；二、由西塞祿時期起羅馬初期自由藝的傳播；三、由第四世紀起自由七藝的定制。羅馬初期倡導自由藝最重要的作家，有西塞祿、發祿（Marcus Terentius Varro, 西曆前一一六至二七年）、維特魯威阿（Marcus Vitruvius Pollio），少辛尼加、昆體良（M. Fabius Quintilian, 三五至九五年）等。茲分述如次：

西塞祿爲羅馬一位大演講家，認爲教育之目的，在求雄辯的完美。於其所著論演講家（De Oratore）第一冊序言中，西塞祿列舉學校所授的各藝，有哲學、數學、音樂、文學、和修辭等。在其他著作，他對於幾何與天文，也明確的提論作爲數學課程的一部份。西塞祿且常常說及自由藝（Artes Liberales 或 Liberales Disciplina），可是並沒有特別指出「七種」。發祿撰有科學九書（Disciplinarum Libri Novem），即爲自由藝的一部百科全書，包涵有文法、修辭、辯證法、幾何、算術、占星術、音樂、醫藥、及建築等篇。此書將希臘學問的全部課程，以拉丁文保存於羅馬，爲自由學者所應備有的。發祿的分類，雖然包涵自由七藝，並添增醫藥和建築兩科，顯然也沒有限定爲「七種」。維特魯威阿爲奧加斯都（Caesar Augustus）時期的一位軍官及建築家，於其所著建築術（De Architectura）一書裏，曾論文學、圖畫、幾何、光學、算術、歷史、哲學、音樂、醫藥、法律、及天文，藝的範圍，更爲廣泛。哲學家與道德家的少辛尼加，其學旨重視哲學，而懷疑自由藝。哲學能使品性的養成，故認爲眞正的自由學問。自由藝雖然在各方面有用，但非教導品性的。於其名著致陸西流斯書札（Epistle to Lucilius, LXXXVIII）裏，充滿着實際智識和道德見解，曾引用自由藝一詞，僅泛舉文學、音樂、幾何、算術、與天文，其範圍全無限定。他的哲學，分爲道德的、自然的、與理性的；修辭與辯證法則爲理性的兩種區分，乃屬於高等的學術，似不歸自由藝之列。羅馬另一大演講家的昆體良，於其所撰演講原理（Institutio Oratoria）一書，却注意四種自由藝，即文法、修辭、音樂、與幾何（幾何包涵算術與天文）。這種爲演講而準備學問的通軌，亦僅略指其科目。這樣說來，羅馬初期的自由藝，學者對其科別尚沒有確實的枚舉，像西塞祿分五科，發祿倡九學，維特魯威阿講究智識的十一門，以至辛尼加的五藝，昆體良的四藝，聚訟紛紜，莫衷一是。

自由藝明確的定爲七種者，實始於第四世紀的卡比拉。他著有寓言的語言與風神的結婚（De Nuptiis Philologiae et Mercurii）一書，共有九冊，爲中世紀五大教科書之第一種。這書將發祿的九藝，裁削而爲七。開首的兩冊，備述婚禮，並以七個擯相所言綜述每一科的古代學問，作爲總綱。第三冊論文法，第四冊辯證法，第五冊修辭，第六冊幾何，第七冊算術，第八冊天文，第九冊音樂。這種古代智識綱要的編纂，乃直接取材於前代的學者而成，像文法、辯證法、幾何、與天文，採自發祿；修辭採自亞奎拉（Aquila Romanus）；算術採自尼可麥古斯（Nicomachus）；幾何與地理，採自蘇林奴斯（C. Julius Solinus）與普林尼（Pliny the Elder）；音樂採自昆體良。自由藝這樣鮮明的劃分爲七種，顯然是由其肇端了。聖奧加斯定和自由藝的關係，也很密切。在基督教的教育上，採用異端課程的傾向，原由其鼓勵的。他自己曾充修辭的教師，尤其關於自由藝的作家。其所撰科學書（Disciplinarum Libri，三八七年），僅完成關於文法的一冊，和關於音樂的一部份。除了這兩藝之外，聖奧加斯定開始撰著其他五藝，即辯證法、修辭、幾何、算術、及哲學（替代天文）等。他雖不及卡比拉那樣明顯的列舉自由藝爲七種，但似承認其進行著述的七種科學，乃自由藝所應修習的範圍。波愛萃斯爲自由七藝的一個著名作家，也爲早期中世紀智識食糧之主要供應者。如謂卡比拉等奠立了中世紀學術之府的基礎，那麼波愛萃斯實建築及裝飾其頂端，教授「吾國之風尚與希臘智慧之藝」了。他所編撰各論著中，自己的創作和關於亞里斯多德作品的翻譯與傳註，成爲中世紀學校課程的一部份。在自由藝的科目中，波愛萃斯首重後四藝，以表示「四條門徑」(a fourfold path)——算術、音樂、幾何、及天文。爲着供應後四藝的學習，他撰著算術、幾何、和音樂各一部。其算術一書，流傳於中世紀凡數百年；而音樂一書，爲各學校與大學的一種課本，以迄於第十八世紀將近中期爲止。至於前三藝，他最大貢獻者，爲翻譯與注釋亞里斯多德的論理學，構成中世紀辯證法教學的內容。對於這一藝，他自己另著有辯證篇(Topics)、分釋論(On Divisions)、並供應一種辭典、技術上名辭、和定義，以便學者的應用。加西奧多像波愛萃斯一樣，曾對教育以一大影響。於其所撰自由藝與科學論（De Artibus et Disciplinis Liberalium Literarum）一書中，主張每一修士應該熟習自由藝——文法、修辭、辯證法、數學，最後一種分爲算術、幾何、音樂、及天文等四藝。文法一藝，採自杜納陀斯(Donatus)所著的節要。修辭大多抄襲西塞祿的。辯證法，一部份取材於發祿，主要的則宗波愛萃斯。至於數學的四藝之中，算術參考尼可麥古斯及波愛萃斯。幾何主要的採自發祿及波愛萃斯所譯歐克里德的原本（Elements）。音樂傳習於各師承。天文仿自波愛萃斯。由於加西奧多的啓廸，中世紀學校課程的分量與科目，遂作明確的規定了。可是自由藝何以規定爲七種，他且舉出其義，謂原基於舊約中箴言（Liber Proverbiorum, IX, 1,）所云：「智慧之室的七柱」(Seven Pillars of the house of Wisdom）的一詞而得。根據基督教的觀點，七之數，是天主所許可，故應用很普遍（註十三）。古代繁雜的學問，經過基督教領袖之手，編列爲課程，自然依其傳統而約之以七種了，依西多祿爲另一位對自由七藝具有最大貢獻的作家。他仿效加西奧多，著有探源論（Etymologiae）二十冊，第一冊論文法，第二冊修辭與辯證法，第三冊算術、幾何、音樂、天文。自由七藝，已備述於此三冊之中。由第四冊至第二十冊，爲醫藥、法律、神學、語文學、社會、自然科學、戰爭、與房屋、用具等，是百科全書式。中世紀高等教育，常用此書爲主要的課本。他對於自由七藝的學問，雖然精通，但其釋義，不過抄襲加西奧多而已。一般來說，加西奧多和依西多祿的著作，原依據卡比拉的師承，但藉此兩人之助，卡比拉的論著，更爲普遍化。阿爾昆（Flaccus Albinus Alcuin，七三五至八〇四年）爲中世紀一宗師，在約克（York）學校授徒中，採用自由七藝爲課程。他並著有七藝論(On the Seven Arts)和其他文法、修辭、辯證法等書。阿爾昆的弟子莫路斯(Rhabanus Maurus，七七六至八五六年)，所享教育著作家的地位，較其師爲高。在他所撰教士的教育（De Clericorum Institutione）的第三篇，是自由藝的概要，前三藝的文法、修辭、辯證法，和後四藝的算術、幾何、音樂、天文，都詳爲闡論了。這書的編著，是取材於栢拉圖、亞里斯多德、西塞祿、昆體良、聖奧加斯定、聖哲羅莫（St. Jerome）、加西安（Joannes Cassianus）、波愛萃斯、加西奧多、及依西多祿等著作。自是厥後，自由七藝的教學，已成普遍的定制了。

(註 一) Charles G. Herbermann, etc., The Catholic Encyclopedia, Vol. I, p.762. "Willmann Otto, Art, the Seven Liberal". New York, The Encyclopedia Press, 1913.

(註 二) Seneca, Epistulae Morales, tr. by R. M. Gummere, Vol. II, Epistle, LXXXVIII, 1, p.349. London, W. Heinemann, 1917.

(註 三) Robert P. Russell, Divine Providence and the Problem of Evil, A Translation of St. Augustine's De Ordine, L, 31, p.63. New York, Cosmopolitan Science and Art Service Co.,

1942.

（註　四）名理探，傅汎際譯義，李之藻達辭，第一冊，卷一，諸藝之析，頁九。（萬有文庫第二集，上海，商務印書館，民國二十四年）。

（註　五）Paul Monroe, An Encyclopedia of Eduction, Vol. 4, p.1. New York, Macmillan Co., 1913.

（註　六）Thomas Davidson, The Great Educator Aristotle and Ancient Educational Ideals, Pp. 239-247. New York, Charles Scribner's Sons, 1899.

（註　七）Aubrey Osborn Gwynn, Roman Education from Cicero to Quintilian, p.178. Oxford, The Clarendon Press, 1926.

（註　八）A. F. West, Alcuin and the Rise of the Christian Schools, p New York, Charles Scribner's Sons, 1920.

（註　九）L. C. Mackinney, The Medieval World, p.51. New York, Farrar and Rinehart, Inc. 1938.

（註　十）David E. Smith, History of Mathematics, Vol.II, p.3. New York, American Book Co., 1899.

（註十一）Schachner Nathan, The Medieval Universities, p.15. London, George Allen and Unwin Co., 1938.

（註十二）Arthur K. Porter, Lombard Architecture, Vol. I, Book II, p.346. New Heaven, Yale University Press, 1917.

（註十三）像一週為七日，天主經七願 (Seven Petitions of the Lord's Prayer), 聖神七恩 (the Seven Gifts of the Holy Ghost), 七聖事 (the Seven Sacraments), 七聖德 (the Seven Virtues) 等。中世紀時，騎士教育的武士訓練，規定應精練者，亦為七種武藝。

# 第三章　自由七藝教學的目的

自由藝在教育的過程中是一種準備的訓練，或陶冶的工具。藉此準備的訓練，涵煦其品性，培養其能力，進而達其所預期高深學問的目的。可是，由於各時代的社會背景不同，生活需要有別，故自由藝教學的目的，亦大異其趣。希臘時期，自由藝的教學，是爲着準備哲學的研究；羅馬時期，爲着準備演講術的訓練；中世紀時期，爲着準備神學的專修。茲分述如下：

## 第一節　準備哲學的研究

希臘教育的主要特質，是追求智識學問或文化。教育的理想（後期雅典的），爲培養善人。栢拉圖說：「凡人受優良教育的，將成爲善人；而變成善的，則其對於其他事情的作爲，秉有一種高尚的態度」（註一）。因此對每個人的評價，是依其所受教育的分量而定。教育的目的，重在培養，以期個人的康樂和國家的良治。可是，希臘最初所注重的自由教育，分爲兩部份：一爲軀體的——體育，二爲心靈的——音樂。在音樂的主題之下，不僅包括構成每一個自由人教育的自由藝，並且哲學亦在內。但必須注意，所謂音樂云者，含有兩種意義：廣義的包括全套智識的教育在內，狹義的只限於如現時之所謂音樂。廣義的音樂，除了聲調的音樂之外，連詩也包括在內；而詩在當時乃一切科學之媒介。統言之，音樂與詩，爲藝與科學所由產生的。畢達哥拉（Pythagoras，西曆前五六九至五〇〇年）在音樂之下，列舉文學、算術、幾何、天文、音樂（狹義的）、及其所創哲學之一詞。蘇格拉底

（Socrates，西曆前四六九至三九九年）堅持哲學乃最高的音樂。栢拉圖亦然，認爲眞正的音樂，和眞理及哲學相結合，而文學則常處在音樂之下。栢拉圖並闡明自由教育的意義說：

「由兒童傾向於令人羨愛的品德，而成爲至善的公民，並使知道怎樣克制且應由正直的克制，即（我們所說）是教育。照我來看，這樣的教養，其說法要下定義，並應欣然的獨稱之爲教育；然而彼志在牟利，或對軀體的任何增强，或任何其他的聰慧，離却智識與正義者，不過一種藝業而非自由的，皆不應叫做教育。恕我們不必對這區區一名詞和他們爭論；但任這種既承認其合當的主張保留，凡受過適當教育的，幾乎（他們全體）成爲良善。是以使教育蒙受屈辱的抑制，勢所不能；自賜惠於最善的人們以來，它是百行之首，乃最優異的。無論何時，凡誤入歧途者，可使其幡然歸正，故每個人更需竭其力畢生以從事之。」（註二）

這是栢拉圖晚年的教育思想，重視品德；認爲品德在自由教育中是一種重要的特性，由品德教育培養其正義，而產生善人。可是栢拉圖秉承蘇格拉底的學旨，也重視智識，所謂「智識就是美德」。良以智識是包涵宇宙眞諦的抽象見解，和形成現象的超覺思想。唯有上智的哲學家，才能了解其玄妙。他在年青時所撰理想國一書，主張國家由哲學家來統治：

「當他們年屆五十歲時，那些尙健存，且其平生事業與學問素稱卓越者，可達成最後的圓滿：至此，他們必須昂舉心靈之竅作萬有之光，以普照萬物，皈依絕對的善；若以此爲表率，他們遂以處理國家與人民的生活，以及其自己的晚景。他們既以哲學爲主要事業，但當其趣向也勞心於政治與化民時，並非實行英雄的本色，不過爲盡責任的問題而已；迨後輩經其栽培像自己一樣，至善無缺，而堪委與充當國家的統治者之時，遂遯隱於快樂島(Island of the Blest)之上，逍遙終世；倘若神諭(Pathian Oracle)所許，可作爲半神半人以祀之，即使不然，無論如何應受祝福與當作神聖的，則國家將爲其建碑獻祭而崇敬之。」（註三）

根據栢拉圖的觀點，哲學包涵眞善美的目標，由於了解生命、智識、與宗教的重要問題，方滿足其最大的願望。一個至善的人，應該是一個哲學家。哲學家也是智慧的愛好者。栢拉圖的教育，並非志在牟利，而在求純粹的眞理或眞實。因此教育的進程，以研究哲學爲最高的理想。

中國儒家的教育思想，感化重於政刑，論語說過：「道之以政，齊之以刑，民免而無恥。道之以德，齊之以禮，有恥且格。」（學而第一）栢拉圖也是一樣，在理想國一書裏，認爲人民有健全的本性，立法是不需要的；若其本性不健全，立法則爲徒然。本性僅靠教育與訓練而陶冶之。教育的理想計劃：初等（由童年至二十歲）授以體育、音樂、文字（文法）。中等（二十至三十歲）授以科學——算術、幾何、天文、及音樂的諧和。高等（三十至三十五歲）授以辯證法或哲學。這樣的課程，作爲理想公民的實除生活之準備。其學程的順序，體格鍛鍊，由體育開始；而靈性陶冶，則以哲學爲依歸。中等的科學課程——自由藝，並非實際應用，乃一種抽象的理論，即爲着研究哲學而訓練智力的準備。例如算術，有一種很大的與鼓舞的效力，驅使心靈對抽象數字的推理，作爲追求眞理的練習，使其思想更爲敏捷。爲着所有推理，故算術是應該訓練而必不宜放棄的智識之一種。「幾何將令心靈趨向於眞理，而創造哲學的精神。………凡專修過幾何的人，其理解力比未曾學習者更爲無限的敏捷。」（註四）天文，「四季與年月的觀察，對一般人的重要，猶如對農夫或海員一樣。」（註五）可是，想了解天文，應靠理智與智慧，而非僅憑觀察，故栢拉圖認爲「天文，好像幾何一樣，我們應從事於解決問題，倘我們以正當的方法來硏討這論題，可以不需理會天空，誠如是，則使理性的天賦，可作任何的實用了。」(註六)與天文爲姊妹的音樂，是靈性之陶冶，其所需要者，是學習數字之自然的諧和。「音樂的訓練，比任何其他方法，更爲有力的，因韻律與諧音沁入心靈的內部——對其適於受教而文雅的，或不適於受教而非文雅的，調劑其靈性。」(註七)除了討論這四種自由藝的作用外，栢拉圖把辯證法列爲高等的哲學課程，下一定義爲「直接趨向於最高的法則，不需假設而使其理由穩固的唯一科學。」故論其地位，爲「科學的牆頂石(Coping-Stone)，巍然在上；沒有其他科學比其能處更高的地位。」(註八)

亞里斯多德，乃栢拉圖的弟子，認爲教育是政治的一部份，教育的目的，爲求合理的生活。人的心靈有雙重性質：「其中一種，本身具有理性，而另一種，本身並非理性的，只有服從理性的可能。」(註九)故個人的最大作用，在思想與行爲應爲理性的。國家的最大作用，培植人類達致最良善的方法，以管理社會。藉理性的健全與善行，便構成眞正的道德和全部教育的最後目的，故教育一方面是好好修養靈性，發展自己，對餘閒作高尙的利用，和正當的享受；另一方面是公衆的，以理性的行爲，增進國家的康樂。統言之，教育之終極目的，在求康樂與良善的。康樂爲所有生活的主要目的。良善包涵幸福與爲善。智識的良善，由於教導；性質的良善，基於習慣。他的教育理想，包涵三部份：訓練體格、鍛鍊意志，及發展智識。因此，教育的課程，初級：體格與道德的陶冶；中級：由體育、音樂與圖畫而作情感的訓練；高級：由數學、論理學、和其他科學而作公民訓練及理性的發展。他所倡之自由教育，研究哲學是避免愚昧；追求科學，是爲着智識，並非作任何的實用。亞里斯多德對於自由藝，分析其意義如下：

「因此，不難見到的，青年必須授以有用的藝，這是不可少的需要；然而顯然的，他們不要全授以有用的藝，那些追求，自由的應與非自由的有別，並且他們參與此種有用的藝之中，而不要使其流於粗鄙的。一種課程乃至一種藝或科學，倘若使自由人們的軀體、心靈、或意志而無關於美德之享受與舉措，當視爲粗鄙的。……卽使以自由科學（藝）而言，雖然沒有非自由參與其中的一部份以達其目標，如對其太勤勞與苦心，却不免貶損所列舉的結果。而且，此對於一個人所欲從事或研究的目的，有極大差異；倘若一個人爲其自己或朋友，或以道德的理由而追求之，當然不是非自由的，可是，一個人却爲他人的而作同樣追求，則會常表現於精神的鄙態的行爲了。」（註十）

栢拉圖主張先天觀念，亞里斯多德則重視後天觀念，教育的理想雖不同，但以哲學懸爲自由藝所追求之目的，則無二致。可是，對於自由藝的注重點，兩者互異。栢拉圖論述算術與幾何，較亞里斯多德爲重視。亞里斯多德對於修辭與論理學，則比栢拉圖爲優越。亞里斯多德且貢獻品性的分析與科學的方法，影響於自由藝的發展，極爲顯著的。

除上述栢拉圖和亞里斯多德啓廸自由藝的目的之外，希臘的學者，從哲學的觀點以論自由藝的目的者，尚有菲魯、普魯托克、及加連等，可爲例證。菲魯（Philo Judaeus，約生於西曆前二十五年，死於西曆四十年後）爲猶太教徒，大抵會由猶太人中接受法律及國家傳統的教育，但爲着準備研究希臘哲學，遂精習希臘的文法、音樂、幾何、修辭、及辯證法等。故其學說，屬於亞歷山大里亞派，乃猶太化的希臘哲學。他常由哲學分別叢藝，認爲一個人欲尋求哲學的眞理，必先與藝相聯繫。他的著作，每論及自由藝，可說是新栢拉圖學派的基礎。希臘的評傳家普魯托克（Plutarch，五〇至一二〇年），似私淑亞里斯多德的學旨，即以良善與康樂爲哲學之理想的目的。對於教育理想：「我從簡單來說，在這些事情中，其始端、中間、及終結，是優良的教導和適當的訓練；我說，此乃藉各種協助而導其趨向於道德的良善與康樂。」（註十一）希臘的醫生加連（Galen，約生於西曆一三四年），著述以供醫士的修習，其觀點認爲最優良的醫生也是一個哲學家。他分析哲學的元素——論理、物理、與倫理。藝的性質是雙重的：一爲高尚的，與心靈的天賦相聯繫；另一爲卑賤的，僅靠肉體的勞動。前一種享有「自由」之名；後一種稱爲「機械的」。加連將醫學放在前一種之首，而超越於各種精神的事業；這些事業即自由藝，其分類爲修辭、音樂、幾何、算術、辯證法、天文、文學、法律，並加上兩種隨意科，即雕刻與圖畫。加連雖以自由藝之上爲醫學，但仍以哲學爲最高的目的。

## 第二節　準備演講術的訓練

早期羅馬，原反對希臘的思想習慣，認爲希臘已告衰落，乃無用的及不能改進的種族，「如羅馬深受了希臘文學的浸漬，將喪失其帝國！」迨羅馬征服希臘後，希臘的文化，即傳進羅馬，而影響其教育與思想。像辛尼加的學旨，是祖述亞里斯多德的，認爲所有人們的欲望，在求享受一種愉快的生活。故其哲學，是注意生命的全部，以學習怎樣生活，怎樣死亡（註十二）。換句話說，即以理性確定生存的各種條件之價值，是以對於自由藝的研究，不過導引心靈以正確的方向，準備知道怎樣生活的基礎。然而羅馬教育的特質，爲有用的與實效的。其眞正目的，是爲着個人實際生活的準備，和對國家服務的智識之發展。故羅馬青年，僅求其學習「他們的法律與長官」(註十三)。爲着「對你們自己的光榮，對你們朋友的實惠，和對公衆的利益，」(註十四)加以驚羨希臘演講家滔滔之詞，接受希臘修辭家的教導，和揣摩希臘文學的會話技藝，羅馬人遂引起愛好雄辯術的狂熱，繼而各自用功，奮力啓廸，爲公共之所尚。當共和國時期，召開國民會議之場所，設有船首講壇，而法庭又與口若懸河的辯護士以演講之機會，故公開演講，爲羅馬盛行之技藝，幾乎所有青年，奮志於學習。口才的雄辯，蔚爲風氣，偉大的戰士，亦卽偉大的演講家。是以演講術爲羅馬學者所最重視的科目，良以「由於精通的演講家之明斷與智慧，不只爲着他自己的光榮，而且許多其他個人的光榮，和全國的幸福，都受到重要的保持了。」(註十五)自共和國顚覆，國民會議與政治審判，兩皆告終，雄辯因缺乏資料而消亡。其後職業演講家增多，常當衆朗誦詩文悲劇，教人以演講之術，帝國初期，遂有公開演講狂。而修辭學校之設立，乃對演講及法律之專門訓練，凡受過此種教育的演講家，便精諳法律及歷史，善爲說辭。要言之，羅馬的演講家，其應具備之條件，需有律師的記憶，論理學家的敏銳、哲學家的智慧、在語言上有詩人的天才，演悲劇者的聲調，和演劇者姿勢。哲學雖認爲至善演講家所需要，但在帝國時期，其最高的地位已被降低，蓋羅馬人的心目中，演講家較哲學家尤爲偉大。因此演講家的教育，包涵道德的品性、廣博的文化、和講話之說服的能力。自由藝教學的目的，完全朝着這一方向而作初步訓練的準備。

羅馬初期的西塞祿，和愛蘇格拉底（Isocrates，西曆前四三六至三三八年）的學旨相似，實際上視修辭與哲學爲同一；至少兩者之間，並無分別。哲學乃衆藝之母（註十六），而哲學又必須由演講家所研究（註十七）。西塞祿將哲學劃分爲三部份：「研究物理的奧義、論理的精巧、及生活與行爲的智識。」（註十八）一切智識乃屬於哲學：「最優美之藝與科學的全部智識，特稱爲哲學；雖然它們是自然的統一，但蘇格拉底於其討論中曾劃分之爲聰慧的想像力和文雅的演講。」（註十九）西塞祿認爲自蘇格拉底以來，學術分爲兩個方向，猶水之分流：哲學——純粹的學問，流入於伊華尼（Ionian）海；演講術——實用的學問，則流入於蠻夷的多斯加納（Tuscan）海。但科學的莊嚴，以此兩部份的劃分與分離而遭貶損，故兩部份應再統一的，在名義上不應有所爭論。比如一個人稱爲哲學家，但他完全以事物與言詞教我們，卽是演講家，並無理由反對；倘若稱爲演講家，而他以雄辯配合於智慧，卽是哲學家，亦不應指責。故在西塞祿時期，以其說哲學仍保持重要的地位，毋寧說演講術的地位特別抬高，或至少是相等的。

西塞祿認爲理想的演講術，乃實際的、自由而可用的智識，合爲一體。對於演講術的訓練，哲學中關於生活與行爲的部份，必須完全精通；所有智識，亦必須研習。「你必須對各種事情注意練習；你必須勉力使你的了解增强；你退隱後的勤學，必須表現其心得。」（註二十）因此，凡詩詞、歷史、民法、法律、古物、及政體，「所有自由藝及科學的作家和教師，必須對其誦讀與瀏覽，爲着練習，尤須欣賞、解釋、改正、詰難、和反駁；每一問題的兩面，應該辯論；無論任何似可堅持的觀點，必須引爲例證與詳解。」（註二十一）求智爲演講家的先決條件，西塞祿並說：「據我的意見，其實除非他得到各重要事情與全部自由藝的智識，而其語言必須靠智識始得綺麗與豐贍的，則無人能做一個技堪讚美的演講家，自是以後，除非演講者能在了解與領會這表面問題之下，則演講術變爲空虛的，而言詞不啻爲稚氣的浮動了。」（註二十二）至於西塞祿自己，曾飽受豐富的智識，遂養成其雄辯的能力。塔息陀（Tacitus）說：

「（西塞祿）告訴我們，他怎樣向穆修斯（Q. Mucius）學習民法，他並爲栢拉圖哲學派（Academic）的非魯（Philo）及斯多噶派（Stoic）的但奧度陀斯（Diodotus）之弟子，從各科目飽受哲學。……他遄赴希臘，遊小亞細亞，欲在各類智識中，作廣博的訓練。自是以後，在西塞祿的著作中，可探出事實，他原未缺乏數學、音樂、及語言的智識——簡言之，即高等學術任何部門的智識。當然，西塞祿息影家園，潛修其辯證法的精練、倫理哲學的實習功課、和自然現象的變化與起源。當然，我的良友們，唯靠學問的豐富、才能的充足、及智識的淹博，使其珍貴的口才橫溢奔放，宛似滔滔的江河，這是事實的。」（註二十三）

昆體良也和西塞祿一樣，教育的目標在雄辯，是從一種技術的與機械的方式來研究。昆體良說：「我所欲培養理想的演講家，乃爲羅馬聰慧的人，他可證明自己爲一眞正政治家者，不在其遯隱中立言，而在其處公衆生活中個人的經驗與努力。」（註二十四）演講家應該「叫做眞正聰慧者，不僅道德上無可非議，而且對於科學及對於演講的資格，均有成就；像這種性質，也許爲人所罕有的。」（註二十五）昆體良襲用伽圖（M. Porcius Cato）的關於演講家的定義，爲「一個嫻於演講的善士」。無論何人，假使不是善士，便不能成爲一個演講家。他認爲演講家的資格：第一、有良善道德的品性；第二、對自由藝的淹通；第三、擅於演講的能力。演講的理想，爲智識與動作的統一，故演講家乃一個備有動作與學問的人。爲着培養智識學問的基礎，演講家應重視自由藝，其基本學習是文法，這不僅爲後來修辭研究的啓蒙，而且必須在先及協同其他科目的修習。演講家也須精通天文、哲學、幾何、與音樂。哲學包涵辯證法、物理學、及道德，供應演講家的思想。幾何淬礪心思，可對宇宙適當的觀察，而使學子擺脫迷信。而且，幾何對演講家供給許多學識，有直接的和實際的價值，演講家所需講述各類的題目，其中有些問題，應藉幾何的表明來解決。音樂對於演講家特別有價值的，因爲有助於音調與韻律的專精。至於修辭，側重於體裁與發言，亦爲對演講家作重要的準備。

上述西塞祿和昆體良的學旨，代表着羅馬教育的精神，承接希臘雄辯的技藝，側重演講術的訓練，而適應羅馬當時政治社會的實際需要。故自由藝的教學，以養成至善演講家爲目的。

## 第三節　準備神學的專修

初期基督教，對於異端學術的態度有二：一派爲在東方希臘的基督教徒，認爲古代學術（希臘學術），對於基督教徒及教會，極有價值的；其中許多學理，可以證明聖經的教義；哲學與基督教皆爲着眞理的研究；所有哲學雖然不算最高的與至善的，但包涵許多有價值的眞理，故基督教對於所有古代學術，應持友善性的容忍態度。這一派代表的人物爲馬太爾（Justin Martyr，約一〇〇至一七五年）、克里孟（Clement of Alexandria，約一六〇至二一五年）、奧里琴（Origen，約一八五至二五四年）、及巴西略（St. Basil，三三一至三七九年）等，皆主張基督教的默示，和異端哲學的信仰與推理，是可調和的，而據之以定初期教會的教義。另一派爲在西方的基督教徒，却持反對的態度，認爲所有古代學術，對於基督教的目的與旨趣是敵對的，猶冰炭難容，應嚴閉峻拒之。約自第三世紀之末起，對異端學校與希臘學問的仇視，成爲定策。這一派代表的人物爲他陀里安(Tertullian，約一五〇至二三〇年)、吉羅莫(St. Jerome，約三四〇至四二〇年)、聖奧加斯定等。吉羅莫的夢寐不忘，聖奧加斯定的懺悔求赦，其反對異端，表示更堅決的。聖奧加斯定早年雖致力於古代學術，中年曾完成自由藝一部份的論著，但晚年態度改變，對古代學術的限制，深表同情。而且，迦太基(Carthage)公議(四〇一年)，禁止教士閱讀任何異端的著作，大部份原由其所策動的。因此，希臘學問大部份在西方萎謝，甚至有時完全失去，即使希臘的語言亦忘記了，而不復爲人所識者自是幾達一千年之久。由於君士坦丁(Constantine)大帝連續的降旨（三一二、三一三、三二一等年份），基督教乃成爲羅馬帝國的正式宗教，而迅速傳布於帝國的版圖；迨羅馬衰落，間接的控制政治，直至沙里曼(Charlemagne)大帝復建帝國（八〇〇年）爲止。在基督教統治下，教育便接受一種完全新的性質，教義的教化和教儀的訓練，替代了智識的基礎；行爲的嚴格陶冶，替代了體格和修辭的鍛鍊。吉羅莫曾說過，羅馬城靠自己的力量而控御八荒，倘若羅馬城淪陷，則其所維持的將怎麽樣？聖奧加斯定針對着而判給答案：古羅馬的統治者及其所統治，欲求宗主權與征服，而不在正義。我們的眞正帝國却爲精神的、至善的、與普及的。其永久的皇都乃天主之城。它是超越所有疆界，不會崩潰的。生活的目的，是避免邪惡而求永生。現在的生活，基於信仰。信仰與永生，成爲正式教育初步的基點。由第六世紀以迄第十三世紀，皆受此種思想所支配。聖奧加斯定眼見羅馬帝國墮落與動搖，遂轉而注意於理想的天主之城，而鄙棄現實的羅馬城了。奧魯修斯(Paulus Orosius)應聖奧加斯定的倡論，撰有反對異端的歷史七書(Historiarum Adversus Paganos Libri Septem)，謂天主毀滅羅馬，乃證明其溺於異端學術之故。這樣說來，初期基督教徒，既仇視希臘的學術，也不滿羅馬的現狀，而在理想上信仰上另創一世界了。

初期基督教徒對於希臘的學術，雖然視爲異端而持敵對的態度，可是對於自由藝，仍然採用。吉羅莫認爲此等世俗的科學，可以有助於對聖經的了解，像哲學家常謂幾何、音樂、文法、修辭、與天文，皆有益於對哲學的研究；誠如是，我們也可以說，凡正當專修的哲學，使我們可藉以研究基督教的教義。自由藝當然視作異端的課程，但由聖奧加斯定的所鼓勵，以其具有很大的影響力，使教會承認此等藝對基督教的教育爲適當的科目。他且囘憶聖經對「掠奪埃及人的」特許與赦免，以證明其論點。聖本篤(St. Benedict)於五二九年創加西諾隱院（Monte Cassino）於意大利，在隱院中，始抄錄名人的筆記及摘錄各藝的提要，如文法、辯證法、修辭、算術、天文、音樂、幾何等，其原本皆根據羅馬的古籍。自是以後，自由藝爲基督教的學校課程所採用，由傾向而成爲習慣了。

中世紀時，哲學嘗視爲神學的女僕，乃爲着神學而用的。教義的神學，由奧里琴開其端，至聖奧加斯定而集其大成。自由藝爲教堂所採用，尤其重要的，是爲着研究聖經與神學而作教學的準備。最先利用自由藝以應付這目的是聖奧加斯定，於其所著論基督教的教義（De Doctrina Christiana）一書，主張基督教應擷取古代世俗文化的精華，爲其信仰的服務之用，並對生活的眞理，使更爲了解。其他著作，像教儀論（De Ordine）、教師論(De Magistro)、及音樂論（De Musica），所述自由藝，乃巧妙的效用或正式的方法，習之而使對眞理的精通。自由藝的教導，能「使皈依者更警醒的與堅定的，並對服膺眞理者以較好的栽培。」(註二十六)又於靈魂不滅論(De Immortalitate Animae)一書，指示這些自由藝怎樣適應於神學妙解的效用。聖奧加斯定認爲哲學乃屬於一個雙重的問題：第一部份論靈魂；第二部份論天主。(註二十七)後者的目的，不僅要認識天主，而且敬愛之。這是理智論與神秘說的一種混合。聖奧加斯定又分析智慧與智識含義的差異，智慧的定義，爲「人事與神事的智識」。(註二十八)「這一定義應該劃分：因此神事的智識，叫做智慧(Wisdom)；人事的智識，則專用於智識這一名詞的本身。」(註二十九)文化的基礎在哲學；哲學的目的，乃爲智慧，並非智識。智識不過關於世俗的事情，其範圍是科學。(註三十)自由藝的本質，是屬於初步的智識，而應獻給理性的，以訓練靈性，實現人類的基本信仰。至於自由藝對於神學的作用，文法與辯證法，應受特別的待遇，尤其辯證法，乃授人以怎樣教和怎樣學，此種「推理的科學，對聖經所發生各類問題的研究與訓釋，有很大幫助；但就其用處來說，我們應愼防爭論的偏溺，和誘陷對手的幼稚想法。」(註三十一)修辭經過基督教徒的修正而變爲聖經雄辯，但聖奧加斯定謂寧願聽取眞理而不取雄辯滔滔的濶論，猶如交友者寧取其聰明的而不在漂亮的一樣。數學是關於自然的，當時表現着一種低潮，所以他堅持說：「現時至於數字的科學，顯然對其最遲鈍的理會，並非人力所能爲，不過靠研究而發現。」(註三十二)並且，他認爲數字的原理與眞理，是委諸潛思者，因此凡計算的人，都想了解其理由而會悟之。(註三十三)「我們悟性的對象以及我們對那些科學的了解，是靠數學的方式算出其本質。」(註三十四)天文方面，他對天文學家的工作，雖然表示讚美，但鄭重警告基督教徒，切勿堅執淺薄的信仰自然宇宙爲聖經的權威，這是危險的。

亞波利納里西度諾（Sidonus Apollinaris，約四三〇至四八四年）像聖奧加斯定一樣，也利用異端的科學與哲學，爲教堂的服務，且說：「無論何人挑釁，你將見斯多噶派（Stoic）、犬儒派（Cynic）、逍遙學派（Peripatetic）、和異教徒，却被其自己的武器所打擊，及其自己的策略所撞碎。他們的門徒，如膽敢反抗基督的信仰和教條，而與你冒險一拚的，行將手足被縛而自投其網羅的陷阱中。」（註三十五）

羅馬的政治家與哲學家的波愛萃斯，乃一基督教徒，在獄中所著哲學的安慰（De Consolatione Philosophiae）一書，側重首要原則——卽神聖的仁慈（divine goodness）之無可名狀的性質。他並重視萬物所欲的和平、宇宙的統一、和天主的寵佑。（註三十六）根據他的哲學，對於富厚、高尚、力量、光榮、與愉快，並非重要；最重要者乃唯一的天主，卽無上的良善。唯有依賴「他」，個人方享幸福。幸福是唯一的良善，乃萬事之目的。因此自由藝是爲着達致良善的目的而施教了。可是，從一般來說，基督教的學者中，對於異端的自由藝之採用，大多仍表示懷疑，甚至有持劇烈的反對態度。至加西奧多，可以說是實行以修院爲自由藝教學中心的第一人；他的理想，啓廸修士的智識而使其能教導人民，故修院的圖書館，注意儲備典籍。其教育計劃，表現於兩種重要著作：一爲神學的原理（Institutiones Divinarum Litterarum），一爲俗學的原理（Institutiones Secularium Litterarum）。第一種表示神學訓練的計劃，是基於聖經的全部研究。第二種爲世俗的學問，卽自由七藝。加西奧多主張自由藝的修習，並非僅爲着其本身的緣故，乃對聖經與教堂的教義，使其更能領悟的。是時異端（主要的爲亞里斯多德學派與栢拉圖學派）孳孳於學術，而基督教徒則注意於救世之直接的與實際的努力。他把古代學術配合於基督教世界，有較大的成功。故自中世紀初期起，便構成自由藝傳遞的主流，凡一千年之久。

根據阿爾昆的意見，自由七藝中之前三藝，列爲倫理的，後四藝，列爲物理的：這兩部份僅爲着神學作專修的準備。這種科學的智識，是陶冶與增强心靈，使其能對虔誠信仰的領悟，而可作攻乎異端的衛道。因此，自由藝教學的目的，由始至終，是爲着聖經的研究。如果說聖經的研究是當作拱心石(Keystone)的，那麽自由七藝是「支撑智慧的圓屋頂之七根圓柱」了。欲求達成全智的唯一方法，青年們自宜時敏進修，直至成年而能正確的判斷，以適應其對聖經的研究爲止。自由七藝對於神學的作用：文法爲對聖經的誦讀與了解的秘訣。修辭和辯證法，於演講、駁論、或於實際上闡述宗教的論題時，授給修士以技術。尤其修辭，改變其作用，成爲聖經的雄辯。所謂「天主命令的劍，由文法以鍛鍊之，辯證法以淬礪之，修辭以磨光之——但僅由神學始能運用之。」前三藝對於神學的價值，在此更作譬喻的說明了。至於天文，爲參究神學時的重要科學，其目的爲使猶豫者以最信服的證明造物主的存在，喚醒信徒以最高的崇敬天主的智慧，並增强其信仰。算術首在推演它的道理，但以其適應於神學，故應認之爲一種科學。算術與幾何，大部份用以決定復活節的日期。幾何是唯一的關涉於神學的計算，且有助於教堂的建築家。音樂在教堂服務中極爲重要，故在學校所授科目之中，佔了顯著的地位。莫路斯和阿爾昆相像，認爲自由藝的目的是教授眞理，供應一種智識的課程，而對教士的訓練：「智慧的基礎、狀態、與至善，乃聖經的學問。」(註三十六)

中世紀哲學的方法，分爲神秘主義與士林哲學(Scholasticism)，兩者是互相反對的。前者爲感情的與直接的；後者爲智識的與間接的。直至第十二三世紀之間，兩者復合而爲一。神秘主義對於心靈的訓練，分爲三個階段：卽動物——滌罪的、人類——默示的、超人類——至善的。其終極目的，達致與天主的直接感通。聖維多的烏高（Hugo of St. Victor，一〇九六至一一四一年），爲神學與神秘主義論著的作者，在其所撰百科全書的教授法論（Didascalicon）的開首部份（第一冊至第三冊），辨別哲學的雙重目的：一方面是對眞理的研究與道德的實踐，以恢復個人效法天主的儀型；另一方面，祛除各種弱點，這是造就個人的活力所必需的。爲着根絕愚昧、邪惡、與懦弱（三種惡魔尙存於世間），而尋出三種藥石——智慧、品德、與其本身必需的。由人們所發現每一種藝及每一種科學，用以對抗這三種惡魔。智者擅智慧與品德，而科學僅爲俗人之所需。由理論的哲學，產生智慧；由實用的哲學，孕育品德；而由必需的，人們遂求發展機械的技藝。（註三十七）以藝而言，烏高謂：「著作上有兩種：第一種稱其爲藝的本身，第二種爲藝的補充（Appendentia）。……各種藝，無需其補充，可使讀者精通；但是後者，對於藝，與其精通無關。因此學者首宜專志於藝，這是基本的，且如上述的七種（藝）超於一切，乃爲全部哲學的方法與工具。」（註三十八）自由藝怎樣應用於神學，烏高指出其義如下：

「語文的智識，分爲兩項：卽表明與其意義的本質。文法僅屬於表明，辯證法僅屬於意義，而修辭則屬於兩者。萬物的智識，乃求其形式的與其性質的一種智識。形式包涵外面的形狀，性質則蘊蓄內在的品質。形式作數字的應付，乃算術所應用；或作分配，乃音樂所應用；或作面積，乃幾何所應用；或作運動，乃屬於天文。但物理學則認作萬物的內在性質。……

「此應注意的，所有自然的技藝供用於神聖的科學，低級的智識適當地命其引致於高級。歷史，卽史事的意義，是以文字表示事情，而其僕從，會經說過的，乃文法、辯證法、及修辭的三種科學。然而，當事情神秘的表示其事實時，我們有寓言；當事情神秘的表示應該怎樣做時，我們有演講修辭法（tropology）。此兩者是由算術、音樂、幾何、天文、及物理學，爲之效勞。高於及超過其全體的，則爲神聖的事。無論在寓言或演講修辭法中，此乃聖經所導致的。其中一部份（這是在寓言中），是正當的信仰，另一部份（這是在演講修辭法中）是良善的行爲：這些之中，包涵眞理的智識與品德的愛重，卽爲一個人眞正的復元（restoration）。」（註三十九）

李里的阿蘭（Alanus of Lille，約一一二八至一二〇二年），綽號宇宙博士，撰有長篇哲學的歌詞駁喀羅狄安（Anticlaudian）一書，描寫七個貞女——自由七藝的作用。他將自由七藝，好像卡比拉所論述的七個擯相一樣，當作人性化。要言之，這書所說造化（Natura）的願望，在造成一個至善的人；由是，她對於其從前的事功，或可贖償許多錯誤了。她召開一個德性的會議，經過冗長的駁論之後，於是派遣慧者（Prudence）往謁天主，請求以超造化的力量，授給個人的靈魂。（註四十）爲着配合這種至善的靈魂，造化遂創造一種優美的軀體，一個新人便孕成了，至善而無瑕的。品質貞潔與護守的適度，乃賦之以天才，並益之以理性，故成爲高尙。論理學繼之，授以辯論的技術；修辭使其豐美，然後循至算術，其次音樂、其次幾何、又其次天文等。（註四十二）

士林哲學，淵源於第九世紀哲學家與神學家的伊里基納（John Scotus Erigena，約八一〇至八七七年），他認爲哲學與宗教可合而爲一，權威與理性並不相悖，眞正哲學與教會的教義是相同的。士林哲學派的教育，由理性的辯論，以支持教會的教義，故其本質，是唯理主義與智識主義；其目的，在發展爭論的力量，將智識成爲系統化，和使個人嫻練智識的方法。多明我會(Dominican)教士味增爵(Vincent of Beauvais，一二六四年卒)，是士林哲學派教育家的代表，分科學爲四類：自由的、實用的、機械的、和推考的。他撰大鏡(Speculum Majus)一書，將人類智識各部門作有系統的及精深的論證，共分四部份：一、自然鏡(Speculum Naturale)；二、教義鏡(Speculum Doctrinale)；三、歷史鏡(Speculum Historiale)；四、道德鏡(Speculum Morale)。此書是繼依西多祿的探源論而爲一部百科全書的巨著。味增爵認爲智識是統一的，注意於所有科學與學術，和所有屬於天主及其造物與本性，而相信憑藉學術與教育，天主是受光榮的了。故此書的目的，在使對天主本身及其可見的與不可見的造物，更爲明瞭。由是，燃起虔誠對天主之愛的聖火；並有助於宣道者、講師、爭論者及學生，而對於是時所有哲學的、道德的、與科學的問題，作實際的解釋。其中教義鏡對自由藝論證，最爲重要，計有十七冊，二千三百七十四章，第二冊論文法，第三冊關於論理學，第十六冊爲數學，論列算術、音樂、幾何、天文、及形而上學的提要。其餘像修辭、詩學、本能、忍耐、教育、工業及機械技藝、外科、醫藥、法理學、及司法行政，皆有備述。要言之，此乃中世紀課程各科目的簡編，即自由七藝，及人類關於教育、感官、情緒、智識的能力。至於在各類科學中，他注意於推考的科學(Theorica)，因相信「所有其餘的終極與目的，由其所決定。」(註四十二)味增爵的摯友聖亞奎納(St. Thomas Aquinas，一二二五至一二七四年)，對於自由藝雖非詳盡的撰述，但以哲學來作基本假定的研究。人類的最高能力是什麼？誰是人？基本眞理是什麼？凡此主要問題，聖亞奎納從經典解釋來答覆。他認爲眞理由天主所創造，不過憑人類推理與智慧作簡單的發現而已。眞理在超自然的宇宙中以天主創造智識的完全爲始，是靜止的、不變的。倘若人性經過學習由愚昧而成爲聰明的進行，可是人類是不完全的，尙需變化。因此，一個人給與智力作爲一種活動的原動力，使其成就眞理，而令其智識成爲實際。人類智力之初步目的，是達到和把握眞理，但智力如無協助，則不能成就眞理，故其必須依靠信仰、默示、和恩寵，以求神學的及宗教的眞理。智識之最高目標爲天主本身，乃一切眞理的泉源。因此，所有人們賦予智力的才能，作爲人性的一部份者，蓋欲使其踏上眞理大道的開端。統言之，人類理性之可見者，上焉者由神學、智力、和科學、數學、哲學以爲之；下焉者由實用智識、和政治、經濟、行動、行爲與經驗、日常事情而定之。由此，理性才得培養的。聖亞奎納也注重自由藝，但所注重的是思想方法和學習方法；在自由藝中以研究人，而對人的研究，乃訓練其最高的能力。他區別藝爲自由的和機械的。機械的藝爲實用的，自由的藝則爲推考的。其定義如下：

「因此無論什麽習性，如被限定於此類推考理由的動作，在比較上言，當然叫做藝，而且叫做自由藝，使其有別於那些被限定由軀體所操作的藝；因爲那些藝，程度是卑賤的，正如軀體是卑賤的隸屬於靈魂一樣，而個人，倘若自由（Liber）的，乃重視他的靈魂。另一方面，那些科學如非被限定於任何此類動作者，是絕對叫做科學，並非叫做藝。」（註四十三）

中世紀的大學課程，自由藝定爲醫學、法律、與神學的準備，而在教程的方式，自由七藝每視作七條大道，指引心靈進於科學的聖地。從思想形態來說，自由七藝之上爲哲學，哲學乃全體科學之冠；哲學之上則爲神學。哲學地位的描繪，有的把哲學放在一朵玫瑰的中心，而以自由藝的七葉伴之。（註四十四）有的把哲學加冕，高踞七藝之中，在其兩旁，坐着七種擬物爲人的藝。（註四十五）士林哲學派一種幻想的學術之廟或智慧之塔，可代表當時對自由藝教學地位的概念，而表示智識是統一的與聯繫的。當一個學童學習了文字之後，智慧准其入室，按級升堂：第一二層爲文法；第三層爲論理學與修辭；第四層爲算術、音樂、幾何、天文；第五層爲哲學與物理；最後躋至塔頂，然後學習神學，此乃天主所講的眞理。中世紀學者常以此類圖表來描繪智識的系統，屢見不鮮，（註四十六）亦可證明自由七藝教學的目的，實爲神學專修的準備，觀念更爲明確了。

（註　一）Plato, The Law, tr. by George Burges (The Works of Plato, Vol. V), London, George Bell and Sons, 1876, Vol. I, 11, p.26.

（註　二）Ibid., Vol. I, 12, pp.30–31.

（註　三）Plato, The Republic (The Works of Plato, tr. by B. Jowett, Vol.II), New York, Tudor Publishing Co. 1937, Book VII, pp.302–303.

（註　四）Ibid., pp.283–284.

（註　五）Ibid., p.284.

（註　六）Ibid., p.288.

（註　七）Ibid., Book III, pp.108–109.

（註　八）John E. Wise, The Nature of the Liberal Arts, Milwaukee, Bruce Publishing Co. 1947, p. 23.

（註　九）Aristotle, The Politics, tr. by H. Rackham, London, William Heinmann Ltd., 1932, Vol. VII, xiii, 6, p.605.

（註　十）Seneca, Moral Essays, tr. by John W. Basore, London, William Heinemann Ltd., 1932, Vol. II, Book VII, 1:i, p.99.

(註十一) Plutarch's Moralia, tr. by Frank Cole Babbitt, London, William Heinemann Ltd., 1927, Vol. I, 5:c, pp.23–25.

(註十二) Seneca, Moral Essays, Vol. II, Book VII, 7:iv, pp.305–307.

(註十三) Plutarch's Lives, tr. by Bernadotta Perrin, London, William Heinemann Ltd., 1914, Vol. II, Book XXII, p.371.

(註十四) Ibid., Vol. II, Book XXIII, p.373.

(註十五) Cicero, De Oratore, (Cicero On Oratory and Orators, tr. by J. S. Watson), Book I, viii, p.151.

(註十六) Ibid.,

(註十七) Ibid., Book I, iii, p.145.

(註十八) Ibid., Book I, xv, p.160.

(註十九) Ibid., Book III, xvi, p.348.

(註二十) Ibid., Book I, xxxiv, p.183.

(註二十一) Ibid., p.182.

(註二十二) Ibid., Book I, vi, p.148.

(註二十三) The Dialogus of Publius Cornelius Tacitus, tr. by William Peterson, London, William Heinemann Ltd., 1914, pp.93–95.

(註二十四) Quintilian, Institutes of Oratory, tr. by John Selby Watson, Vol. II, Book XII, ii, 7, p.404.

(註二十五) Ibid., Vol. I, Book I, i, 18, pp.6–7.

(註二十六) Robert P. Russell, Divine Providence and the Problem of Evil, A Translation of St.

Augustine's De Ordine, Ch. VIII, 24, p.47. New York, Cosmopolitan Science and Art Service Co. 1942.

（註二十七） Meyrick H. Carre, Realists and Nominalists, Oxford, Oxford University Press, 1946. P.19.

（註二十八） Maurice de Wulf, History of Mediaeval Philosophy, Vol.I, p.116. London, Longman's Green & Co. 1926. tr. by Ernest C. Messenger.

（註二十九） St. Augustine, On the Holy Trinity, tr. by Arthur West Hodden, New York, Charles Scribner's Sons, 1903, Book XIV, Ch. I, 3, p.184.

（註 三 十） Ibid., P.184.

（註三十一） Robert P. Russell, Divine Providence and the Problem of Evil, A Translation of St. Augustine, Ch. XIII, 38, pp.143–145.

（註三十二） St. Augustine, On Christian Doctrine, tr. by J. F. Shaw, New York, Charles Scribner's Sons, 1903, Book II, 31, p.550.

（註三十三） Ibid., Book II, 38, p.553.

（註三十四） Meyrick H. Carre, Realists and Nominalists, p.24.

（註三十五） The Letters of Sidonius, tr. by O. M. Dalton, Oxford, at the Clarendon Press, 1915. Vol.II, Book IX; ix, p.193.

（註三十六） Rhabanus Maurus Education of the Clergy, (tr. by F. V. N. Painter, Great Pedagogical Essays Plato to Spencer, p. 162.)

（註三十七） John P. Kleniz, The Theory of Knowledge of Hugo of Saint Victor, Washington, D. C. The Catholic University of America Press, 1944. pp.77–78.

（註三十八） Hugo of St. Victor, Didascalicon, III, 4:768, D–769 B. (tr. by Henry Osborn Taylor,

The Mediaeval Mind, Vol.II, p.137).

（註三十九）Hugo of St. Victor, De Sacramentis, "Prologus", (tr. by Henry Osborn Taylor, The Mediaeval Mind, Vol. II, pp. 92–93.)

（註四十）William Hafner Corong, The Anticlaudian of Alain de Lille, Philadelphia, University of Pennsylvania, 1935, "Introduction", p.23.

（註四十一）Henry Osborn Taylor, The Mediaeval Mind, London, Macmillan & Co., 1930, Vol. II, pp.126–127.

（註四十二）Ibid., Vol. II, p.352.

（註四十三）Anton C. Pegis, Basic Writings of Saint Thomas Aquinas, New York, Randon House, 1945, Vol. II, p.434.

（註四十四）荷漢堡(Hohenberg)的女修道院住持赫拉德(Herrad of Lansberg, 約一一九五年卒)，其娛人的園圃(Hortus Deliciarum)抄本所繪。

（註四十五）約由一一〇五年起，北意大利愛威利亞(Ivrea)大教堂鑲嵌細工的鋪道。

（註四十六）十五世紀一部百科全書或教科書的標題頁，印有一圖，中間爲一圓圈，下面爲自由七藝的七個女神，各就其科目作携物或姿態的表情之狀。其上爲哲學的三頭女神。在圈之下面，左爲亞里斯多德，代表自然哲學；右爲辛尼加，代表道德哲學。圈之上面爲理性哲學，由教士奧加斯定、額俄略、吉羅莫、及盎博羅西(Ambrose)代表之。(Paul Monroe A Brief Course In The History of Education, New York, The Macmillan Co., 1927, p. 150)

# 第四章　自由七藝的效用

教育的目的不同，課程的效用，自然有別，以效用每依據目的而決定的。羅馬教育與基督教教育，目的各異：前者是爲生活的實際需要，後者則爲對主宰的了解，及替教堂的服務。因此，自由藝的效用，卽使在藝的本身保持其同樣性能，但施於應用，其趣向的偏輕偏重，就形成差別了。

## 第一節　羅馬自由藝的效用

羅馬時期，自由藝是應付人類的實際生活。教育的理想，無論西塞祿的自由之士，維特魯威阿的建築師，昆體良的演講家，都以自由藝爲培養他們的能力，適應他們實際生活的需要。

西塞祿認爲自由藝是對自由之士最優良的訓練，這是議院元老與騎士對其子弟所要求的。自由之士教育的目的，乃達成「保證正當行爲」和「正確表情」的雙重作用。換句話說，卽對社會生活所暗示的思想與行動，滿足其要求。自由之士的典型人物，卽爲演講家，凡具有長才的演講家，必須淹通自由藝。故自由藝在教育上的效用，西塞祿認爲：文法是求取正確的聲調與發言。修辭是提供文體的與演講的廣泛範圍內之語藝，和在說服他人的技術中，達致證明、博取同情、與感動的。數學是計算與衡量的實際方法。文學是爲着一般的智識。可是，在自由藝的任何科目中，只當作一專才論，而與爲着通常生活所應具有充份的智識，全然不同。西塞祿並論及自由藝的內容說：

「音樂是講求律數、聲音、和節拍。幾何，注意線、圖形、距離、和等級。天文，察究天空的旋轉、星宿升沉及其運行。文法，爲着詩詞的研究、歷史的智識、字義的解釋、和發音的特有音調。最後，演講的專藝，包涵論題選擇、修飾、排布、記憶、和姿勢。」(註一)

西塞祿對於科學智識的理論，直接仿自希臘；而其對於藝的觀念，認爲除非藉藝的法則之指導，無論音樂、文學、修辭或哲學，可能沒有眞確的智識。「每一種科學有其自己的藝，是由人類理想和結智識的細目爲一體的合理系統所形成；各種不同的藝，乃人類智識結爲一體的廣大系統中本身各部份，而人類智識，要以寧靜之心方能探究其最高的法則。西塞祿指羅馬法律尙未成爲一種藝，蓋其以無限的細目應付寥寥的大綱，是容易學習與應用的。」(註二)

維特魯威阿於其所著建築術一書的序文中說，他自己當作一個建築師的地位來撰述，以便各建築師誦習之用。在教育上，他提供自由藝所需要的理論，謂：「一個習建築術的學生，如沒有充份的通才教育，不能成爲專業。他必須能讀、能寫、能繪，並須研究幾何、光學、算術、歷史、哲學、音樂、醫藥、法律、與天文。」(註三)包涵在這教程各科目的某些部份，和建築術似沒有關係的，爲什麽維特魯威阿把它編在一起呢？他有一套理論爲之辯明：

「幾何，對建築術有很大的幫助，尤其它授給我們關於定理與圓規的應用。特別的，我們藉幾何可準備在地面作各種建築的計劃，並且適當地應用於平方形、水平線、及錘形的。……

「不錯的，由於算術，建築的全部成本藉以估計，而測量也可計算的。

「歷史的一種廣博智識是需要的，良以號稱爲一個建築師，對於工作設計的裝飾各部份，所使用許多基本想像，凡有詢問，應該能夠解釋。

「至於哲學，可養成建築師態度的莊矜而非自用，且使其殷勤的、正直的、及忠誠的，而非貪心的。……並且，哲學討論物理學時，需要一種更留心的智識，因爲在這科目下所發生的問題，既然繁多，而種類又非常複雜的，像治水是其一例。……

「音樂，建築師也應該明瞭，由此，可得律規上和數學上理論的智識。……

「建築師尤應有醫藥研究的智識，因爲氣候、空氣、位置的衛生與非衛生等問題，和各種水源的使用之故。……

「又關於法律的原理，他應該知道何者是需要的，例如建築物有界壁而顧及簷口滴水，和其他關於溝渠、窗牖、及水源供給的法律。……

「根據天文的智識，我們尋定東西南北，以至天體理論、春分秋分、冬至夏至、及星宿的運行。」(註四)

昆體良注重演講家教育，對於自由藝的效用，其理想和維特魯威阿的不同，他說：

「因此，我的目的是至善演講家的教育。這種人其最重要的本性，應該是一個善士，所以我們對其冀求，不僅是賦有演講的優異天才，而且亦當禀有性質上全部美德。」(註五)

「無疑的，演講家對於智識的各部門，要極爲精通，而對其表示，在言辭上也要具有最大的力量。倘若他達到了完善的程度，則不需入哲學的學校接受道德的訓誨了。」(註六)

昆體良認爲一個偉大的演講家，必爲一個善士；「道德的性質」和「智識的博通」，爲對於演講家教育的最高理想。文法用以教授學生正確的講話，於著作物閱讀中可解釋文法上困難，及說明歷史的暗示與評論。因此，文法應爲教育的基礎。修辭協助演講家運用證明、辯駁、與辯論的技術。音樂則協助演講家控制與調節其聲調，養成諧和的姿勢，及使適應於「身體的動作」。幾何所應研究的，一部份爲優越心思的訓練，使增進智能及產生敏捷的悟性，一部份爲其實際的效用。

## 第二節　基督教自由藝的效用

基督教的教育，對自由藝的效用，側重於宗教的信仰和服務。文法用於讀寫，以及爲着語言的構造和運用。修辭的法則，是教堂講道的實際應用。論理學用於組織三段論法（Syllogisms）、辯論、和定義的練習。算術，雖然視數字有神秘性，但爲着生活的實際目的。音樂規定對教堂的服務。幾何似乎爲用作研究天文之一助，而與占星學有密切的關係。天文的實際應用，只限於教堂日曆的製訂，以確定耶穌復活節的日期。論述自由藝的效用之學者們，像聖奧加斯定、加西奧多、依西多祿、額我略、伯達、莫路斯等理論，可爲代表。茲分述如次。

根據聖奧加斯定的理論，我們所學，並非靠言辭，乃「由意識的形體器官之一，或由心思的力量」。由「形體的」或「精神的」幻想（Vision），便產生科學（Scientia）；而由「智識的」幻想，則產生智慧（Sapientia）。科學是內心（Ratio Interior）反映於意識經驗的產物。基於他的觀點，自由藝的效用，應與科學相符合，而對主宰的服務與了解。例如，修辭有利於傳教者，猶其對於講究眞理的詭辯家和辯論家一樣。音樂於其聲音與韻律中象徵着宗教範圍的永久諧和。幾何，對於星宿的運行表示測量與秩序的支配。聖奧加斯定對於自由藝的態度，雖然熱心，然而講到應用，他說：「可是自從所有自由藝的學習，一部份爲實用和一部份爲萬物的智識與計劃以來，欲致其用，除才智超卓者由童年時已熱誠的和不斷的專修之外，是非常困難的。」（註七）第五世紀威奴斯(Vienus)的主教喀羅地亞諾(Claudianus Mamertus)，嫻精哲學，爲名著論靈魂的本性(De Natura Animae)一書的作者。這書共有三冊，說明所謂九個女神(Muses)，並非貞女，不過爲自由藝。亞波利納里西度諾闡釋這書所說九種自由藝的效用：「文法爲區別；修辭爲演講；算術爲計算；幾何爲度量；音樂爲平衡；論理學爲辯論；占星學爲預告；建築術爲構造；詩詞爲調合其格律。」（註八）

加西奧多解釋自由七藝的效用，謂：「嚴格言之，文法爲美妙講話的技術，乃由著名的詩人與著作家而得；其效用是包涵純潔的散文和叶韻的語法。」（註九）「修辭一藝，在市民討論中是優美講話的智識。」（註十）論理學是「以片言而息其爭論。」（註十一）「算術是根據數量本身而計算的學科。音樂是論數的學科，這種數卽關於在聲音中所發現無論任何之義理。幾何是不變的大小與形式的學科。天文是天空的星宿運行的學科，由研究的推理，考究其所有形態，（透察）星宿本身與地球的情狀。」（註十二）依西多祿對於自由七藝中前三藝的智識，頗注意講求，論列其效用：「第一、文法，卽講話的實際智識，第二、修辭，因在市民訴訟中要具有美妙的與贍博的口才，故特別需要的。第三、辯證法，也叫做論理學，從極精微的辨別，使眞理脫離虛僞。」（註十三）至於後四藝的效用：「第四、算術，包涵數字的意義與區別。第五、音樂，包涵詩與歌。第六、幾何，包涵度量與面積。第七、天文，包涵星宿的規律。」（註十四）杜爾的主教額俄略(Gregory，約五三八至五九三年)，對於文法、修辭、辯證法，非常嫻熟，全羅馬無出其右者。他私淑卡比拉關於自由七藝教學的學旨，論述其效用說：「由文法，教你以閱讀；由辯證法，爲着辯論而討論命題；由修辭，以知各異的韻律；由幾何，以計算面與線的度量；由天文，以觀察星宿的運行；由算術，以計算數目的各部份；由音樂，使甜蜜音調的歌曲與聲音的調音，結成一種諧和。」(註十五)

伯達聖師(The Venerable Bede，六七三至七三五年），討論學程，以前三藝爲準備對哲學的研究；後四藝爲培養對主宰的了解。他說：「自從雄辯術爲一切教學的工具以來，故教授雄辯術，列爲首要。它的三部份：正確的寫作和寫作之正當發表，這是文法所教的；拿什麽憑據足資證明，這是辯證法所授的；言辭與句語的格式，這是修辭所傳的。因此，我們開始應學習文法，其次在辯證法，繼之以修辭。配備了這些武器，我們應進一步而作哲學的研究。這裏的學程，首先爲後四藝，其第一、算術，第二、音樂，第三、幾何，第四、天文。其次，則爲聖經 (Holy Writ)。誠如是，修習過那麽所創造的智識，我們便可進至對造物主的領悟了。」(註十六)阿爾昆訓導學生勤習自由藝，指出其效用更大，他說：「哲學家們，用力於這些(自由藝)，曾殫精竭慮；執政官與國王們，依靠這些，遂成爲顯赫；教堂的可敬神父們，憑藉這些，才能篤守其信仰，而摧破異教徒！」(註十七)自由七藝的效用，論舉最詳實者，厥惟莫路斯，茲引述其言如下：

「文法是教導我們以解釋詩人及歷史家的科學，此乃賦予我們以寫作及正確講話的才能。文法是自由藝的源泉與基礎。寫作技術和正確講話既藉文法而達成，基督教各學校，自應講授此科的。……

「修辭爲在日常生活中用作有效的通俗會話的技術 。基於這種定義，修辭實似關於通俗的智慧而已。……無論何種講道者與神律的贊禮者，於其授業中，每產生一種辭令的與適當的儀容；無論其發表何種著作，他會運用適當的與動人的言詞，皆由熟練於這種藝，有以致之。……無論何事，藉修辭便可證明其眞的或僞的。……

「辯證法是理解的科學，以適應我們爲着考究與定義、解釋、及由虛僞中尋出眞理。此乃科學的科學。……

「算術是由數字作理論的推演而可測定的科學；此乃數字的科學。……反之，音樂、幾何、及天文，却需算術的協助；如非算術，則它們不能發生或存在了。……幾何，「是由觀察而作方式進行的一種解釋；這也是各哲學家所表示的很普通的方法，每援引最有力證據，謂他們的古羅馬天神(Jupiter)於其行道中會應用幾何。……聖三位一體對幾何的使用，誠以其將各樣形體與形象，賦予受造之物，迄今稱爲生類，又以其堪崇敬的全能，更測定星象，規定對於行星的運行，並指出以確定星宿的不變之位置。……這種科學，並覺得實現於猶太人禮拜堂（Tabernacle）及寺宇的建築；同樣量度桿形、圓形、球形、半球形、四角形、及其他形狀，都是被採用。……

「音樂是在音調中所領悟的拍子音程之科學。這種科學是有用的，甚爲著名。……在朗誦中適當的表情和在教堂中讚美詩可愛的奏唱，乃由這種科學的智識所調節。……

「天文，卽如我們現時所說的，授給多星宇宙的定律。……天文的部份，建立於自然現象的考究之上，以測定太陽、月球、及星宿的運行，和實施時間的適當計算，基督教的教士，宜以極勤劬的專志，嘗試學習，藉定律的智識啓廸，及藉所給予確證的方法之有力的與深信的證明，以定其本身的位置，不僅根據眞情與實在而考定歷年的過程，而且加倍的以推斷可信的結論，並以確定耶

穌復活節時期和所有其他慶節與聖日，及以宣佈其特殊慶祝的集會。」（註十八）

上述自由七藝的效用，各學者所下的定義，實大同小異。爲求易誦讀易記憶起見，中世紀以後的學者，每將其定義簡化。其著者如第十五世紀聖芳濟(Franciscan)修士尼古拉(Nicholas de Orbellis)，撰有著名的聯語如下：文法者講話(Gram loquitur)，辯證法者傳眞理 (Dia Vera docet)，修辭者潤色言詞(Rhet Verba Colorat)，音樂者唱詠(Mus Canit)，算術者計算 (Ar Numerat)，幾何者思量(Ge Ponderat)，天文者指示星宿(Ast Colit Astra)。像這樣的定義，似覺較爲簡潔而明暢了。

（註　一）Cicero, De Oratore, tr. by J. S. Watson, Book I, xlii, p.193. London, George Bell and Sons, 1876.

（註　二）Aubrey Osborn Gwynn, Roman Education from Cicero to Quintilian, p.89.

（註　三）Ibid., P.147.

（註　四）Morris Hicky Morgan, Vitruvius the Ten Books on Architecture, Ch.I, pp.6–10. Canbridge, Harvard University Press, 1914.

（註　五）Quintilian's Institutes of Oratory, tr. by J. S. Watson, Vol.I, Pp.9–11. London, G. Bell and Sons, 1903.

（註　六）Ibid., p.15

（註　七）Robert P. Russell, Divine Providence and the Probelm of Evile A Translation of St. Augustine De Ordine, II, 44, p.153.

（註　八）The Letters of Sidonius, tr. by O. M. Dalton, Vol.II, Book 2, p.50. Oxford, the Clarendon Press, 1915.

（註　九）Cassiodori Senatoris Institutiones, "Liberr Secundus Saecularium Litterarum", p.93. edited by R. A. B. Mynoss, Oxford, the Clarendon Press, 1937.

（註　十） Ibid., p.97.

（註十一） Ibid., p.109.

（註十二） Ibid., pp.130–131.

（註十三） Ernest Brehaut, An Encyclopedist of the Dark Ages, p.95. New York, Columbia University 1912.

（註十四） Ibid., p.96.

（註十五） Gregory of Tours, The History of Franks, tr. by O. M. Dalton, Vol.II, Book X, 31, p. 477. Oxford, The Clarendon Press, 1927.

（註十六） Charles S. Baldwin, Medieval Rhetoric and Poetic, p.128. New York, The Macmillan Co., 1938.

（註十七） Rolph Barlow Page, The Letters of Alcuin, p.72. New York, Columbia University Press, 1909.

（註十八） Rhabanus Maurus, "Education of the Clergy", (tr. by F. V. N. Painter, Great Pedagogical Essays Plato to Spencer, pp. 162–168.) New York, American Book Co. 1905.

# 第五章 文法

## 第一節 定義與起源

文法為正確講話的科學，並為文學的基礎，常稱為語言之母，文學之鑰，作研究文學之用。文法一詞，溯源於希臘文 Grammata，而於希臘化時期，傳入羅馬，含義原相同，直至中世紀早期的教科書作家，仍採是說。這種基本科目的最初目的，是求熟習當日共通的語言——教會的、國家的、和教育階級的語言。

文法範圍的區分，作家臚舉之為三十，即品詞(eight parts of Speech)、關節音(The articulate voice)、字母（letter）、音節（Syllable）、韻脚（Metrical Feet）、重音（Accent）、標點（Marks of Punctuation）、簽字與縮寫(Signs and Abbreviations)、綴字法(Orthography)、相類字(Analogy)、字源(Etymology)、註釋(Glosses)、同義字(Synonyms)、俚句(Barbarisms)、語法不合(Solecisms)、瑕疵(Faults)、字形變化(Metaplasms)、形態(Schemata)、譬喻（Tropes）、散文（Prose）、韻詩(Metres)、寓言（Fables）、歷史等（註一）。文法的修習，首自品詞，但其類數，各家所舉不同。亞里斯多德初僅分為三類字，即名詞（Nouns）、動詞（Verbs）、和連接詞（Conjunctions）。其後，亞里斯塔古（Aristarchus of Samothrance，約西曆前二二〇至一四五年）給與更廣泛的基礎，最早固定的承認了八類字，即名詞、動詞、分詞(participle)、代名詞(pronoun)、冠詞(article)、副詞(abverb)

、前置詞(preposition)及連接詞。其弟子泰勒斯（Dionysius Thrax，約生於西曆前一六六年），爲亞歷山大里亞一學者，首先著有一部正式的文法，以便其門徒學習希臘文。由於所有名辭曾經解釋與安排，他的著作被採用爲教科書者，歷數世紀之久，而成爲西方語言所有文法的基礎。其見解亘中世紀繼續被認爲泰斗，以迄第十五世紀迦薩（Theodorus Gaza），一四七八年卒，希臘的人文主義學者，專授希臘語言文學）及拉斯卡里斯（Constantinus Lascaris，一四三四至一五〇一年，希臘學者，撰有品詞）的時期，推崇未衰的。他對這科所下定義：「文法是語言慣用的一種實驗智識，通常流行於詩人與散文作家之中。」他並區分文法爲六品：（一）準確的誦讀；（二）詩的辭藻之解釋；（三）生字與題材的說明；（四）字源；（五）正常文法形式的叙述；（六）「詩的批評」——這是全體最高的部份。前五品是構成文法的「較小」或「不完全」的藝；後一品是構成「完全」的藝。其品詞的定義，比前輩所創的，表現了顯著的進步，而爲巴立斯安及後來文法學家所取法。當其區分文法爲六品時，或由其弟子泰冷尼安（Tyrannion），更合邏輯的約之爲四品：（一）準確的誦讀；（二）解釋；（三）本文的改正；（四）批評。這種從作用來區分，由發祿繼述而傳於羅馬。

羅馬時期，教育幾完全由文學學校與修辭學校所支配。羅馬人的習慣，凡專教讀寫功課的小學教師，與專授散文習作、詩歌、及文法的文學教師，釐然有別。文法的教學，目的有二：第一、首先教授正確的講話，及對散文的閱讀、了解、與判斷；第二、開始教授演講術，使學子充分嫻練，爲養成修辭家的準備。可是，當早期之際，羅馬人日以干戈相尋，社會風氣鄙塞，並沒有像希臘人享受那麽充份餘閒，以研究自由藝，故文法是很少應用的。最初的教師爲詩人與半希臘人，像李維阿（Livius

Andronicus，約西曆前二八四至二〇四年，羅馬文學鼻祖，爲將荷馬奧德賽譯爲拉丁文的第一人）、恩紐斯（Ennius，西曆前二三九至一六九年，早期羅馬詩人之最偉大者）、卡拉地（Crates of mallos，當西曆前一六八年，攸美尼二世 King Eumenes II 遣其充羅馬使節，爲將文法傳入羅馬的第一人）、及亞留斯（L. Aelius Stilo，西曆前一四四至七〇年，著有文法，奠立拉丁語言學的基礎）等是。他們只限於翻譯希臘的作家，或朗誦由拉丁文所著的讀物。亞留斯是第一個有系統的拉丁語言學家，由其倡導，文法便成爲羅馬人的愛好了。其超卓弟子的發祿，論字有三類，即位(Case)、時(tense)、及兩者皆非(neither)的；其後增加第四類，兩者兼屬的，即分詞。他撰有拉丁語言論（De Lingua Latin）的巨著二十五冊（現存的僅由第五至第十冊），由第二至第八冊是字源學；第十三至第十六冊，論語尾變化、相類字、與變例（anomaly）的；第十七至第二十五冊，論章句法（Syntax）。他又撰有拉丁語的起源論、論相類字（De Similitudine Verborum，三冊）、及語言的效用論（De Utilitate Sermonis，四冊）。發祿創爲文法的巨著，除大部份宗亞留斯的斯多噶派學旨之外，並得力於泰勒斯與泰冷尼安的。亞留斯另一弟子西塞祿，亦富於文法的理論，於所著論演講家一書中，規定文法家的本份爲對：「詩家的研習，歷史的智識，文字的解釋，發音的特別音調。」（註二）

奧加斯都（西曆前三一至西曆一四年）時期，著名的文法家，多爲脫籍的希臘奴隸，或充帝室之傅，或掌理圖書。希臘語與拉丁語，皆爲智識界所注意講求。海眞諾（G. Julius Hyginus，西曆前六四年至西曆一七年）繼述發祿的學統，注惠吉爾（Virgil）的詩詞，奧維德（Ovid）譽之爲「現代詩人中專心致志的學子」。維累斯非勒古（Verrius Flaccus，西曆前一〇年）撰有字義論（De Verborum

Significatu），爲第一部拉丁文辭書。文學的教師，是時在羅馬已享隆譽，並得新地位了。可是，文法家遠不及修辭教師的孚衆望，而教室也不及其時尚的。巴拉蒙（Q. Remmius Palaemon，西曆三五至七〇年）所著文法藝（Ars Grammatica，現佚）一書，或爲第一部有系統的文法，區分品詞爲八類——名詞、代名詞、動詞、副詞、分詞、前置詞、連接詞、及感歎詞。此書包涵正確講話的法則、古代詩人的往例、及關於俚句與語法不當等數章。昆體良，似受巴拉蒙、老普林尼（elder Pliny，二三至七九年）、及維累斯非勒古的影響，尤其以老普林尼的影響最大。他很注意於文法，且由文法構成其演講原理一書內容的大部份。這書第一冊有若干章所表示的，那時文法幾已達致現代的形式；綴語法（orthography）特別注重；字源學，八類字已得完全的形式，而字形變化亦作適當的處理；於語法不合的題目之下，章句法並略爲論述。昆體良認爲學童一俟其能讀寫時，即須委於文法家之手以教之。文法分爲兩部份，即正確講話的技藝與對詩人的解釋。不僅寫作技藝，包括講話在內，而且正確的誦讀，亦首應注意，由是以參加判斷的練習。此爲亞歷山大里亞舊文法家所用的嚴格方法。凡詩人及各類作家，要對其充份誦讀，不僅研究其內容，而且揣摩其文字，方領會其成例。普魯布斯（M. Valerius Probus，五六至八八年享譽）爲第一世紀後半期最先的文法家。他對於文法，注意其變例、時、與含糊的屬性（genders），並撰有兩部論著爲教科書之用：一爲藝的原理（Instituta Artium），論文字、音節、與八種品詞；二爲廣佈（Catholica），則論名詞與動詞。蘇都紐斯（C. Suetonius Tranquillus，約六九至一四〇年）撰有十二凱薩的傳（The Lives of the Twelve Caesars）一書，於「著名文法家的傳」一章中，上述的文法家，曾列舉在內。又其所著論顯著的文法家（De Grammaticis

Illustribus），對文法亦有論述。當內發(Nerva九六至九八年）與圖拉眞（Trajan，九八至一一七年）的朝代，文法的修習，蔚成風氣。學者之中，像加西留（Caesellius Vindex，約一〇〇年），爲一博學的推論家（analogist）；斯可路（Q. Terentius Scaurus），著有文字論（Orthography）及文法藝（Ars Grammatica，已佚），與賀拉西的評註；卡巴(Flavius Caper，約一〇〇年）與維柳士朗格斯（Velius Longus），亦著有文字論，而卡巴的著作，常由第四五世紀文法家所引述。

第二世紀當哈得良（Hadrianus，一一七至一三八年）朝，著名文法家有亞波羅紐（Apollonius Dyscolus）者，畢生遯處於曾爲亞歷山大里亞王朝所在地的貧瘠生活之中。他爲科學的文法之發明者，並爲希臘文章句法的創造者。根據巴立斯安所說，亞波羅紐的著作，構成了一種完全「文法技藝」的部份，分爲十三項綱目來論列。可是他並非一有系統論著的作者，不過對各要點作一貫的特別研究而已。他的各巨著之主題，普通的論品詞，特別的則論名詞、動詞、及章句法。品詞分爲八類，其次序：名詞、動詞、分詞、冠詞、代名詞、前置詞、副詞、與連接詞。其關於名詞與動詞的論著，學者曾普遍的引用，不僅由巴立斯安，而且由卡奧波斯古(Georgius Choeroboscus，約六〇〇年）及對於泰勒斯文法藝的注釋者。但他的著作，尚存者僅有四種，即關於代名詞、副詞、連接詞、及章句法。最後之一種，分爲四冊：第一冊決定品詞（指定在名詞與動詞之先）的數量與次序，其次討論冠詞的章句法；第二冊，論代名詞的章句法；第三冊，論「文法相符」(Concord)的法則及其例外，繼之以動詞的章句法；第四冊，論前置詞、副詞、及連接詞的章句法，——但此冊僅存一小部份。亞波羅紐之子希魯地亞奴（Aelius Herodianus），於奧理略(M. Aurelius)朝，卜居羅馬，著有一部文字論，其內容是關於俚句與單音節的(monosyllabic)字；名詞與動詞；語尾變化、變形字(declensions)、與動詞活用法(Conjugations)。在早期基督教的教士中，克里孟及其弟子奧里琴，以其希臘學問的能力，成爲亞歷山大里亞文法的教師，尤其奧里琴的文法，與雅典學派(Attic School)所崇尚者，表現許多相同之點。

一般學者之講求文法，除黽勉從事於品詞與章句法之外，並編纂字典，以助於語言標準化。是時，字典編纂法的主要代表，爲雅典學家的但奧尼修斯 (Aelius Dionysius)。他編有雅典文字的辭書(Lexicon)凡五冊，並附以補遺五冊，每一字引述許多例證。哈普卡遜(Valerius Harpocration)乃亞歷山大里亞一修辭家，且爲有關於雅典演講家一種重要辭典的作者。另一位字典編纂者波洛斯(Julius Pollus of Maucratis，一八〇年)，撰有雅典文字與辭句的字典，凡十冊。第三世紀時，沙施度(Marius Plotius Sacerdos)著有文法藝三冊，爲現存拉丁文法中之最古者；其中第二冊，與普魯布斯的廣佈，主要內容是相同的。

## 第二節　文法兩泰斗——杜納陀斯與巴立斯安

第四世紀時，對於文法的研究，始自維多冷(C. Marius Victorinus)，他生於北非洲而移居羅馬，爲文法家及新栢拉圖派學者。其所著文法藝四冊，主要的注意於韻文的研究，於中世紀時僅作有限度的教學之用。在努密地亞(Numidia)的馬西洛(Nonius Marcellus of Thubursicum，三二三年)，撰一百科全書的教義舉要(De Compendiosa Doctrina)，分爲三部份，即辭書的、文法的、與古物家的。於文法的部份，他大受惠於普魯布斯、卡巴、與普林尼。加里秀斯（Flavius Sosipater Charisius），撰有文法藝，大部份取材於伽圖、恩紐斯、洛西留（Lucilius）等，又撰有文法原理（Institutionum Grammaticarum bibri V），則取材於發祿與蘇都紐斯的逸書詩藝論（De Poetis）。但奧美地（Diomedes）撰有文法藝（Artis Grammaticae libri III），論文法與韻文，其書於第九世紀時爲聖加爾修院所採用，且爲中世紀許多文法教科書所根據。這兩作家對於文法雖乏特別創作可言，但對於羅馬奴斯（Julius Romanus，第三世紀文法家）、哥美尼亞奴（Cominianus，第四世紀文法家，撰有文法，現佚）、巴拉蒙、蘇都紐斯、及發祿的文法之學，保存於後代，其功不可沒。這世紀的學問，最表彰者爲歐遜紐斯（Decimus Magnus Ausonius，約三一〇至三九三年）及其摯友西馬古斯（Q. Aurelius Symmachus，約三四五至四〇五年）。前者應華連丁尼安（Valentinian）大帝之聘（三三四年），爲其子少格拉西安（Young Gratian）之文法與修辭的師傅；後者爲羅馬的貴族及演講家，在波爾多（Bordeaux）、都盧沙（Toulouse）、及高盧南部各城市充當修辭教師，又爲惠吉爾、塞維阿（Servius）等注釋者。聖奧加斯定對於文法，頗爲重視，著有文法簡錄（Ars "Grammatica" Breviata），乃一部文法的摘要。他解釋文法的性質謂：

「文法是保持與規定講話言詞的學問之一科，由其作用，它必須彙集曾經牢記的或寫下的人類，語言之所有技藝，即使有些是虛僞的。但文法不爲虛僞，只教導與供應教人的眞方法」（註三）。

聖奧加斯定於其所著教師論一書中，特別注意文法的效用。他說文法包涵八種品詞，而對於名詞、代名詞、動詞、與連接詞，闡明精詳。舉其義例來說：「名詞是字，但並非所有字就是名詞」；「

字乃名的記號。」（註四）「名詞是藉字而表示，字是藉名詞而表示。」（註五）關於代名詞，他定其義：「代名詞者乃品詞之一，代替一名詞，雖不及其完全，但以表示相同之事。」（註六）他論述文法，對於語言與文學的學習尤其在讀寫的基本技術上，及觀念與思想的哲學分析下，是最清楚明瞭的。

自第四世紀起。文法已進至全盛，傑出之文法家，在西方有杜納陀斯(Aelius Donatus)，在東方則有巴立斯安(Priscian)，開創師承，爲中世紀文法教學的泰斗。杜納陀斯乃第四世紀中期羅馬一教師，及惠吉爾、泰倫斯(Terence)的注釋者，聖吉羅莫曾出其門下（註七）。他著有文法一書，分爲兩部份：第一種爲文法小藝(Ars Grammatica Minor)，另一種爲約大五倍的文法大藝(Ars Grammatica Major)，全書目爲羅馬城文法家杜納陀斯的文法論(Donati Grammatici Urbis Romae Ars Grammatica)。這書所包涵的題目，有聲音、文字、音節、音律(Metrical feet)、重音、句點號、品詞、語言的缺陷與優異、詩歌在形式與在章句法的破格(license)、修辭的辭藻。它並引用經學作家的原文，特別引自惠吉爾、泰倫斯的。其小藝在中世紀爲最著名，但此書並非一讀本，僅爲品詞的綱要，約有八頁，其取材是根據巴拉蒙的文法藝。小藝中對於八品詞的定義，綜述如下：

一、名詞　這品詞是以特別的或一般的一人或一物爲位而表示的。其屬性有六：即質量、比較、性、數、體式、與位。

二、代名詞　這品詞是常用替代名詞以傳達相同的意義及現在與當時關於先前所說之個人。其屬性有質量、性、數、體式、人稱、與位。

三、動詞　這品詞以時與人，而無位，表示「做某動作」或「受（某動作）」，或兩者皆非。其屬性有七：質量、變化(Conjugation)、性、數、語尾變化、時、人稱。

四、副詞　這品詞加於動詞，以解釋其意義及完成之。其屬性包括意義、比較、與體式。

五、分詞　這品詞兼有名詞的與動詞的性質；屬於名詞的，爲性與位；屬於動詞的，爲時與意義；屬於兩者的，爲數與體式。其屬性有六：即性、位、時、意義、數、與體式。

六、連接詞　這品詞綴成一句並使之整齊。屬性有三：即效用、體式、與次序。

七、前置詞　這品詞，放在其他品詞之前，完成它們的意義，或改變之，或縮小之。其屬性只有位。

八、感歎詞　這品詞，由聲的非常音調，表示心思的狀態。其屬性只有意義(註八)。

由於杜納陀斯的影響，中世紀各學校和修院所藏的書目，幾乎都有其小藝在內(註九)。而在學校的課程中，小藝之列爲教科書，也歷長久的時期了。

西班牙加沙里亞(Caesarea)的巴立斯安，約於五一五年，在君士坦丁堡亞納斯達修一世(Anastasius I，四九一至五一八年)之下，充拉丁文的教授，著有文法原理(Institutiones Grammaticae)一書。這書供給拉丁散文與韻文構造的所有規例，並由希臘文與拉丁文作家的引句而作例證；有些作家，且藉其引句始知之。這書共有十八冊，首十六冊專論八品詞及文法初步，叫做巴立斯安的大文法(Priscian Maior)。其餘兩冊，則論章句法，叫做巴立斯安的小文法(Priscian Minor)。第九世紀時，莫路斯將其編成概要，流行於世。巴立斯安追仿亞波羅紐的科學方法，及由其取材，像代名詞、副詞、連接詞、與章句法等部份，或可見之。他的拉丁文學問，除師承亞波羅紐之外，並宗卡巴、加里秀斯、但奧美地、杜納陀斯、及普魯布斯。這書凡向五十四個作家取材，故引句很豐富，計有西塞祿、沙盧斯特(Sallust，八十次)、巴勞陀斯（Plautus)、泰倫斯（二二五次）、惠吉爾（七二一次、另其詩詞一四六次）、賀拉西（Horace，一五六次）、奧維德（七三次）、琉坎（Lucan)、波秀斯(Persius)、士德修斯(Statius)、猶威拿(Juvenal，一二一次）。希臘文的例證，主要的採自荷馬（七十八次）、栢拉圖、愛蘇格拉底、及德摩斯達尼斯(Demosthenes)等。自第六世紀後，著作家像伯達、阿爾昆、色度留斯(Sedulius Scotus)等，對文法的編撰，根據巴立斯安與杜納陀斯的，比諸古代任何的作家爲多。當時對於文法的修習，直至第十二世紀，是以杜納陀斯及巴立斯安的論著爲主。杜納陀斯文法第三部份的俚句(Barbarismus)爲初級的，而巴立斯安的兩著作，則定爲高級學生的用書。

加西奧多所著自由藝與科學論之中，有文法藝原理（Institutio de Arte Grammatica)，是杜納陀斯文法的節要。他闡論文法的意義說：

「文法者，是優美演講的技藝，得自著名的詩人與作家；其效用乃以著作純雅的散文與韻文；潤色講詞與寫作，實以滿足純藝之觀點爲目的，可是，早期作家雖以各種方法討論文法的藝，而在他們的時期，像巴拉蒙、孚加斯（Phocas)、普魯布斯、及康蘇里奴斯(Cansorinus)，已享有高尚的地位，我們在這裏仍想介紹杜納陀斯，所以應提薦者以其特別適合於學童與最宜於初學者。…但我們也發現的，聖奧加斯定爲着對其兄弟們之啓蒙，給予簡明的教授，對此科曾有著作；我們留給你閱讀這一種，以對青年們要是準備而求如許智識的程度，有幾分似不適宜罷。」(註十)

加西奧多教授其修士們以文法、例如，在其所撰的文字論（De Orthographia)一書，由於修士們要求，乃參考杜納陀斯、巴立斯安等十二個文法家的各種定例而編成，使修士們篤守之，可免於拚音時犯着通常的錯誤。加西奧多並且說：「這些文法家，是我們青年的表率與性質的模範」！因此，讓修士們「使其安心於生活，竭其自己的精力，以對自由藝的教學。」（註十二）依西多祿的探源論，第一冊爲文法，以杜納陀斯之書爲主要的參考資料，可是對於章句法和字源學，未有充份的智識。其另一著作辨別書（Defferentiarum Libri II），是關於文字、同義字等一本有用的字典。托利度主教（六八〇至六九〇年）猶里安（Julian），著有文法藝的教本，是參考較古的文法家所編成，而由異端及基督教詩人的大量引句來解釋的。

文法與文學，經常有聯繫的，舉例言之，巴立斯安引述惠吉爾的伊尼易德（Aeneid）凡七百次。故伊尼易德一書，成爲文法家採用的標準課本。沒有受過詩的訓練，則人們將不敢希冀有文法家的能力；如忽略其所根據的文學，也沒有人能用杜納陀斯與巴立斯安的文法。一個學生，初習散文與韻文的箴言和寓言，稍得拉丁文入們的智識，乃專修拉丁作文與詩學之定例，便可準備誦讀更重要的拉丁文作品。當希臘與羅馬時期，詩首先誦讀，以其對文字正確的熟練，供應較好的方法，而易於記憶。選擇應讀之作家，每隨教師的愛惡，及對其書本之需要而定。其選讀之作家，有巴勞陀斯、泰倫斯、猶威拿、色度留斯（Caelius Sedulius）、亞拉多（Arator）、蒲丹細阿（Prudentius）、卡陀洛斯（Catullus）、陸克理細阿（Lucretius）、惠吉爾、賀拉西、奧維德、琉坎、士德修斯、馬施爾（Martial）、波秀斯、西塞祿、辛尼加、普林尼、昆體良、尼波斯（Cornelius Nepos）、凱薩、沙盧斯特、李維（Livy）、蘇都紐斯、塔息陀等。教師對學生教授文學，不僅誦讀，並解釋其結構，指出其錯誤及其內容之優點，說明古代的事略，讓學生判斷與批評，使其記憶每一節，並對散文與韻文，練習其寫作。此種學習，代表當時文法教學最好的課程；而由學生對散文與韻文寫作的實習，也爲中世紀學校最普遍之事了。

## 第三節　中世紀的文法教學

當第八九世紀時，文法最受重視，因其不僅爲一般學問與文學的基礎，尤其爲着對祈禱式（Liturgy）、禮拜式（Offices）、信條（Creeds）、與聖經的解釋。換言之，文法之被重視，由於學者需要藉拉丁文爲神學專修的準備。是時全部教育，傾向於一個目標，即靠聖經的專修，使基督教精神的發展。因此，所有智識，由最基本的讚美詩（Psalms），以至博學的聖經註疏及教士的學習，都集中於聖經。自由七藝的大部份，都適應於這種型式。僅有閱讀聖經一段的能力者，便需要拉丁語文法的智識，而在宗教上虔修，須與自由藝作平行的進度。爲着達到這目的，故沙里曼大帝所注意者，凡養成一個教士，既飽受教育，而又能教學的。當然，修院的教師，其所注意者不僅爲宗教生活的特別陶冶，，並且對於神學及自由七藝的大部份，作更普遍的訓練，其中以文法視爲最重要的科目。

中世紀學校，對於文法的教學，凡學得些初級拉丁文智識的學生，依照杜納陀斯及巴立斯安的基本原文，配合卡比拉、波愛萃斯、加西奧多、依西多祿、伯達、阿爾昆、及莫路斯等的流行註疏而學習，便可上進了。然而課程中文法的價值，不在靠文法家所給與其定義的範圍，而在教授之實際目的與結果。其目的有二：（一）拉丁語的實際專精，爲通全部智識的大道；（二）對其文學形式的重視。加西奧多下以定義說：「文法爲所有文學的高尙基礎，雄辯的顯赫之母。」(註十二)在中世紀學校中，一個學童不理其土音而常教以拉丁語，經過三四年後，他在學校環境中便能學會了日常交際的語言。當其開始學習時，字母是首先記憶，然後對拉丁文發音與書寫，並以拉丁文背誦祈禱，音節與字隨之。教學的通常方法爲問答式。第一種讀本爲拉丁文聖詩，溫讀至能記憶爲止。倘若歌詩班學童一部份不克正確的背誦與唱詠，則受嚴厲的懲罰。由此準備，文法教師遂開始傳授拉丁文法。其開端當然爲品詞。初級教科書是需要的，其中拉丁文法的基本法則每用簡單字來解釋。這書每日選讀一部份，並細心解釋之，將每一個困難的字譯爲本國語。學童要牢記每日功課，堅持其進度，加以時常檢討，直至學童謹記了有限量的法則，及求得日常應用許多拉丁字義的智識爲止。至於高級文法的教學，主要的爲文學結構之精熟，所用之方法，而追溯字源的意義，根據字典、神話、與歷史來解釋，使學生明瞭經學原文。故爲着對文法教科書的補充起見，在教學上尙有字彙、字典、注釋、及評註；欲求拉丁語對實用的或文學的目的之精通，藉其參考之助，方可達成的。

基督教的大師，其淹通文法者，首推伯達聖師及聖波尼法爵(St. Boniface Winfrid，六七五至七五四年）。伯達常譽爲英格蘭學問之鼻祖，曾鑽攻大批古代羅馬文法家，像杜納陀斯、加里秀斯、但奧美地、龐比阿斯（Pompeius）、沙吉阿斯（Sergius）、歐德斯(Audax)、維多冷、馬留斯(Mallius)、地奧多（Theodorus）、塞維阿、亞古魯秀斯（Agrocius）、卡巴、多西地阿（Dositheus）、加西奧多、及依西多祿等。他著有文字論，作字母的安排，乃參考上述較晚的羅馬文法家而編成。此書不僅實際上爲拼音的論著，且爲拉丁文並偶爾爲希臘文的語彙。每一字詳說其意義或文法的用途，有時提及希臘文的相同字，並且注重的關於與其他字相酷似的文字之意義。可是，這種著作並非正確不訛，對於字源每每是穿鑿的，不過在盎格魯索遜語的國家中，拉丁文的字典，頗感需要，故其書在當時是有價值的。曼澤（mainz）的總主教（七四八年）聖波尼法爵，撰有教科書，即聖波尼法爵總主教與殉教者的藝（Ars Domni Bomfacii Archiepiscopi et Martyris），是論韻律與文法的。此是根據杜納陀斯、加里秀斯、及但奧美地的文法而編成，但其取材，乃爲着教師與學者的實際需要而校訂的。

自第八世紀後，文法教學的演變，可分爲兩個階段：第一、由阿爾昆時期至阿栢拉爾（Abelard，一〇七九至一一三六年）；第二、由阿栢拉爾時期至文藝復興。在第一階段，各權威的文法家皆師法於杜納陀斯及巴立斯安。阿爾昆於七八二年由英格蘭前往在佛冷蘭（Frankland）的沙里曼宮廷，曾撰有約克教堂的主教與聖人一詩，談及杜納陀斯；並認爲文法與修辭，在自由藝中是重要的科目。阿爾昆的著作中，最重要的爲論文法藝的語錄（Dialogus De Arte Grammarica）。這書分爲兩部份：第一部份是一教師與其學生們之間對於哲學與一般學問的問答；第二部份，爲一個教師、一個年青的佛冷克(Frank)人、及一個年青的索遜(Saxon)人之間，討論文法的問答，主要的是根據杜納陀斯。諾特卡（Notker Balbulus，約八四〇至九一二年）認爲此書比杜納陀斯及巴立斯安的文法論著爲優。其內容所定的，文法必須以字母（letters）——母音與子音的審量爲開始；然後說明字的性質，定其義爲「一個有音節的聲音之最小部份。」字母是語言的要素，因其是根本的而不可分的，首先組成拼音，其後繼續組成文字、子句、與文句。字母有兩種，即母音與子音，並下以定義說：「母音是由自己發音，及由自己的發出音節。子音不能由自己發音，亦不能由自己的發出音節。」爲着解釋母音與子音的分別，阿爾昆說：「母音是，甚至它已經是靈魂，而子音是文字的軀體。」「現時靈魂推動自己與軀體，但軀體不能自動的離開靈魂。於是，此乃非母音的子音。它們實在可由自己表示的，但既不能發音，亦無脫離母音的任何力量。」其次，音節繼之，下以定義爲：「於字母中所表示的一音，乃由一重音（accent）與一氣音(breath)所發之音。」音節的討論，分爲四部份：即重音、氣音、音節長短、與構成字母的音步（Number）。至於文法的定義，阿爾昆說：「文法是記寫確當的科學，正確講話與記寫的保證者。這是根據本質、理由、先例、與習慣而成的。」對於文法的範圍，他枚舉語言、定義、韻脚、重音、標點、批評點，正字法（orthographies）、相類字、字源、注釋、區別、俚句、語法不合、缺點、字形變化、賦以定形(figurations)、譬喻、散文、韻文、寓言、及歷史等。八種品詞、其次序如下：名詞、它的性、數、「形」(figures)、與位；代名詞、它的性、「形」、數、與位；動詞，它的法(modes)、「形」、語尾變化(inflections)、與數；副詞與它的「形」。最後，爲分詞、連接詞、前置詞、及感歎詞。他所撰的定義，尤其他的字源，最爲優異。其定義，實際上仿自依西多祿，但其關於文法與正字學的論著，並取材於杜納陀斯、巴立斯安、塞維阿、波愛萃斯、加西奧多、伯達、依西多祿、及孚加斯。其他作家，像西塞祿、泰倫斯、猶維拿、琉坎、蘇都紐斯、惠吉爾、及賀拉西，亦爲其所師法。阿爾昆的另一部書爲文字論，或在杜爾所著成。這是一短簡小冊，包涵一文字表，將字母安排，加以評論其適當的拼音、發音、及意義，與批評其正確的使用。對於伯達所著同類之書，曾擷取其多少分量的。（註十三）

莫路斯爲一著名基督教文法家，曾在富爾達（Fulda）掌敎。他以文法的定例和修辭敎授貴族的學子。其所學習的文法，是根據如下的定義：

「文法為教我們解釋詩人與歷史家的科學；此乃賦予我們寫作與講話正確的才能之技藝。文法是自由藝的泉源與基礎。自寫作與講話正確的技藝靠其達致以來，在基督教學校應該教授的。」（註十四）

莫路斯雖取法於依西多祿與阿爾昆，但其從文學方面論文法，比阿爾昆的主張為強。他編有文法家巴立斯安之藝的撮要（Excerptio de Arte Grammatici Prisciani），乃一部文法原理的簡單提要，並對詩學有充份解釋，顯然取材於杜納陀斯的大藝。愛爾蘭的克里孟（Clemens Scotus，八二六年卒），繼阿爾昆為沙里曼大帝宮廷的師傅，亦撰有文法一部，內容淹博，取材豐富，尤其參考於希臘的學者，甚為著名。斯他拉波（Walafred Strabo，約八〇九至八四九年）為富爾達一教師，曾謂其對於文法教學，以杜納陀斯、巴立斯安、維多冷、加西奧多的論著及聖經，授給學生。當其門生由文法進至修辭時，必須經最後考試的測驗。因此，將逢夏季之末，學生們遂孜孜溫習文法的三部份：即字源學、正字學、與對於譬喻和詞藻所應用的韻律學，以為準備。里美（Remigius of Auxere，約八四一至九〇八年）曾在聖日耳曼修院教學，撰杜納陀斯小藝的註疏（Expositio Super Donatum），以迄於第十二世紀，曾被普遍的採用。他並為巴立斯安、波愛萃斯、卡比拉、及若干拉丁詩人作注釋。

第十世紀之末，著名的文法家亞爾菲克（Aelfric，約九五五至一〇二五年），撰有文法與辭典（Grammar and Glossary，約九九五年），其自序中說，這是協助學童修習拉丁文與英文的一計劃：「我，亞爾菲克，以小慧之一，由巴立斯安的大小論著，選拔其摘要，譯成你們自己的語言，為你們幼年的小童之用；自讀過杜納陀斯的八品詞後，你們的幼小之心，或能接受這兩種語言，再進一步趨向於高等的學問了。」(註十五)此書翻譯巴立斯安文法的摘要，隨附以拉丁文和英文三千字的辭典，是現存最古的拉丁英文字典。是時，修士們也受嚴格的文法訓練。拉他累斯(Ratherius of Liege，約八八七至九七四年)，曾任威路納(Verona)的主教三次，著有拉丁文法一部；這書主張取消對於文法犯例者的處罰，——這種處罰，每給以對背直立(Sparadorsum，古代一種刑罰)的奇妙之名。

## 第四節　沙脫爾與巴黎的文法教學

中世紀時，文法為所有學問的入門，尤其應用於聖經的解釋，故此科的修習，普遍盛行於學校、修院、乃至鄉村。僧長格巴(Guibert)曾說：「余見鄉村與小鎮，遍燃着文法修習的熱望之火！」(註十六)額俄略七世(Gregory VII, 一〇七三至一〇八五年)在羅馬舉行宗教會議，其綱目中一章的標題：「所有主教們，其教堂應授文法藝。」(註十七)是時，沙脫爾(Chartres)的禮拜堂學校，為這科教學最重要的中心。第十二世紀時，文法的教學達到全盛，與巴黎大學之論理學教學齊名。除杜納陀斯及巴立斯安的論著仍為修習的基礎外，對於文法的學習師生似共同研究許多經學的作家，並注意其作文體裁的講求。此校文法教學的方法、理想、與態度，由著名的教師伯爾納(Bernard)與沙利斯巴里的若望(John of Salisbury，一一一〇至一一八〇年)為代表。

伯爾納於一一一九年為沙脫爾教堂的監督(Chancellor)，認為中世紀時只根據教科書的施行文法教學，此乃鹵莽而非聰明的訓練，表示反對。依其觀點，文法為所有文學的了解及文化的基礎，故必須緩慢的，悠閒的，與完全的學習；在其最廣泛的意義言，應由經學中選擇名家來研究。他規定經學的名著一部份應記憶的，命其學生每日作文，特別注意其內容、體裁、及特性。對學生所作之散文與韻文，並留心修改，批評其智識與經驗。伯爾納且認爲文法並非僅爲一種技術的研究，而且以其本身的目的，應作爲用於哲學與神學的工具。伯爾納的昆季提亞里（Thierry，約一一五〇至五五年卒），爲沙脫爾的監督，著有七書（Eptateuchon，一一四一年），是一部教本而非百科全書。其序言，根據卡比拉而綜論自由藝的效用，以文法放在首位，小藝則爲初學的用書。他稱贊這書如下：

「杜納陀斯以奇妙的簡約方法，傳授文法，並且巧妙的簡練之和聰明的解釋之。爲着開始教授兒童學習這科，他著成這版本。在書裏所提供的，爲何者需要發問和何者應該答覆。因此他蒐輯所有文法而成爲簡練的部份，及成爲對其作完全啓廸的例證。」（註十八）

提亞里於所著一百九十頁的文法中，仿撰的不僅由杜納陀斯的小藝，並且參考巴立斯安的全書；他又採西塞祿的論題的選擇論（De Inventione）、致赫連尼五書（Ad Herennium）、及論演講術的分類（De Partitione Oratoria）之一部份，以補杜納陀斯和巴立斯安文法之不足的。在伯爾納後的當時沙脫爾最成就的文法家爲韋廉（William of Conches，一一五四年卒）。他堅謂包括文法、辯證法、與修辭而統於雄辯一詞之下的演講規例，爲哲學家應有的首要之事。唯有由此準備的，一個人應趣向於哲學的研究，後四藝的科學首先學習，最後，自從基於生物的智識而渴望對造物主的通曉，應向神學中專修。然而，文法乃其全部學問的基礎。若望爲伯爾納的第三位繼承者，謂全部哲學的搖籃是文法，力倡文法的最高權，和伯爾納同樣堅決。若望認爲如非修習包涵文學研究的文法，則沒有人能成其學問的。若望雖然採用伯爾納教授文法的方法，他並且採用西塞祿、惠吉爾、奧維德、辛尼加的名著，及杜納陀斯、巴立斯安、馬西洛、塞維阿的文法，作爲所應研究之拉丁文主要的作家。他旣嫻聖經與教士們的著作，但相信經學在其本身修習言，是有價值的。修辭或論理學，除非由經學潛心學習而得之智慧，實無價值，且有害的。他並非藐視文法，不過反對採用巴立斯安枯燥的分析而已。根據他的方法，學生們每日練習散文及韻文，應摹仿最佳的名家。故他們的作文，必須揣摩與精習其當時所讀的作家之各種特性，這在教學時已注意對其解釋了。是時青年學子，大半時間消磨於文法的規例、相類字、俚句、語法不合、譬喻，而修習杜納陀斯及巴立斯安的論著，沙脫爾教學的改革，蓋欲避免此一舊套的拘束，認爲智識的健全基礎在經學，青年們修習文法，應揣摩經學以另闢一新途徑罷。

爲着進大學的先修學校，常注意文法的教授。當一二一五年在拉德蘭（Lateran）教堂舉行第五屆公議時頒佈一法令，要求在基督教世界之中，應設置一文法講座，而與每一大教堂相聯繫。這文法講座，包涵自由藝至少有三種，並供應進大學的教育準備。凡重要大主教的大教堂、要維持三個講座的教授。其中一個爲教文法，第二個教哲學，第三個教教會法典。在巴黎大學，杜納陀斯及巴立斯安的文法最重要部份，是用口述而筆記、解釋、及用心學習。第十二世紀末，文法在巴黎大學依然佔一重要地位。一二一五年，規定需習巴立斯安文法兩種，或至少其中之一種。第十三世紀之前半期，當教義（Doctrinale）及希臘文用途（Graecismus）兩書開始引人注意時，文法仍有充份興趣，而在巴黎引起爭論。一三六六年以前，論理學與文法，在大學課程中是最重要的科目。牛津大學於第十二世紀時，巴立斯安及杜納陀斯的文法論著，用爲教授章句法及韻文學（prosody）的程式，並且惠吉爾、奧維德、李維、塔息陀、及其他羅馬詩人與歷史家，亦引爲文學體式之例證的參考。

## 第五節　新文法

當第十二世紀時，拉丁文法教學，尤其章句法，曾冀圖爲之改善。既然產生如此顯著的轉變，此後所謂「舊文法」與「新文法」，或由是而區分的。新文法云者，乃以韻文的形式著成，最著名的爲亞歷山大（Alexander of Villedieu）的教義與伊巴赫德（Eberhard of Belhune）的希臘文用途。亞歷山大曾爲巴黎大學的學生，一一九九年著成叶韻的教義，這書包括拉丁文六韻詩（Leonine hexameters）二千六百四十五行。伊巴赫德於一二一二年發表其希臘文用途，亦爲六韻詩的韻文。以其寫作的體裁如此通俗，故各大學完全用爲教本了。

亞歷山大的教義一書分爲十二章；在第十四世紀時，通常包涵有三部份：（一）字源（一〇七三行），（二）章句法（四七六行），（三）音節之長短、重音、與詞藻（一〇九五行）。作爲一部高級的文法，以供曾修習過杜納陀斯小藝者進修之用，故此書自然省却字源部份，如論及數、正常動詞、副詞、連接詞、前置詞等，而對代名詞僅以極粗略的論述。另一方面，在章句法中，時與語氣是省却，但論音節之長短、重音、文法的與修辭的詞藻，是非常完備的。他雖然有些革新，但此書仍爲舊文法，不過爲巴立斯安文法之一種評註，例如其論字源的問題，仍根據巴立斯安的。在第十三世紀時，此書流傳迅速，逐漸風行於各大學中，使巴立斯安文法爲之失色，甚至將其驅出。及第十四十五世紀時，此書雖然事實上被人文主義學者所攻擊，但幾爲普及全歐的文法。其所以流傳如此之廣者：（一）全部文法是用詩句體，以便於記憶，蓋是時書籍罕少，此乃教科書的一種革新。（二）自巴立斯安撰其文法書以降，拉丁語經歷七個世紀，至他撰此書始考慮其變更。在其書中，他由聖經及由拉丁化的條頓語撮合其許多字，此乃適應當日生活語言實際需要的文法。(三)當文法之論理態度重於文學的之時期，巴立斯安的章句法不適於需求，亞歷山大之書，章句法却非常完全，故其書在這部份的清楚性，即使以現時修語言學的學生，當爲之欽佩。(四)其論詩學及詞藻，亦爲另一種對巴立斯安著作的改良，並供給許多新資料(註十九)。伊巴赫德的希臘文用途，常與教義齊名，亦被普遍的採用。其名稱由書中論希臘字源的一章而來。主要的論題爲字源、俚句、譬喻、及語法不合。這書並包涵通常的文法資料像品詞及詩格的規例等。從這書的全部來說，比教義更爲進步，以其所補充的，特別關於希臘字與拉丁同義字的數章，最爲超卓。伊巴赫德另一種流行的書爲難解者(Labyrinthus)，乃一部詩體，論文法與體裁的教學，在第十四世紀極爲通用，誠有助於更取巴立斯安的地位而代之。但馬丁路德評斥此書是「由惡魔行爲所介紹之愚昧的、無用的、與有害的修院書籍」之一。

加爾蘭的若望(John Garland，一一八〇年生)，英格蘭人，曾在都盧沙大學教授文法(一二二九至一二三二年)。當文法在巴黎大學被輕視而見棄之時，他是一著名的文法家，撰有許多文法的論著，計有文法綱要(Compendium Grammatice)、綱要之鑰(Clavis Compendii)、及重音(Accentarius)，都是韻文的體裁。文法綱要一書，包涵詩約四千行，比亞歷山大的教義一書爲長。綱要之鑰以其書名所表示者，乃文法綱要的導言，約有詩二千二百五十行，僅得一半之長。重音約有詩一千四百二十六行，爲更簡單的，可是，此書或爲若望的文法論著中之最流行的。他並撰有教義的評註，又編有三種字典，一爲通用之字，二爲晦澀之字，三爲一般的事物。自若望沒後，巴黎大學對文法變爲冷淡，在自由藝的課程中，論理學及哲學，却佔重要的地位了。羅哲爾倍根(Roger Bacon, 一二一四至一二九四年）爲聖芳濟會的教士，曾在巴黎大學肄業，編有文法師承表。品評文法的作家，列爲「標準」的有：伯達、巴立斯安、杜納陀斯、塞維阿、琉坎、猶威拿、士德修斯、賀拉西、波秀斯、猶溫古斯(Juvencus)、亞拉多、蒲丹細阿、普連奴斯(Paulinus)、普魯斯巴(Prosper)、色度留斯、依索多祿、及普林尼。這人名表雖未算完盡，但他稱之爲「往古的及可靠的師承，備有希臘文法的乃至拉丁文法的全部智識。」巴立斯安之名，幾見諸倍根文法的每一頁，但非盲從的。巴立斯安所常引證的塞維阿，倍根認爲是一位較大的權威。又如波愛萃斯，實有異於巴立斯安，其觀點也應該採納的。但根據倍根的意見。伯達的師承，實爲他們之冠了(註二十)。

然而，巴黎大學對於文法一科，日以衰微，「論理學擁有許多學生，而文法在數量上却減少」，(註二十一)文法遂被貶至一附屬的地位，所保留者僅巴立斯安而已。但即使巴立斯安的文法，並非作嚴格的修習，不像一三六六年以前之由宣誓證明，凡攻習文科的學士，如欲領及格證書時，是強迫要修習的。北歐方面，約自一二五〇至一三五〇年間，語言與文學的修習，是在非常低潮中。南歐方面，像意大利，文法認爲是研究法律與醫學一種需要的準備，但文法的式微，主要原因乃由於法律與筆錄術(ars dictaminis)流行之故。而筆錄術於第十三世紀前半期曾達最盛，文法雖非受完全忽視，但在波隆(Bologne)大學，幾變爲暗淡了。

(註 一) Ernest Brehaut, An Encyclopedist of the Dark Ages, pp.97–98. 聖烏高列舉文法的範圍如下：「文法是分爲字母、音節、與祈禱文，或在另一方面，文法是分爲字母，即記寫的，及聲音，即發音的，或其餘方面，文法是分爲名詞、動詞、分詞、代名詞、副詞、前置詞、連接詞、感歎詞、關節音、相類字、註釋、差異、俚句、語法不合、缺點、字形變化、詞藻、譬喻、散文、韻文、寓言、及歷史。」(Hugonis de Sancto Victore, Didascalicon, de studio Legendi, Book II, Ch. XXIX, pp.45–56)

(註　二) Cicero, De Oratore, (Cicero On Oratory and Orators, tr. by J. S. Watson, Book I; XLII, p. 193.)

(註　三) The Soliloquies of Saint Augustine, tr. by Thomas F. Gilligan, Ch.XI, p.lll. New York, Cosmopolitan Science and Art Service Co. 1943.

(註　四) St. Aurelius Augustine, Concerning the Teacher (De Magistro) and On the Immortality of the Soul, tr. by George G. Lackie, p. 15. New York, D. Appleton–Century Co. 1938.

(註　五) Ibid., p. 18.

(註　六) Ibid., p. 19.

(註　七) 聖吉羅莫對於婦女教育，會提議應受字母、拚音、文法、與造句法的基本訓練。

(註　八) Mayland Johnson Chase, The Ars of Minor of Donatus, pp. 29–55. Madison, University of Wisconsin, 1926.

(註　九) 例如第八世紀時，約克學校 (School of York) 所藏阿爾昆的書目，聖加爾修院 (Abbey of St. gall) 的第八第九世紀書目，第九世紀聖里奎亞修院 (Abbey of St. Riquier) 的書目，第十二世紀堪他巴里修院 (Abbey of Canterbury)，聖亞曼修院 (St. Armand)，沙里 (Charles) 修院、聖巴丁 (St. Bertim) 修院、哥爾比 (Corbie) 修院、盧維仁 (Roven) 的總主教修院等書目，第十三世紀亞美恩 (Amiens) 修院書目，及第十五世紀聖阿爾班 (St. Albans) 的圖書館，都藏有小藝一書。

(註　十) Cassiodorus Senatoris Institutiones, "Liber Secundus Saecularium Literarum", pp.93-94.

(註十一) Thomas Hodgkin, The Letters of Cassiodorus, ix, 21, p.407.

(註十二) Ibid., ix, 21, p.460.

(註十三) Andrew Fleming West, Alcuin, p.102.

(註十四) Rhabanus Maurus, "Education of the Clergy", (F. V. N. Painter, Great Pedagogical Essays Plato to Spencer, P.162.)

(註十五) S. Harvey Gem, An Anglo-Saxon Abbot Aelfric of Eynsham. p.49. Edinburgh, T. & T. Clark, 1912.

(註十六) Dana Carleton Munro, The Middle Ages, p.366.

(註十七) Arthur F. Leach, Educational Charters and Documents 598 to 1909, p.23.

(註十八) Wayland Johnson Chase, The Ars Minor of Donatus, pp.7-9.

(註十九) Paul Abelson, The Seven Liberal Arts, p.43. New York, Teachers College Columbia University, 1906.

(註二十) Louis John Paetow, Morale Scolarium of John Garland, pp.120-122. Berkeley, University of California Press, 1927,

(註二十一) D'andeli Henri, The Battle of the Seven Arts, p.39.tr. by Louis John Paetow, (Memoirs of the University of California, Vol. 4, No.1, History Vol. I, No. I), Berkeley, University of California Press, 1914.

# 第六章　修　辭

## 第一節　定義與起源

修辭一詞，溯源於希臘文 Apo Ton Ritori (ks) ein，釋作演講的雄辯，以希臘文之中，演講稱爲 Risis；演講家則稱爲 Ritor。演講家是一個善士而精於講話的。修辭是善爲說辭的科學，以便說服聽者何謂正直與良善。修辭又與文法相聯結，文法乃學習正確講話的科學，而修辭則尋出方法以表白其所學習的(註一)。根據哥基亞斯 (Gorgias) 一書（這書或於西曆前三九九年蘇格拉底沒後十年內由栢拉圖撰成），謂修辭的效用是，說服的妙手，在法庭在與其他公衆集會中應用而辯論公正與否的問題(註二)。在字義上，修辭的目的，是訓練修辭家（演講家）。故修辭者，除辭令與語言的技藝外，並無他物，志在說服聽衆而已。非度魯斯 (Phaedrus) 爲栢拉圖對於修辭另一種論著，乃對於演講家的哲學訓練之一種計劃。誠以修辭不重視眞理，只應付意見而非關於智識，「栢拉圖曾指責修辭僅能授人怎樣說服聽者，而沒有指出任何理想之應該追求；此不過爲一種實用方法，作提供智識的工具，由是以達成不道德之目的。」(註三) 例如法律家之在法庭，實際上非注意眞理而志在駁倒。欲補救這種缺陷，那就需要哲學的訓練了。栢拉圖論述修辭，其所撰之哥基亞斯與非度魯斯兩書，內容的性質，略有不同：前者主要的是應付教師們所解釋修辭的定義與其性質；後者討論修辭之哲學的理論，——如以其當作一種眞正的藝來看，本應如此。亞里斯多德稱修辭爲一種藝，但僅限於說服，而下以定義說：「

修辭或可規定為在無論任何題目中，發現說服的可能方法之能力。」(註四) 質言之，修辭的作用，表現於任何題目中，能發現說服的方法。

修辭在西曆前第五世紀為雅典人的民族生活所引起而加以特別研究者，尤其由於詭辯家，像巴拉達哥拉斯（Pratagoras）、普魯地古斯（Prodicus）、希比亞斯（Hippias）、及哥基亞斯（Gorgias，約西曆前四八五至三八〇年）等，注重講話的技藝，以開其端。故希臘的修辭，實由詭辯家演變而來的。最早教授修辭者，為哥基亞斯、亞里斯多德、及赫馬哥拉斯（Hermagoras），這是希臘人對於修辭藝的三位鼻祖。由哥基亞斯的時期起，修辭構成中等教育的最大部份。而且，修辭的實習乃為對政治生活一種重要的階梯，以演講家無異為政治家的正名，政治家必須先為演講家。是以自民主政治之興起，有效的說服，每對法庭與集會以影響，為當時所需要。故在古希臘時期，修辭有較為實際的價值，不僅受着崇高的評價，而且使其教授們享得比數學家與哲學家更厚的束脩。

愛蘇格拉底（Isocrates，西曆前四三六至三三八年）是文學上修辭的散文之標準型創造者。他雖然不是一個擅長演講家，但為雅典一位成功的修辭教師。其學校課程，要歷三四年；雅典人習此課程的年齡，是在十四與十八歲之間。愛蘇格拉底對教育的定義，視作文化與文雅之一種。因此，他對門徒授給文化與文雅的較修辭的為多。愛蘇格拉底與兩位最偉大的教師——哥基亞斯和蘇格拉底（Socrates），有更顯著的關係：「如謂哥基亞斯以體裁的可能性陶醉他，則蘇格拉底乃一種清醒的影響而感動其生活更深了。」(註五) 關於修辭的效用，愛蘇格拉底曾說：

「我們藉此以教育愚昧的與品評聰明的；善於演講的能力所以重視者，以其視為正確明瞭最可信之表示，而眞實、合法、與適當的會話，乃良善與誠意的表露。秉此才能，我們且以爭論公開辯駁的問題和尋求啓迪自己所未知之事；當我們稱其能在羣衆之前演講的雄辯者，認爲聰明的最擅於辯論自己思想中的問題時，也採用同樣辯覈，此乃對於公衆演講時說服他人所使用的。」(註六)根據他的意思，倘若這種渴望委諸正當的人，學習修辭藝是較爲容易的；但技藝之適當使用，不能在任何法則的形式之下，或當作一種學校科目的教授而達致。此可根據三種因素而學習，即才能、專修、與實習，此乃全部教育的基礎。「我對他們說，倘若他們是善於演講術、管理事業，或任何門類的工作，先須有一天賦的才能，抉擇何者去做；第二、無論何種事情，必須依循訓練及精通其特別科目的智識；最後，對於藝的使用與應用，必須嫻練與實習；唯有依靠這些條件，他們對於嘗試任何門類，方能成爲完全勝任的與超卓的。」(註七)愛蘇格拉底且言天賦的才能是主要的因素，並認爲未經琢磨的偉大天才，每比徒受訓練之名而無實際能力的成就爲大。第二種重要因素是經驗與實習。訓練則貶至第三級，但他認爲修辭的訓練，能灌輸睿智於「思想」，或授以演講所由立的基本模範。雅典著名演講家德摩士達尼斯(Demosthenes，西曆前三八四至三二二年)，在實用通行的演講術中，爲將修辭新技藝的理論、方法、與潤色合爲一體的第一人。在其名義下的稿本，包括有六十次演講，著名的長篇演詞，則有駁利浦丁的法律(Against the Law of Leptines)、論大使(On the Embassy)、論君權(On the Crown)、反對第三菲立伯(Third Philippic)、及論半島(On the Chersones)等。他的演講術，且影響於羅馬修辭家的伽圖(Elder Cato)、西塞祿、但奧尼修斯(Dionysius of Halicarnassus)、赫莫澤尼(Hermogenes)、李巴紐斯(Libanius)等。

亞里斯多德乃一位對修辭富有影響的作家，但其注重辯論的原則，和愛蘇格拉底注重表現的技藝之學旨，有些不同。他撰有兩巨著：一爲修辭學、一爲詩學。在其哲學中，認爲修辭實質上乃對眞理給與有效的技藝；但其論旨，是側重於演講者與其聽者間之關係。修辭學一書的內容，茲摘要如下：

第一册，論演講者本身。此册分爲三部份：（一）修辭是論理學的補充品，具有四種效用：(甲)爲維持眞實與公正，以防謬誤和錯誤，即爲感動；(乙)爲促進公衆討論，在何種情況之下絕對證明是不可能的，即爲教授；(丙)爲養成觀察雙方的習慣，以揭破詭辯及似是而非之說，即爲辯駁；(丁)爲衛護本身。(二)修辭表面說服的方法是證明、文件、與其他證據；在修辭技藝裏面的方法是演講者的精神力量，對聽者處理的適當及其辯論。(三)修辭的範圍有三：(甲)對羣衆集會的謹愼演講，而討論對文化一種建議的對策；(乙)對法庭作辯論的演講，討論過去一種行爲的公正；(丙)頌揚的，紀念一慶典的意義。

第二册，從人類本性的智識，尤其思想上特有習慣，以應付聽者；在這方面，對於修辭也是倫理的。在普通情緒中分析心理的習慣：像誠意、忿怒、留心、嗜好、友誼、畏懼、羞恥與無恥、恩惠或仁慈、矜憐、妒忌、競勝、與其相反方面，以及其對於青年、成年、生命之青春時期的品性陶冶之關係，與社會之顯貴的、富有的、權勢的、和幸運的人物，個別注意其特殊的性格。

第三册，是在演講的體裁中題材表現的智識，應付演講者與聽者間心心相印之淸楚與適當，由是以引起感情。演講本身，遂近於安排一種給聽者以智慧與感情事例的題材之技藝。此乃非常特殊技術之唯一的書，最後成爲心理的。此册分爲三部份：說服的方法、語法、與演講各部份的排布，要言之，就其進行的，驟視之下，似相符於其後假設為五部份之性質：(一)材料的蒐集及分析；(二)排布、次序；(三)語法、或字語的選擇和其片句、子句、與句語的配合；(四)發表、或「演講法」；(五)記憶。此冊的末端，大多關於演講的發凡、敘事、證明、及結論等部份。總結來說，此書第一冊，由演講者的意見而陳述修辭；第二冊，由聽者的態度而作接受修辭；第三冊，對兩者直接應用於演講。從學術的觀點言之，第一冊所述，主要為論理的與政治的；第二冊為倫理的與心理的；第三冊為文學的或文體的。對於渴望演講的成就者言之，第一冊是論理的，清楚的思想，的確的理由，謹記着辯論乃說服的生命與靈魂；第二冊研究人類的本性，注意聽者的性格與情緒，及演講者自己的性格與情緒；第三冊注意發言，正當的運用語言，善於排布材料，及靈妙的終結。

## 第二節　羅馬的修辭家

伽圖（Cato the Censor，西曆前二三四至一四九年）被譽為羅馬的德摩士達尼斯，著有演講術的教本，為這一科拉丁文教科書之最早者。當西曆前第二世紀時，修辭各學派由希臘傳入羅馬。約在這世紀中期，修辭的一種新運動，由赫馬哥拉斯（西塞祿之師）領導下開始。他將亞里斯多德派的修辭，和哥基亞斯與愛蘇格拉底派（Gorgian-Isocratic）的「亞細亞的」修辭（盛行於西曆前第三世紀後半期），合一爐而治之，使辯論的原則與表現的技藝並重，在早期羅馬，其學說曾風行一時。自西曆前第一世紀起，修辭之學紛興，開始以拉丁文教授，並流行着觀念，認為所謂說服的技藝，乃競勝的技藝、權力的技藝、和統治的技藝。那時，在羅馬發生任何事情，都在元老院和法庭經辯駁而解決，因此，凡善於辭令的能力，爲在公共生活中最大的武器。演講的智識，在羅馬社會中當然是很重要。修辭學校教學之目的，訓練青年修辭與演講術，準備操法律的職業與爲公共服務的生活。當共和時期，演講家如積極抒展其能力，便享有許多機會，凡渴望參加法律或政治活動的青年，都覺得需要受此種修辭學校的訓練。青年入學，年逾十六歲，修習歷兩三年，但僅富裕的及貴族的家庭，始認識演講能力的需要，與能供應其子弟的深造。這些學校，初時擅用拉丁修辭家的名稱，曾由杜密修斯（Censor Cnaeus Domitius Ahenobarbus）及卡拉蘇斯（Lucius Licinius Crassus）明令不許，說：「這些新奇事，與我們祖宗的習慣及遺訓相悖，我們既不准許，亦不認其對我們爲良善。」(註八）雖然有此明令的限制，但修辭仍視爲一種有用的與高尚的學問，許多人專修之，作爲辯護的與沽譽的方法。

在羅馬學校中，修辭的修習，分爲初級與高級。初級課程，在文法學校授給的，首先爲簡單的故事、普通小說，繼之以句語，作文練習（Chriae）、及學生所寫的品行論(ethologies)。高級準備的課程，似由文法家或修辭家所教授者，卽小說、故事、作文練習、故事的駁詰或考證、備忘錄(Common-places)、贊揚與譴責、人物或美德的比較，普通問題等。一般來說，修辭訓練的程序，初由批改作文及對演講家名著的記誦，漸進而至演講法的實習。早期著名的羅馬修辭家與演講家，卽教師或作家，蘇都紐斯所列舉的爲西塞祿、普魯修斯（Plotius Gallus）、畢列度斯（Lucius Octacilius Pilitus）、伊畢皮阿斯（C. Epipius）、古魯地阿斯(Sextus Clodius)、及亞爾波修斯(Caius Albutius Silas)(註九)。茲把著名的修辭作家，簡述如下：

（一）西塞祿　栢拉圖以哲學論修辭，亞里斯多德以技術論修辭，西塞祿則以文雅的演講體裁而論修辭。塔息陀(Tacitus)說：

「西塞祿對於演講體裁，是最先作適當的完成。他首推對於語文的運用，採取選擇的方法，及研究技巧的排布；並且，他試寫詞藻的章節，無論如何，在演詞中乃鋒銳辭令的作者，他所撰的演詞風行多年，以迄其畢生爲止，卽是說，當其能力經適當的發展，他曾博習經驗，及練習演講術最妙款式的技能。」（註十）

西塞祿像任何貴族一樣，注意接受演講術的訓練；或者比任何人有更高的程度，加以演講法之經恒的練習，其本人或偕朋友，幾每日躬赴法庭，觀察各演講者，揣摩其見解，以改進自己的方法。其修辭名著，影響中世紀最大，可分爲兩類：第一類、提供修辭的理論，包括三種著作：第一種是最初的修辭書(Libri Rhetorici)，一部份採自希臘的師承，一部份採自致赫連尼五書的論著而編成。其意旨似對修辭完全重視。在本質上，此書與修辭的通常著作，以其無數的分類、謹愼的定義和解釋來表示理論的，大致相同。第二種兩書，卽論題的選擇論，是非常簡短，遲許多年後寫成，及辯證篇(Topics)，是亞里斯多德辯證篇的提要，乃修辭一種煩難的部份，故西塞祿對其加以詳解。第三種著作，爲論演講術的分類，或於西曆前五十四年之後未幾寫成的。第二類、發表新見解，或更表示其對演講術業已成熟的意見。其論演講家一書（西曆前五十五年撰），問答式體裁，爲在各著作中最重要的，內容敘述對演講家訓練所需要的教育，而修辭教學的理論和演講的練習，亦在討論之列。此書第一冊，由卡拉蘇斯評論理想演講家的資格，而在第三冊，他啓發演講體裁之西塞祿的觀念。安度紐斯（M.

Antonius）作爲第二冊的主角，談論論題的選擇與排布。此書之作，雖志在非難有些學派的訓練而推許其他的，乃屬於評論的，而非一教本。其最有建設性的，是提供讀者的理想，使其完成正常的訓練後，趣向於其應達之目的。第二種爲布魯陀斯(Brutus，爲雅典學派著名的演講家)，亦稱爲清朗演講談(De Claris Oratoribus，西曆前四十六年撰），乃一部希臘與羅馬雄辯術的簡史。在此書的會話中，對講者爲布魯陀斯、雅典人（Atticus，即西塞祿密友龐波紐斯 T. Pomponius，因久居雅典而得此綽號）、及西塞祿，討論各著名演講家，根據年代的次序將其安排，並將其編列於演講的各時期；此表示羅馬的公共演講逐漸發展的過程，以迄西塞祿的時期，躋於最高峯。第三種爲演講家(Orator 亦於西曆前四十六年撰），是描寫理想演講家的概要。西塞祿認爲演講家必須具有普通智識的堅實基礎，而至善的演講家，且能以莊重的行動和適當的姿勢，對於任何論題，可作聰明的與雄辯的演講。何謂演講家？演講家所操的是什麼？西塞祿提要的論述如下：

「大量事理的智識是需要的，否則縱有口若懸河的言詞，不過是空虛的與不值得重視的罷；演講本身所形成的，不僅由於擇詞，而且由於注意的造詞；所有天賦與人之心靈的情緒，必須深入領會；對於演講的所有能力與技藝，必須以鎮定或鼓動聽者的感情而運用。爲此之故，必須加以文雅與智能的某部份、受良好教育者有價值的學習、回答與攻擊的迅捷而簡練，兼有斯文與和藹的姿態。此外，古代史事與例證，尤應謹記；通常的法律，或特別的民法智識，亦不容忽視的。」(註十二)

在演講中，供應辯論所必需者有三事，即天才、方法、與勤勉。勤勉應特別養成，即使天才的本身，由於勤勉，方能出類拔萃，且以恒久的努力，凡事均可成功的。修辭的作用是說服，其程序有三

：第一、修好聽衆的；第二、指示聽衆的；第三、激動聽衆的。因此，第一種，需要辭令的溫和；第二種，演詞深透心坎；第三種，發言時精力充沛。論演講家一書，其內容包括修辭之論題的選擇、排布、體裁、記憶、與發言的五部份；最充份的是論題的選擇：「他首先應尋出要說什麽；其次，不僅於某種次序中，而且運用一種精力與判斷，來佈置與排布其內容；然後以言詞潤色及渲染其意思；再後謹記之；最後以高尙而文雅的姿態來表達之。」(註十二)演講家一書，是補充的性質，大部份專論體裁，特別限於熟思的與辯論的演講術。論題的選擇與排布，賴於深慮的較雄辯爲多，僅作摘要的論述。體裁則佔討論的四分之三。韻律在體裁中佔一重要部份。聲調之作音樂的處理及言詞之諧和的結構，應由詩歌轉而用之於修辭。其餘則專志於結構的研究。統言之，西塞祿撰此兩巨著之目的，並非僅爲着修辭家，而且亦爲着哲學家之用。他認爲修辭乃哲學的一部門，不過各種技術上名詞應該避免混淆而保持其傳統上範疇。基於這種態度，他是以藝術家立場來討論其自己的技藝。

（二）辛尼加　繼西塞祿之後，著名的修辭作家，爲但奧尼修斯、卡西留斯(Caecilius of Calacts)、及辛尼加（Lucius Annaeus Seneca, the Elder，西曆前五十五年生）；後者的貢獻比前兩者爲多。但奧尼修斯卜居羅馬(西曆前三十至八年)，應聘爲希臘文學與公共演講的教師，以希臘方法教授羅馬良家的子弟。他著有古代演講家(Ancient Orators)一書，內容包涵早期演講家的黎西亞(Lysias)、愛蘇格拉底、依沙阿（Isaeus），及後期演講家的德摩士達尼斯、海比里地（Hypereides）、伊斯克尼斯(Aeschines)等。他提倡希臘文學，應趣向於講寫最佳的雅典型。其摯友卡西留斯，撰有十位雅典演講家（Ten Attic Orators）一書，論演講家的特性，包括德摩士達尼斯與伊斯克尼斯，及德摩士達尼斯與西塞祿的比較，並有論演講的詞藻與修辭的技藝一書。辛尼加論修辭的定義爲應付言詞、意義、與排布。在晚年，他著有駁論(Controversiae)與說服(Suasoria)兩書，爲演講名家所發表演詞的輯集。辛尼加以比較的方法，將各家的論點，相提並列，冀圖表現各修辭家的技巧。他在若干書本的序言中，對修辭揷些特別的與一般的批評。他雖然並未明晰的提出其示範的輯集，作爲廣博的指導，但有一種含意，使演講法顯示其基本的價值。根據辛尼加的意見，演講之目的，並非志在法庭上勝訴，不過對觀衆乃至聽衆給以快慰而已。因此，他欲使其駁論與說服兩書爲最高技藝與美感的著作，並依據最嚴格與最精密的法則以成之。辛尼加又認爲專志於雄辯術，由其道很易進於各藝之林。這一理想，殆從教育上反對西塞祿以雄辯術乃由所有學問培養而成的觀點，然而，辛尼加所提示的雄辯術，其本身範圍比諸西塞祿所擬的狹小得許多了。

(三) 昆體良　昆體良認爲演講教育的目的，志在產生一個擅於演講的善士；如果不是一個善士，便不能成爲演講家，故道德哲學視爲最重要的。換言之，這種教育的目的，實在是要養成一個聰明的羅馬人，在學校裏既能參加討論，在政治活動上又能操縱自如的。演講術的教師，最重要者爲有能力及襟抱濶大者。昆體良所撰演講原理(約於西曆九三年出現)一書，論拉丁語演講術的理論，不僅供應修辭之專門訓練，並且討論自幼年期起的各級教育。此書實際上爲修辭之最後的與標準的論著，共分十二冊，其中九冊通常應包涵於修辭教科書之內。第一冊，論修辭開始學習之前的體格教育。第二冊，綜論修辭學校固有的各種學科，和討論修辭爲一種科學的性質。第三冊，略述修辭各名家的短論後，將這科分爲五部份：論題的選擇、排布、體裁、自然的與人爲的記憶、發言或動作。密切的根據亞里斯多德而討論演講術的三種：表現的(demonstrative)、深慮的(deliberative)、與判斷的(Judicial)。第四冊，論述全部演講本體的部份：卽發端、叙事、離題(excursions)或閒話(digressions)、問題提出，及論題的部份。第五冊，以亞里斯多德爲主要的指導，討論證明。第六冊，分析結論(Peroration)，並討論情緒、道德習慣、譏諷、及其他論題，此以完成論題的選擇之主旨。第七冊，包涵排布與其同類的論題。第八第九冊，考慮體裁及其重要性，像明晰、修飾、譬喻、擴充、詞藻等。修辭獨有的理論，直至第三冊始提出；然後在第十冊繼續以閒話方式論述之，至第十一冊爲止。第十二冊，對於已離開學校，而希望於其專業中，完成至善演講家的技藝者，給予勸導；在這裏並插入高級研究的理論，以備其離開修辭學校後所應從事的。若與西塞祿比較，西塞祿是一個世界的人物，及一位大演講家，爲着其自己階級的人們而著作；昆體良乃成功的及有經驗的學校教師，慣於對課室而想像；此卽對希臘羅馬教育的實際工作，作最妙的透察。修辭的含義，昆體良劃分爲技藝(art)、技藝家(artist)、及事工(work)。技藝爲由修習所養成，及怎樣使講話妙佳的智識。藝匠(artificer)是曾完全學習這技藝者，卽爲演講家，以擅於講話爲己任。事工是由藝匠所成就者，卽優美的演講。昆體良既認修辭爲一種技藝，但技藝本身，分爲知的藝，因此佔有哲學的及潛思的成份；做的藝，如在寫作文章方面；但主要的，還在動作的藝，——一種實用的藝，卽爲演講優美的技藝。何謂演講術？昆體良說：「最普通的定義，卽爲，演講術者是說服的力量。我所稱之力量，有些人却稱爲天資，或稱爲才能，然而這種異點，對我所說的力量，也許不會有含糊的罷。」(註十三)他相信稟賦與訓練配合，便可陶冶演講家；然而演講家，卽使其天性無瑕，培養乃一種煩難的事。「因此，讓演講家應稱之爲眞正聰明者，不僅在德行上無可非議，而且在科學上，與對演講的資格上，都有成就了，那樣性質，也許更沒有人能做到的。」(註十四)基於上述的說來，昆體良的貢獻有三：第一、關於演講的原理，包括修辭五部份的全面討論，撰成有系統的論著；第二、對演講者訓練進行的計劃，講求發展；第三、對於希臘與羅馬文學觀察的本體，表徵他實爲一個有特別認識的批評家。修辭的效用與範圍，其定義歸功於亞里斯多德；追求與成就，歸功於西塞祿；而方法則歸功於昆體良。亞里斯多德以修辭當作技藝，但僅限於說服，而昆體良則側重於道德的、理論的、與美感的因素。若從修辭之技術上研究，西塞祿與昆體良，在全中世紀奉之爲體裁的模範。

昆體良以後，塔息陀(P. Cornelius Tacitus，約五五至一一七年）爲一著名的修辭作家，或曾爲昆體良的弟子。於其所著修辭語錄(Dialogue Rhetoric)一書，塔息陀論及修辭學習的目的，謂：「我對此練習，不僅爲着注意聽其演講者在法庭之辯護，而亦屬於吸引我自己在其門牆內外，傾心私淑的。」(註十五)並且，「在各時期中，神的影響與雄辯的超自然之力，賜給我們以許多高尚地位的例證，但人們欲達此地位，要靠純粹智識的能力，始克躋登。」(註十六)演講家的名望，雖然「是寧基於能力與天賦，而不在任何文學的訓練」，(註十七)可是「文學並非如此輕視的，而相信由於他的勤勉與專心，會更助其成就。」(註十八)塔息陀且推崇羅馬的著名演講家，有加爾維阿（Calvius)的簡潔、阿西紐斯(Asinius)的韻律、凱薩的莊嚴、凱留斯(Caelius)的峻厲、布魯陀斯的端重、西塞祿的動情，充實而有力(註十九)。第二世紀時，最著名之希臘修辭家爲赫莫澤尼，生在奧理略(M. Aurelius)王朝，撰有修辭綱要(Compendium of Rhetoric)一書，於其後經學時期及全拜占庭時的各學校中，用作標準讀本。事實上，其修辭殆可稱爲德摩士達尼斯演詞之修辭的注疏。編纂文法家與修辭家傳記的蘇都紐斯（七五至一六○年），亦撰有修辭論(De Rhetorici)。及至第三世紀，有亞甫西尼（Apsines of Gadara，約一九○至二五○年）者，在雅典教學（約於二三五至二三八年間），其論修辭的目的是純粹實用的，僅運用少數的法則，而引許多例證來解釋。明諾沙奴(Minucianus)的修辭，視爲一種文學名著，而由普菲里(Porphyry)及美南達(Menander of Laodicea)所注釋的。然而最超卓的修辭家還是朗吉奴斯(Cassius Longinus，約二一○至二七三年)，爲普菲里的教師，其修辭論文的一部份，包括在亞甫西尼的論著之內。這是稍重於論題的選擇、排布、體裁、發言、及記憶的實際觀察之輯集。李巴紐斯（三一四至三九三年）爲一多產的作家，在其純粹學術性著作中，有演講法(Declamations)及修辭的練習(Rhetorical Exercise)，而後者包涵組成亞克利斯(Achilles，希臘詩人與傳記作家)與美地亞(Medea—著名女魔術家，其家庭慘變，構成悲劇的題材)的特性之演詞，及乏味而正式的將德摩士達尼斯與伊斯克尼斯的比較論列在內。至於修辭的著作，替蘇格拉底辯解(Apology for Socrates)及駁伊斯克尼斯的演詞(Speech against Aeschines)兩書，皆屬於亞里斯多德的流派。第四世紀時，維多(C. Julius Victor)根據昆體良的學旨，著有修辭藝，乃詳論此藝之本質及關於拉丁修辭的全部方法，並且第一次論書札，作爲此書內容之一部份。列丹修斯(Lactantius Firmianus，二五○至三三○年)於其皈依基督教時，曾在尼古美地亞(Nicomedia)爲一修辭教師；以其雄辯和體裁的純正，有基督教的西塞祿之譽。歐遜紐斯爲在波爾多的文法家與演講家，其學旨或可統括於演講法一書之內，主要的是以詩句寫成。福多納西諾(Chirius Fortunatianus)，其所著修辭藝(Libri III Artis Rhetoricae)，在第四世紀下半期，根據西塞祿與昆體良的理論，而以問答式編成。此書爲中世紀修習技術上修辭的典型教本，其繼承的作家，尤其加西奧多的著作所取法。亞斐度紐斯（Aphthonius）爲李巴紐斯的弟子，屬於第四世紀末期與第五世紀之初，撰有修辭初階的小型教本，簡易而明晰，及其例證的種類，爲最特色。此書步武赫莫澤尼的傳統，且其練習的項目，將「辯駁」由「證實」分開，並增加「非難」一新節的引言，故由十二項擴展至十四項；直至第十七世紀，此書繼續用作教本。自亞斐度紐斯之後，修辭的作家，不過爲前賢之評註者，像推萊路斯（Troilus，約四〇〇年）、叙利亞奴斯（Syrianus，四三〇年）、馬西連奴斯（Mercellinus，約五〇〇年）、及蘇巴達（Sopater，第六世紀之初），皆撰有赫莫澤尼修辭的注疏。

（四）聖奧加斯定　初期教會許多偉大領袖，於其皈依基督教之前，曾充演講術的教師，聖奧加斯定，乃其著焉者。他曾在迦太基（Carthage，三七四至三八二年）及米蘭（Milan，三八四至三八六年）教授修辭，且認爲理想的演講家乃一宣道者。「傳教的演講家之責任，是教導眞理、反駁錯誤、和解敵意、激揚冷淡的，酬答傾心的聽者，說明何謂難解、懇求、非議、譴責、及勸告盡責；最後，用盡一切方法，對其聽者以影響。」（註二十）他所著論基督教的教義第四冊的「辯論」，以其啓迪修辭的革新，在第五世紀之初，具有極大的歷史意義。他注重傳播主宰之言的急切工作，神聖的雄辯，像昆體良所研究的，乃基督教一種異端修辭的改作。聖奧加斯定雖曾注意詭辯的，但爲着培養基督教演講家的新後代起見，竭力從事以恢復眞正古代的修辭。在「辯論」的最長一段（第九至第十九章）中，聖奧加斯定由西塞祿演講術之謙遜、中庸、莊嚴的三法，推演出三種特別體裁：「他能在溫和體裁中說細小的事情，在中庸體裁中說輕緩的事情，在莊嚴體裁中說重大的事情，始成爲一雄辯者。」(註二十一)要言之，溫和的發言，其重要原則，是指示聽者以解釋不明之義，並將眞理闡揚，滿足其智識的要求。中庸的發言，其主旨是由言詞、詞藻、及思想之巧妙排布，以激發美感的感情，使聽者欣然而傾向於講者，誠如是，若此爲講者所欲引起行動之目的，則或更易於感動的。莊嚴的發言，無論發爲動作或禁做某事，是用以感動人們。此三種特別體裁，相當於西塞祿的「啓迪、取悅、及感動」。因此，聖奥加斯定比西塞祿似更爲明暢的，其所表示三種特有體裁，不過爲達成唯一目的之三種方法，即明白、美感、與說服力。聖奥加斯定之後，有阿化尼(Auvergne，四七一年)主教的亞波利納里西度尼，自以爲詭辯大傳統的代表，良以第五世紀的修辭與詩學，每誠心追隨演講法詭辯的傳統。在修辭的理論方面，卡比拉雖偶爾離却西塞祿學派的典型，但對於定名及論述修辭的五部份，仍採自西塞祿的，而保持舊經學傳統的綱要。其所著論修辭藝篇(Liber De Arte Rhetorica)，不能稱爲有任何特色的教本，其所以被採用者，由其構成自由七藝全套百科全書之一部份而已。

（五）加西奥多　波愛萃斯於其所著哲學的安慰第二册，開始引致學子趣向於其「修辭之溫和的說服力」問題的解決。他並認爲修辭誠如在哥基亞斯一書中蘇格拉底曾說的所謂難事，「當其不捨棄我的教導時，方踏進於正當之路。」(註二十二)在中世紀時，波愛萃斯此書，有時亦作爲修辭之一部份的誦習。加西奥多於其所著自由藝與科學論的第二册論修辭藝，原由福多納西諾修辭藝的摘要，共六頁，包括許多表解，說明各名詞之論理的關係。約在第九世紀時，各修院學校採用此書當作一種輕便的修辭教本。加西奥多闡述修辭的效用如下：

「修辭的藝，像通俗文學家對其進行的，是在市民討論中善爲演講的智識。因此，上述的演講家，是在市民討論中而精於講話的善士。演講家的作用，誠如事與人的條件容許在市民討論中的，爲着說服的目的，而作適當的講話。因此，我們現時學習（這些）的一部份，即由一部份以表示全藝，我們當可達致其重要問題與有價值的智識。」（註二十三）

當第七世紀時，依西多祿的探源論第二册，包涵修辭與辯證法。在此册中，他以相當部份討論「修辭的推測式」（Rhetorical syllogisms）與「定則」（law），而後者之添加，猶如維多對書札的評論同樣重要。其書內容，三分一是討論詞藻、簡單的規定，及由許多標準的經學作家舉例以說明之。他認爲一種修辭的完美智識便養成演講家。他又說：「演講家是一個擅於講話的善士。」（註二十四）所謂善士者，包涵天性、資質、與藝能。所謂擅於講話者，釋作曾修習雄辯術的，其內容包涵論題的選擇、排布、體裁、記憶、與發言的五部份；而其目的，乃爲着對事而勸說。凡擅於講話者是根據三端：天性，即是才能；學問或智識；練習或繼續用功。有此三端，不僅演講家，而且技藝家亦由此以定之。

當西塞祿時期，演講術的訓練，是與時代的精神相諧和；在羅馬帝國後期，情形雖然改變，但演講術的形式訓練，仍保留西塞祿時期的一樣。及至基督化的羅馬世界，不接受此古代的教育理想——演講家的訓練。因此，羅馬教育基礎的修辭，在中世紀失去其重要性，不能視爲教育拱門的基石了。對於修辭的修習，假定爲完全新性質。一方面，羅馬時期之舊式修辭訓練，幾乎完全拋棄，或縮至僅作科學的技術定理之練習；另一方面，除用作對聖經的解釋之外，經學修辭——書札與筆錄術之研究

——的不重要形式太過注重，循着這方向發展，在課程中便取修辭本身的修習而代之了。

## 第三節　沙里曼學校的修辭

中世紀修院的修辭，志在用於對聖經的解釋，與羅馬的不同。著名的修辭作家，首推伯達。他撰有論格律的藝(De Arte Metrica)，即論譬喻（tropes）的小冊，是詩歌體例的輯集，而所有例證均加以精細的解釋。伯達引述許多作者，在其他方法中解釋六韻詩(hexameters)與五步句(pentameters)的特質，及格律與詩句間的差別。他試證明聖詩（Sacred poetry）優於世俗詩，而從基督教詩人舉出許多例證。此書包涵詞藻與講話的方法，乃聖經所用以撰著的。又有一部短篇的聖經的體裁與詞藻論(De Schematibus et Tropis Sacrae Scripturae)，或可稱爲附加於論格律的藝之內的。這是聖經的修辭之一種詳解，並將各種修辭的辭藻，引聖經的例證來解釋(註二十五)。此書的內容，仿自依西多祿探源論的兩章（第三十六至三十七），不僅是次序，即各名詞所規定的，乃至許多定義，幾乎是相同的。

沙里曼學校修辭的代表作，爲阿爾昆的修辭與品性論（De Rhetorica et De Virtutibus，七九四年撰），由早期及後期拉丁文權威作家，像西塞祿、維多、依西多祿、或加西奧多，引以解釋其所用之名詞。關於規例、法則、與其修辭的主要區分，大部份採自西塞祿的論題的選擇論，有時更逐字引述。其取材的次一來源爲依西多祿，但僅乃隨意的引證(註二十六)。此書爲問答式的語錄，乃沙里曼大帝與阿爾昆兩人對談，而應沙里曼之請所編成的。其性質是限於辯才，每側重一般政治上價值，見於如下問答：

「沙里曼：什麽目的爲其方向？

阿爾昆：是善於講話的技藝。

沙里曼：其關涉的是什麽事情？

阿爾昆：關於公共各問題，卽是，在適應於技藝各目的之問題，像由人人的天性可以推知，卽使他們並非精於武器的練習，却會防護自己而攻擊他人，同樣，卽使他們並非精於此類練習，而人人的天性，都會指責他人及辯護自己。但他們應用語言，如果在其訓導中受教及練習中精熟者，則較爲有利的及敏捷的；雖然此乃人人稟賦的講話，但所講的如據根文法的原理者，則比他人更爲卓超了。」（註二十七）

阿爾昆授帝以修辭技藝的原理，特別關於民事爭執的處理與解決之應用，並同意於四種主要品性——愼重、正直、堅忍、與節制的簡述。修辭的技藝，亦分爲五部份，卽論題的選擇、排布、體裁、記憶、與發言。修辭的技藝應付三種範圍：表情的（demonstrative），是專對某特殊人物以褒貶之一類；詳慮的（deliberative），是專志於說服及諫勸之一類；裁判的（Judicial），是有指控與辯護之一類。表情的演講術，研究何者爲可敬重的；詳慮的演講術，何者爲高尙的與便宜的；裁判的演講術，何者爲公正的。嚴格來說，這並非一本論修辭之書，只論其應用，對當時一般衰退的情況，略有貢獻而已。

莫路斯的思想稍異於阿爾昆，主張修辭的範圍爲民事問題（quaestiones Civiles）；他並說：

「修辭是在日常生活中應用有效的通俗談話之技藝。基於這一定義，修辭實似僅屬於通俗的智慧。但是，它對於傳教的教導，並非無關的。在教導中，無論宣講者與神旨的通報者，乃使其進於有辯才的與適宜的舉止；於其所撰解釋中，而知表飾於適當的與感人的言詞，都歸功熟練於此藝。凡適時使自己精通於此藝，誠心遵循演講的與寫作的定例者，不宜對其稍有煩言。反之，凡完全學習之，他便得宣佈主宰言詞的能力，表現一種優越的工作了。藉賴修辭，任何事情可證明其眞僞。凡有勇氣來主張，眞理的捍衛者，應不需武器而挺立於虛僞之前，是以彼敢代表虛僞者，當知如何由談話以博取聽衆的贊許與同情，而在另一方面，眞理之友應該不克做此事；彼等當知如何從簡單的、清晰的提出謊言，及類似眞理的，但相反的，後者若在如此解釋中以表飾眞理，豈非聆聽要變爲重累，眞理的曉悟却變爲厭煩，乃至眞理的信仰，變爲不可能之事麽？」(註二十八)

莫路斯的弟子盧布（Servatus Lupus，八六二年卒），曾負笈富爾達，從其受業，後任化里亞(Ferrieres)的修院院長。當八二九至八三五年間，他在書翰中說明曾專志於經學的修習，並提及西塞祿的論演講家一書。據莫路斯的意見，謂盧布對於修辭頗有心得，且有一廣博而重要的觀念。他攻習昆體良者，不僅讀其選集，且讀演講原理的全部；對於西塞祿之專修，不僅普通的論題的選擇論，且爲論演講家百通。

## 第四節　修辭的式微與變質

第九及第十世紀的各學校中，修辭變爲應用於散文中的散文筆錄（dictamen prosaicum），而爲撰寫公函或法律文件的技藝，並包涵多少歷史與法律的智識。迴溯羅馬時期，修辭之學，首要的爲雄辯的技藝，就其本身來說，一個人藉此可增進其超卓，而爲法庭或元老院的公共演講者，則有極大之聲價。及至中世紀時期，此種情形不復存在，故從未渴求有能力的演講者。因此，在世界舊觀念中之修辭，精神已失，便逐漸被忽略了。有些人覺得雄辯的法則或有助於傳教的講道者；但一般意見却認爲主宰之言，應該坦白的與簡易的宣講，而無需修辭家的渲染。並且，宣講在教堂的服務中，直至第十三世紀，從未成爲非常重要的。那時，巴黎大學對於修辭，已漸淡忘了，而論理學却受壓倒性的重視。

可是，在聖加爾修院，修辭仍保持爲一盛行的課程。諾特卡（Notker Labeo，一〇二二年卒）編有論修辭藝的內容（De Materia Arties Rhetoricae），卽一部修辭的教科書，其主要內容包括由波愛萃斯的摘要。格爾伯（Gerbert，約九五〇至一〇〇三年）爲一有能力的演講家，著有修辭藝一書，認爲凡對雄辯術的渴望者，可得有用的教育。他講授波愛萃斯的評註，而對西塞祿特別嫺熟，常由各種演詞引用其詞句。及第十二世紀之末，當巴黎大學全盛時，修辭尚未盡衰。沙利斯巴里的若望，於其所著論理哲學（Metalogicus，一一六一年）的第一冊，撰有修辭與文法的頌詞。吉拉爾（Gerald of Barri，一一四七年生）謂其在巴黎大學肄業時（約一一七〇年），以修辭著。越七年，他在那裏講授教會法，其所以成就者，一部份由於發言能運用修辭的潤色。吉爾伯（Gilbert de la Porree，約一〇七五至一一五四年）的六原理書（Liber Sex Principiorum，約一一五〇年撰）、杜納陀斯的俚句、及波愛萃斯的辯證篇，在巴黎大學列爲修辭的教科書。然而當一二一五年的巴黎大學課程，表示在自由藝的科目中，修辭只佔一劣等的地位而已。

當修辭之理論與論理的形式在自由七藝中受着減低注意之時，其實用的形式，便代之而興了。西塞祿與昆體良，只能視爲演講術的模範，而對散文之寫作無關，因此教授舊式修辭之學校教師，如文法的教授一樣，大部份拋棄原來的衣鉢，被迫而另尋新出路了。爲着起草正式文件之修辭的練習，早在第六世紀時，已有傳授，蓋由北意大利啓蒙之筆錄藝，逐漸發展爲文件起草之一種特別學問，進而爲法律之研究。由於世俗的與宗教的機構，需要起草文件的技能，遂使中世紀學校，不免要注意此種筆錄藝之智識。且當時教會與國家間發生種種關係，封建社會與各主教之間，更存有複雜的關係，公事往還，亟需散文撰寫的標準與模範。日常生活的事情，又宜有正式紀錄，如遺囑、舉薦、契約、免役、奴隸的釋放等，亦需起草文件的智識。教授自由七藝的學校，遂在修辭的教學以供應之，而作爲修辭的補充中世紀學校，並展開作文一種特別形式，卽書札（epistole），其教學的內容，爲寫信的技藝。凡此智識，對於俗人與教士，比之精於準備一篇動聽的演詞或文學的作品者，更爲重要。此乃稱爲筆錄藝（Ars Dictaminis），教師則稱爲筆錄家（Dictator），其義釋作有撰寫公私散文的能力。

自第九世紀開始，波隆大學的修辭，發生一顯著的轉變，是在筆錄的形式下而修習。最早的程式之輯集而用作學校教科書者，無疑爲沙爾斯堡律師（Salzburg Formularius，不會遲過八二一年撰）。其安排、內容、附帶的參考書與註解，註明此乃規定爲模範書札與文件的教本。此書共計七十頁，散文一百二十六篇，其中包涵關於日常生活的處理如遺囑出售等程式二十五篇，純粹法律性質的文件約十種，王、侯、與主教之間的正式關係文件三十種，嚴格的宗教性質文件只有十種，另有阿爾昆致其弟阿爾諾（Arno）總主教之函八封。其餘的文件，爲不甚重要的混雜部份，不能編類的。所羅門三世的定式（Formulae Salomonis III）之輯集，亦爲同性質之書（約於九〇〇年撰）。此書包涵文件四十八封，共五十頁。其最特色者，此書之一半，包括由八六四年至八八四年所撰之資料。在內容方面，包涵有高級宗教當局與國王間的關係之文件，比上面所述之輯集，更爲重要。這藝最著名者爲班甘巴諾（Boncompagno，一一六五至一二四〇年），自詡爲筆錄之唯一始創人。他著有班甘巴諾的古修辭（Rhetorica Antiqua Boncompagnus），分爲六冊：一、學生書札；二、羅馬教堂的公文程式；三、稟教皇的呈文；四、與各皇帝、國王、及后來往的公函；五、致教士的書札；六、致貴族、城市、與人民的公函。他且矜說，其著作於一二一五年，在波隆大學，當所有民法及教會法的博士與許多愉快的觀衆面前，公開的戴上桂冠。其他的教科書，尚有五種：一、亞拉都書札（Epistolae Alati），第九世紀後半期由一未知名的作者所著，內容包涵七封信，爲修院學校所用的教本。二、筆錄原理（Rationes Dictandi），由第十一世紀一教師阿爾巴勒克（Alberic of Monte Cassino）所著。三、散文筆錄原理（Rationes Dictandi Prosaici），由烏高（Hugo of Bologna）於一一一九與一一二四年間所著，其內容各方面是根據阿爾巴勒克的。四、奧爾連（Orleans）的筆錄概略（Summa Dictaminis），第十二世紀最後十年由一無名氏所撰，乃一部簡單的教本，亦根據阿爾巴勒克的。五、筆錄概略（Summa Dictandi），由波隆的教師化巴（Guido Faba）約於一二二五年所撰，爲特別關於此藝之理論的論著。巴黎大學方面，研究生或想修習此藝，但對於西塞祿的論著及羅馬法律的綱要，仍埋首研究，基督教演講家的著作，也從事摹仿的。自第十四世級各大學之勃興，學生羣集於論理學之專修，對筆錄之注意，自然減少了。技術方面，却變爲刻板的固定。其他部份，則與法律的研究，發生關係。大學設置此筆錄藝的講筵，隨而消歇了。

(註　一) Ernest Brehaut, An Encyclopedist of the Dark Ages, pp.111-112.

(註　二) Plato, Gorgias, tr. by Henry Cary, (The Works of Plato, Vol.I, pp. 144-145).

(註　三) Werner Jaeger, Paideia: The Ideals of Greek Culture, tr. by Gilbert Highest, Vol. III, p. 53. New York, Oxford University Press, 1944.

(註　四) John Henry Freese, Aristotle the "Art" of Rhetoric, Book I, p. 15.

(註　五) Isocrates, tr. by George Norlin, Vol.I, "Introduction", p. xviii. London, William Heine-mann Ltd., 1928.

(註　六) Ibid., Vol I, Oration III, "Nicocles or the Cyrians." 7-8, p. 81.

(註　七) Ibid., Vol.II, 187-188, pp. 291-293.

(註　八) Tranquillus C. Suetonius, The Lives of the Twelve Caesars, "The Lives of Eminent Rhetoricians", tr. by Thomson Alexander, pp. 524-525. London, George Bell & Co: 1878.

(註　九) Ibid., pp. 524-530.

(註　十) The Dialogus of Publius Cornelius Tacitus, "A Dialogue on Oratory", tr. by William Peterson, p. 73.

(註十一) Cicero, De Oratore, I, 5, (Cicero on Oratory and Orators, with His Letters to Quintus and Brutus, tr. by J. S. Watson, p. 147).

(註十二) Ibid., Book I, 31, p. 178.

(註十三) Quintilian's Institutes of Oratory, tr. by John Selby Watson, Vol. I, Book II, 15, p. 139.

(註十四) Ibid., "Preface", pp. 6-7.

(註十五) The Dialogus of Publius Cornelius Tacitus, tr. by William Peterson, p. 21.

(註十六) Ibid., p. 35.

(註十七) Ibid., p. 21.

(註十八) Ibid., p. 23.

(註十九) Ibid., p. 81.

(註二十) James Burnette Eskridge, The Influence of Cicero Upon Augustine in The Development of His Oratorical Theory for the Training of the Ecclesiastical Orator, p. 8. Menasha, Wis. George Banta Publishing Co. 1912.

(註二十一) St. Augustine, On Christian Doctrine, Book IV, Ch. 17; 34, p.586. tr. by J. F. Shaw, (A Slect Library of the Nicene and Post-Nicene Fathers of the Christian Church, Vol. II)

(註二十二) H. R. James, The Consolation of Philosophy of Boethius, p. 44. London, Elliot Stock, 1897.

(註二十三) Cassiodori Senatoris Institutiones, "Liber Secundus Saecularium Litterarum", p. 97.

(註二十四) Ernest Brehaut, An Encyclopedist of the Dark Ages, p. 112.

(註二十五) M. L. W. Laistner, "The Library of the Venerable Bede", p. 15.

(註二十六) Rolph Barlow Page, The Letters of Alcuin, p. 84.

(註二十七) Wilbur S. Howell, The Rhetoric of Alcuin and Charlemagne, pp. 62–71. Princeton, Princeton University Press, 1941.

(註二十八) Maurus Rhabanus, "Education of the Clergy", (Quoted by F. V. N. Painter, Great Pedagogical Essays Plato to Spencer, pp. 163–164.)

# 第七章　論　理　學

## 第一節　定義與起源

論理學的定義，根據烏高的解釋，謂：「論理學(Logic)的名稱，是由希臘文邏格斯(Logos,可釋作道)一詞而來。邏格斯者，涵有雙重意義，釋作討論(Sermo)或推理(Ratio)；因此，論理學可稱爲討論的科學(Scientia Sermotionalis)，或推理的科學(Scientia Rationalis)。推理的論理學(Logica Rationalis)，包涵辯證法與修辭，叫做辯論的與練習的判斷(Discretiva)；討論的論理學(Logica Sermotionalis)，則包涵文法、辯證法、與修辭之一類，卽散漫的科學(Disertiva)。」(註一)辯證法是論理學的一部份，其效用「是用心探究事因的學問。依其本身來說，可稱爲論理的哲學之小區分，卽理性的、堪下定義的、精密的查詢與表示。在幾類問題中，它教人怎樣由討論而將眞實與虛僞辨別。」(註二)密爾頓(John Milton，一六〇八至七四年)解釋論理學與辯證法的區別，最爲淸楚，他說：「論理學乃善於推理的藝。在相同意義中，辯證法一詞是常用的。可是，論理學，卽理性的藝是由Ligo一詞而稱之，此詞在希臘文中釋作推理，論理學遂據之以作解釋。推理者，要靠推理的能力。如欲由天賦的未完美以別於藝的完美，善的一詞，卽正確的、技巧的、敏捷的，是加上於這個定義。我認爲寧可適當地使用論理學一詞，而不用拉莫斯(Peter Ramus)所主張的辯證法(Dialectic，是由希臘文Dialegesthai，一字演變而來)，因爲由於論理學，推理的全部技藝，是敏捷的表示；而辯證法，不過稍爲表示問答的技藝，乃屬於辯論的。」（註三）名理探解釋此兩者的區別，謂：「名理之論，凡屬兩可者，西云第亞勒第加（Dialectica），凡屬明確，不得不然者，西云絡日伽（Logica），窮理者，兼用此名，以稱推論之總藝云。」（卷一、頁十三）

最早的哲學家，每用辯證法以論道，但沒有撮成爲一種技藝的實際形式。栢拉圖曾運用辯證法以建立哲學，他認爲辯證法特別表明其進展，由感覺的而至智識的，由物質的而至精神的。辯證法追溯萬有的重要法則，辯證家是理解萬物的眞性而能對其說明者。論其效用，「故辯證法，且唯有辯證法，直探重要的法則，並爲不需假設而使其見解確信的科學；實際上活埋於荒谷的靈魂之眼，藉其文雅之助，遂向上而高舉；且其在轉變的事工，即我們曾經討論的科學中，用作女僕與助手。」（註四）通常稱辯證法爲科學，但其應有另外之名，包涵明確性比信念更大而比科學稍遜者，可稱爲理解。栢拉圖推重辯證法，並且暗示，謂其所見數學家而亦能爲辯證家者殊少，良以辯證法的訓練，歷十五年而未造其詣的。亞里斯多德不用論理學（logic）作爲名詞，在確定的效用上作爲一個形容詞。他稱此藝爲辯證法或分析論，乃一種預備的學問，屬於言詞（dictis）的推理。他現存的論理學著作有六部，彙編而歸於工具（Organon）一總目之下。第一冊範疇篇（Categories），對論理學作一種哲學的引論，並論單純的名辭（terms）及其特性，分辨名辭十個最普遍的範疇以及簡單的關係。第二冊解釋篇（Interpretation），爲命題之分析。第三冊分析前篇（Prior Analytics），論推論及證明，或論三段論法，此乃三端的聯合，應付正式演繹法推理。第四冊分析後篇（Posterior Analytics），論表明或科學的證明，這是根據眞實的及最初的前提之推理。第五冊辯證篇（Topics），論辯證法的推理。第六冊斥詭辯篇（Sophistical

Refutations)，論詐僞的辯論，此卽似是而非的辯論。亞里斯多德極注意於判斷的方式，故側重三段論法的運用，並下以定義說：

「三段論法者，是一種爭論的方式，依此方式，當某些假言已建立時，其異於所假言之某事必須依循由於假言是如此的事實。以『由其是如此的事實』，我認爲這是因其乃結論所根據的；由是我認爲不必有任何另外名辭以應結論需要的。」（註五）

可是，三段論法分爲兩種，卽完全的與不完全的。「倘其無所求，不計其所包涵者，以建立必然的顯著結論，」是謂完全的；「倘其要求一個或更多的命題，這些命題雖然需要依據既定的名辭但並不包涵於各前提之內，」（註六）是謂不完全的。此三段論法的系統，乃亞里斯多德完成智識的分析，而爲其創立科學證明的理論所憑藉之基礎。

希臘時期，論理學之歷史的發展，自然的可分爲逍遙學派（Peripatetic School）、伊壁鳩魯學派(Epicurean School)、及斯多噶學派（Stoic School)。逍遙學派是由亞里斯多德的弟子地奧菲拉斯陀(Theophrastus，西曆前二八七年卒)及攸地摩斯（Eudemus of Rhodes，約西曆前三三五年)所代表，大體上宗亞里斯多德的學旨，像對於分析，紹述其法，是最詳細的，但在某些基本的見解，每誤入歧途。伊壁鳩魯學派，是宗伊壁鳩魯的遺緒，認爲論理學者，不過爲智識之一種實用的理論。斯多噶學派，是一種純形式的學說之先型，其創立者爲齊諾 Zeno，西曆前三五〇至二五八年)，乃使用論理學的第一人。其論理學一詞，是屬於觀念、判斷、推論、及在有系統的方式對此類的表明。但其要旨是在智識的理論，而此智識經過表現、贊同、悟曉、與理解的四個階段。他且將論理學分爲修辭與辯證法。自是厥後，以迄於中世紀，辯證法常與論理學同義或爲其一部份。

## 第二節　羅馬對論理學的繼述

羅馬時期，似屬修辭的（quasi-rhetorical）辯證法與新柏拉圖學派的（Neo-Platonist）論理學，必須辨別。前者像在西塞祿的著作中發現，所謂邏輯（Logic）者，其含義是指辯證法和修辭而言，在性質上是全屬斯多噶學派的；後者包括形而上學的與通神術的（Metaphysical-theosophic）理論，將神的恍惚直覺放在高於由科學用心的智識之上。羅馬人對於栢拉圖及亞里斯多德的論理學，注意研習。辛尼加將辯證法與修辭統歸於哲學之下爲兩類，而「辯證法分爲兩部份：言詞與其意義，即分爲所說的事情與其說出的言詞。每一部份，然後又產生小區分，此乃屬於廣泛的範圍」。（註七）蒲魯丁（Plotinus, 二〇四至二六九年）冀圖將亞里斯多德的範疇篇理論修正；其門徒普菲里（Porphyry，二三三至三〇四年），爲着介紹亞里斯多德工具一書，而撰有導論（Isagogue）。當第四五世紀時，亞里斯多德的範疇篇與分析篇、西塞祿的辯證篇、及普菲里的導論，爲研究辯證法非常流行的教本。聖吉羅莫說他曾讀過這類典籍了。

卡比拉所著語言與風神的結婚一書中，第四篇論辯證藝，根據亞里斯多德與發祿的而編成，爲辯證法最古的教本之一。卡比拉論辯證法的效用說：「無疑的，無論是各位剛才聽過的文法女郎，口若懸河的（修辭）女郎，或用桿在地上劃各種形狀的（幾何）女郎，如果沒有我的推論，就不能解釋明白了。」（註八）在辯證法內，有六項原則，爲其他藝之基本的：第一是語文，第二是解釋，第三是命題，第四是命題之綜合，第五是判斷（卽關於詩人及其詩歌之評判），第六是適當的修辭。卡比拉再分析其綱目如下：

「關於第一項問題，我們所要研究的，有何謂類（genus，是用一個名詞，代表各種不同而類似的形態，如動物這名詞，是代表人、馬、及其他類似之物等），何謂形態（form，是通常所謂種 species，其性質就是它變爲類的時候，能保持其特性及名稱，如人、馬、獅等），差異性（difference，是爲目前區別方便的作用，例如要指人和馬的特異性，只要說人是兩足的馬是四足的便够了），偶有性（accident，是只有在某種東西之中特有的，而卽算在那一種之內也不常有），本性（Property是某種之內所有的，而且是總會有的，這是用以區別某種與別種不同之處，譬如人類之笑卽是），定義（definition，是把一件東西內在的本性簡明的解釋出來），全稱（whole），特稱（part），分釋法（mode of division），分析法（mode of partition），雙關義（equivocal），單義（univocal），以及多義（plurivocal）等。自從你們旣迫着希臘人講拉丁語，就應記着這些非常的名辭。因此關於第一項的研究，要考慮何謂眞意的，何謂隱喩的，何謂本體、特質、相對、空間、時間、地位、人格、行爲、受苦、相反、以及可能有若干種類相反的。

關於第二項是解釋，我們要查詢何謂名詞、動詞、連接詞、何謂一句語中之主位與謂語，倘若作爲一命題，則如何爲完全之名詞、動詞、以及句語之構造等。

關於第三項，命題隨之。爲此，我們要盡量的研究命題之質與量區別如何，何謂全稱、特稱、無限的命題，何謂正面以及反面的命題，何種能力是有特稱的，以及彼此的影響如何。

關於第四項，上面說過，就是命題之綜合。我們在這方面所要研究的問題，就是何謂假言、推論、三段論法、結論；何謂定言的三段論法，何謂有條件的三段論法，並兩者之差別如何；定言的三段論法形式有幾種，各種爲何；並是否有一定的次序，誠如是，次序的性質如何；每種共有若干法式，每種的各項法式是否有一定的次序，誠如是，其性質如何；有條件的三段論法之初步與必需法式有幾種，其次序如何，彼此的差別如何。我以爲上述各項，對我們現時的本題就够了。」(註九)

聖奧加斯定隨蒲魯丁之後，在神意中創「出自本心」的觀念。論理學是關於思考與推理程序的效力，而非關於命題的原理。可是，在嚴格的意義來說，論理學本身在自由藝的範圍中是包涵卓越價值的。它是爲着尋求眞理的工具，並非眞理的本身。它先行考究本體論的實在、主宰、本身與接近、及本體論的本分，即正當生活的法則。聖奧加斯定撰有辯證法初階（Principia Dialecticae），定論理學之義爲擅於辯論的科學，解釋名詞、動詞、與命題的定義，及三段論法的應用。波愛萃斯爲在第六世紀新栢拉圖辯證法的最大評註者，曾清楚的分別形式的實用哲學卽論理學，與推理的理論哲學卽物理學及形而上學。形式的論理學，他認爲實際上有助於理論哲學。亞里斯多德的解釋篇，由波愛萃斯翻譯與解釋，分爲兩部。第一部爲兩冊，稍爲簡略的；第二部爲六冊，以供較深的研究。在第二部註解中，他所引據的主要來源，爲亞里斯多德學派的普非里與叙利亞奴斯（Syrianus）；而在註解中，以其學問及智力衡之，可視爲波愛萃斯對於辯證法用力的焦點。此等著述，爲中世紀辯證法的基礎，卽爲士林派哲學家對實在論（Realism）與唯名論（Nominalism）爭論的根本。普非里的影響，亦見之於波愛萃斯的另一著述；這著述再分爲兩部份：第一部份是對維多冷所譯普非里導論的註解；其他部份，爲其對西塞祿修辭著作辯證篇的評註。但這評註是未完全的，在七冊之中，只有發現其五冊及第六冊的大部份而已。波愛萃斯不僅是一辯證法的翻譯者及評註家，並且有一套獨立性的著作：論範疇的三段論法（On the Categorical Syllogisms）、範疇的三段論法入門（An Introduction to Categorical Syllogisms）、論假言的三段論法（On the Hypothetical Syllogisms）、分釋論（On Divisions）、論題的差別論（On Topical Differences）、及定義論（On Definitions）。可是此類書的主要性質，並非創作物，乃溯源於亞里斯多德、普非里、地奧非拉斯陀、攸地摩斯、地密士修斯（Themistius）、及西塞祿。波愛萃斯雖爲論辯證法著述的名家，但不汲汲於求譽，因此沒有成立新學派。然而他非難卡比拉，以其論辯證法中犯着許多錯誤。而且他由直接的翻譯、引句、與解釋、對於保存亞里斯多德的學統，有極大貢獻。如非波愛萃斯的繼述，則亞里斯多德的學說，恐怕在黑暗時期中要湮沒了。即使其後「新論理學」的傳入，首先還應歸功於其劬勞的。要言之，波愛萃斯在論理學史上所負擔之部份，實爲基本的。加西奧多於其自由藝與科學論一書中，有論辯證法一篇，十五對摺頁，爲研究論理學最通行的教本之一。此篇內容，包括亞里斯多德工具大部份的摘要，並參考普非里的導論及波愛萃斯對於解釋篇的第二部註解。其中又附加論理的詭辯一章，而若干內容對於修辭較辯證法的關係更爲密切的。然而在其書中，對辯證法的釋義，較卡比拉或依西多祿的論述爲詳。依西多祿的探源論第二冊論辯證法對於導論與範疇篇的引釋，更爲冗長，但不及加西奧多的完全。其形式論理學雖沒有包涵任何哲學的、形而上學的或神學的問題，然而他說，神學却包涵論理學及其他任何事理在內。

初期中世紀的論理學著作，可分爲兩類：第一類，像波愛萃斯有些著作，認爲論理學一科，所討論者應注意對其哲學的關係。第二類，包括論理學教學之純形式問題，其代表者爲卡比拉、聖奧加斯定、波愛萃斯、加西奧多，及依西多祿等著作。這時期的教科書作者在課程上規定論理學的範圍，大多限於形式的教學，僅對科學初步的精熟，並應注意的省略形而上學的任何性質。這種態度，仍爲以後教科書作者所繼續維持的。

## 第三節　基督教學校的論理學

基督教各級學校，對於論理學的基本智識，有時在中等的或前三藝的課程中，採用卡比拉、波愛萃斯、加西奧多、及依西多祿的書本來教授。當範疇篇與導論兩書，經波愛萃斯改爲拉丁化，構成了研究的範圍，以迄第十二世紀爲止，歷視作亞里斯多德學派的。可是，基督教徒誠恐論理學影響於信仰，故其修習辯證法，僅爲形式的論理學。由第八世紀起，對於論理學的研究，才增加興趣。阿爾昆的辯證法論，用爲在最優良學校中教授的課本，在其導言一章內，將哲學分爲物理、倫理、與論理三部份，而論理學再分爲修辭與辯證法。在後者之下，他論述導論、範疇、三段論法、定義、論題、及解釋篇。此書雖非一種創作，但影響很大。其方法與主旨，是宗僞奧加斯定的範疇（Pseudo-Augustinian Categories），範圍則仿依西多祿而間接根據波愛萃斯的。阿爾昆對辯證法下以定義，是「進行查究的、確定理想的、與主持討論的，而由虛僞分出眞實的技藝。」（註十）他曾在宮學中教授辯證法凡八年，極負盛譽。莫路斯認爲辯證法乃用作傳教的日的，應注意修習。由他的時期起，辯證法受了空前的重視。其對辯證法的著作，有普菲里導論及亞里斯多德解釋篇兩部評註。他於所著教士的教育一書闡論辯證法的效用最詳，說：

「辯證是理解的科學，以應我們爲着研究和定義、爲着解釋、與爲着由虛僞中分出眞實。它是科學中的科學。它教授怎樣以教他人；它教授學問的本身；根據其本性、努力、與活動，由其推理，以顯示和表明自己；它是唯一堪任智識的；它不僅願意，並且能夠使人獲得智識；它的結論，對於我們的存在與我們的本原，使達到理會；由於它，我們了解善的起源與活動，造物主與生物的（起源與活動）；它教我們以推出結論；它對我們表示何者在辯論中有效力，與何者是無效力的；它教我們認識何者對於事體的本性是矛盾的；它教我們在辯論中辨別眞實的、或然的、與全僞的；由於這種科學，我們是可了解而研究萬物，以必然的決定其本性，並以謹愼態度而討論之。」（註十一）

由於莫路斯的影響，使此科顯出極大的價值。其在富爾達教授辯證法，對此科之啓蒙且努力不懈。經莫路斯與其同事海蒙(Haimon of Helberstadt)的推進，論理學的學問，迅速展佈於英格蘭、高盧與日耳曼，及富蘭達(Flanders)，因此當第十、十一世紀之際，學校的神學教學中，論理的辯論與神學的討論，是常常配合進行的。伊里基納曾介紹希臘語言的學習，對於異端的作家，態度較爲開明；由其爲先驅，實在論與唯名論之長期衝突，已實際上開始。一般學者，每認爲論理學或辯證法乃哲學的入門，但他堅拒此種觀念，而以辯證法視爲一種學說，其淵源一部份取材於亞里斯多德辯證法的論著，一部份仿自波愛萃斯所譯註普菲里的導論，及一部份參考聖奧加斯定的著作。里美曾掌教於羅馬（

八六二年）與巴黎；在巴黎，他是傳授辯證法的第一人。第十世紀時，沙脫爾學校的富爾伯（Fulbert）、伯爾納、吉爾伯、及提亞里，皆藉波愛萃斯的譯註本，以研究亞里斯多德的辯證法。格爾伯在沙脫爾學校且擴大辯證法的教學，其所用教科書，包括波愛萃斯著作的一部份，導論、範疇篇、解釋篇、及西塞祿的辯證篇，皆爲應付論理學之形式技術方面。他撰有論理性與理由(De Rationali et Ratione Uti) 一書，表面上是論理學的著作，但事實上乃論形而上學，對本體問題的一種貢獻，故其不用這書爲教本。

## 第四節　士林哲學派的論理學

士林派的哲學，志在由論理學分析與重覆解釋的方法，經過辯論以息疑難，而發展信仰和發現眞理。可是，信仰仍認爲超於推理，故由推理的辯論以支持基督教的教義，由推理以證明信仰；要言之，由論理學以證明神學。故士林派哲學之本質，乃推理的研究，辯證法或三段論法的實踐。根據當時的語意，哲學乃神學之僕，故中世紀的辯證法，不過爲對聖經及亞里斯多德學說的傳註而已。像陸克說：「天主創造兩足動物的人，而使其有思想的任務，則留給於亞里斯多德。」所有學校的精辨與大學的爭論，都是根據亞里斯多德的論理學。然而早期士林哲學派，僅備有少數的亞里斯多德論著；其對於論理學研究的本體，與對於討論的永久性問題，即全稱的性質，並沒有增加其重要性。他們未曾影響於論理學的學說之處理。及亞里斯多德與阿拉伯的著作傳入西歐，對於或可稱爲論理學的心理要素，產生了更進步的解釋。後期士林哲學派的論理學，其特點有二：精微辨別之大量的教授，主要爲用口頭的；其他，思想上受着唯名論觀念的影響。

當第十一及第十二世紀時，論理學地位變爲優越的。將至第十一世紀之末，兩大神學——實在論與唯名論展開爭論了。當時學者討論最激烈的一個問題，就是波愛萃斯譯成拉丁文的普非里導論中一段話：「種」（全稱）與「個體」都有眞實的存在。一般人認爲正面的答覆是對的，但羅斯林（Roscelin，一〇五〇至一一〇六年）依亞里斯多德的觀點，認爲共通性的種類，不過是一種名辭而已。唯名論的要旨，人類思想，其進行是由特別的而至普遍的，凡辨別物之本身（res），由觀察與經驗所得的觀念，而給以其名（Nomen），實在則包括於個別的具體事物之內。安瑟倫（Anselm，一〇三四至一一〇九年）宗柏拉圖之說，認爲理想、觀念、及共通性，構成唯一的實在。凡任何所見的與所用的特殊事物，先作一理念的存在；而且，任何特別的人或物，並非一實物，不過爲一實物（可以說爲理想的）之一種反映與概念。安瑟倫從神學方面向着羅斯林攻擊，威廉（William of Champeaux，一一二一年卒）則從哲學方面亦向其批評。阿栢拉爾（Peter Abelard，一〇七九至一一四二年）爲着駁倒這個問題，認爲關於「種」和「個體」的關係實在對的理論，並不是實在論或唯名論，乃是概念論（Conceptualism）；有共通性的種類，並不是獨立的實在，也不是空洞的唯名，而是概括的觀念。這種理論，風靡於思想界，其聲名替代了威廉的地位，爲當時最偉大的辯證家。安瑟倫的學旨，於其「追求了解的信仰」著名方式中，對於基督教的信仰，創出一種理性的了解。他主張並非爲着信仰而求了解，只爲着了解而信仰；同時，由信仰進而至智識，並非由智識而至信仰。其著名「本體論的」（Ontological），基於反駁的原則，而爲着證明主宰存在的一種辯論。他撰有文法問答（Dialogus De Grammatio）一書，是討論推理推理的技藝。威廉在巴黎掌教論理學，亦爲一位實在論的論理學家，早在一一〇九年，在聖母院開設一學校，以爲此科之較深的修習，並冀圖使論理學替代其他幾種自由藝。其夙具才華的弟子阿栢拉爾，認爲論理學乃一切皆備之學，在巴黎教學，極負盛名，使莘莘學子，由經學轉向辯證法而用功，講筵無虛席，風湧一時。在其影響下，論理學的研究，更有顯著的進展。其著作辯證法論（De Dialectica，約於一一二八年後撰）一書，爲形式論理學的教本。依阿栢拉爾之說，論理學者，是由辯論以啓發的方法，由是基督教教義的眞理自能維護了，異端的虛僞意見駁倒了，教堂的教義之解釋是可顯露了。以辯證法應用於神學，他比其前輩更進一步。另一方面，辯證法並非對教義眞理的判斷者，乃爲研究權威作家的工具，藉此工具之助，他們的要旨，方可明瞭。自然的，阿栢拉爾的論理學，是宗亞里斯多德的，並引用西塞祿的辯證篇及波愛萃斯的傳註。他鈎刮普菲里導論的許多要點，應付所藉以討論全稱的(Universals)本質之主要問題。當士林哲學派神學之興，注重推理，故辯證法超越於文法，而爲學術上的大綱領。論理學的分析，既應用於神學，亞里斯多德的論理學，爲教會所採納，故他認亞里斯多德爲最高的權威，厥後四百年間，由亞里斯多德完全支配哲學的思想。阿栢拉爾著述宏富，註釋普菲里的導論、亞里斯多德的範疇篇與解釋篇、及波愛萃斯的辯證篇。可是，其所宗亞里斯多德的智識，僅限於範疇篇、解釋篇、及除波愛萃斯譯本外之分析前篇而已。

當第十世紀末及第十一世紀之初，在富爾達與窩斯堡(Wurzburg)的修院，論理學是注意講求。在聖加爾修院，由諾特卡(Notker Labeo)；在法國，由格爾伯與其弟子富爾伯，及後者的弟子比連加(Berengar of Tours)九九九至一〇八八年）的指導下，論理學研究之風頗盛。在萊姆(Rheims)

的沙脫爾學校，論理的辯論，學生亦開始實習的。

## 第五節　新論理學

由第十二世紀起，論理學實際上分爲兩派：卽舊論理學與新論理學。所謂舊論理學者，包括範疇篇與解釋篇，在中世紀初期是研究的。新論理學者，包括分析前篇、分析後篇、辯證篇、及斥詭辯篇。當第十二世紀之第四十年中，古代論理學的著作，在中世紀著名者爲亞里斯多德的範疇篇及解釋篇（由維多冷及波愛萃斯所譯）、奧加斯定的辯證法初階、僞奧加斯定的十種範疇（Categories Decem）、卡比拉及加西奧多的論辯證法、與波愛萃斯所撰幾種特別著作：普菲里的導論（維多冷譯，波愛萃斯註釋）、亞里斯多德的賓辭（Predicamenta，無疑爲波愛萃斯所譯）與解釋篇、西塞祿辯證篇的註解、及關於三段論法的小論著等。此外，尚有依西多祿的論辯證法。因此，亞里斯多德工具的五部份，當時學者僅知其範疇篇與解釋篇，而分析篇、辯證篇、與斥詭辯篇，則保留（暫時的）未知。分析篇與辯證篇（波愛萃斯譯），西哲伯（Sigebert of Gembloux，一一一二年卒）尚未知；迨一一二八年後始引人注意。分析前篇於一一三二年曾由亞當（Adam du Petit-Pont，後爲聖亞沙夫 St. Asaph 主教）所討論，而爲吉爾伯所引證的。吉爾伯受業於伯爾納，在沙脫爾學校教自由藝凡十五年，爲實在論者中最先的論理學家。於論理學之中，他在某些論點佔着超卓的地位。其所著六原理書，是解釋亞里斯多德最後的六個範疇（何地、何時、地位、情狀、行爲、感情），因亞里斯多德只發表其首先四個範疇（實體、數量、性質、關係），此書與導論、範疇篇，爲中世紀學校所專修者凡三百年之久。因此吉爾伯爲第一個中世紀作家之被推爲論理學的權威，即爲波愛萃斯與依西多祿的直接繼承者。阿爾昆的辯證法論，雖然爲非常流行的教本，但僅視爲一種摘要，且自此時起，以學子們對論理學希望有較深的造詣，故實際上將其不復用了。阿栢拉爾的弟子奧都(Otto of Freising，一一五八年卒)，約於一一三〇年肄業於巴黎大學，畢生極同情於法蘭西與意大利的哲學之發展，而精熟新論理學的全部，並首將辯證篇、分析篇、及斥詭辯篇(或爲波愛萃斯譯本)，傳入日耳曼。提亞里者，乃伯爾納的昆季，一一四一年前，曾在巴黎大學教授多年。除却分析後篇及分析前篇的第二冊之外，他再編纂工具全部；而分析後篇之爲北歐所稔知者，乃由其弟子沙利斯巴里的若望所撰論理哲學一書，給予分析之故。若望認爲辯證法者，是前三藝之皇后，乃一種陶冶心思的科學，初學者賴之以學習想像與講話的技藝，苟非有此藝，則學習哲學是不可能的。其論理哲學，共分四冊，是捍衞論理學與哲學之研究。這書的第二冊，辯護論理學，而對阻礙智識進步者則斥之爲哥尼菲修(Cornificius)之徒。此學之目的，是眞理的研究。眞理的智識，乃人類生活之至善，而從分別善惡的觀點，深究萬物的本性。故凡物應順其本性，而否認雄辯研究的價值。對於論理學的科學之進展，其最希望者，乃賴對亞里斯多德作更深的研究。此冊後半的大部份，對全部工具的分析，由導論開始，繼至第三冊，經過範疇篇、解釋篇、與辯證篇，以迄第四冊，以解釋分析前後篇及斥詭辯篇。若望特別注意的，爲可作賓辭(predicable)的理論及總類(genera)與別類(species)的問題，此分別在辯證篇第一與第四冊中討論，比在導論的爲詳。斥詭辯篇，乃其最後摘要的。經過若望的分析，新論理學的學問，已算完備了。巴黎大學由一二五二年及一二五五年的規程所定，教學課程亦全用新論理學的。

士林哲學派對於論理學所用的方法，大都是演繹的，所以不能追求什麽新的眞理。許多學者把時候消耗於論理的辯駁，以致論理學不是教育上的方法，却變爲一種目的，只有羅哲爾倍根(Roger Bacon，一二一四至一二九四年）和大亞爾伯(Albertus magnus，一二〇六至一二八〇年），才從推理上得到歸納方法，而使科學的進步。其他學者，只作聰慧的詭辯、善用名辭、精於分類，把常識再組織起來而已。錫爾烏德（William Shirwood）者，巴黎大學一極著名論理學教師，備受倍根所推許；其弟子希斯巴奴的伯達(Petrus Hispanus，一二七六年爲羅馬教宗若望第二十一世，一二七七年卒），在論理學的發展中概括一階段，編纂論理學教本的小論理學（Summulae Logicales），爲人嗜讀凡三世紀之久。此書分爲七部份，其中六部份論述亞里斯多德的方法及普菲里導論所包涵之資料，最後部份，則詳論文法與論理學的區別。此書且論辯證法乃藝中之藝，科學中之科學，對於一切方法的原則，提供其途徑。其他重要的論理學家，著名的有波里丹(John Buridan)，爲巴黎大學的校長（一三二七至一三四八年），撰有論理學提要(Compendium Logicae)，及亞里斯多德名著的註疏。在牛津大學，亞里斯多德也支配這一科，論理學家傾向於範疇篇及解釋篇、分析前篇及分析後篇、辯證篇及斥詭辯篇。至於普菲里的導論、波愛萃斯的論理學著作、及吉爾伯的六原理書，並爲其修習的要典。

（註 一） Hugonis de Sancto Victore, Didascalicn, de Studio Legendi, (Ch. XI, 750A, 1-5), tr. by Henry Osborn Taylor, The Mediaeval Mind, London, Macmillan & Co., 1930, Vol. II, p.363.

（註 二） The Works of Milton, ed. by Frank A Patterson and others, XI, 19-21, N. Y. Columbia University Press, 1931.

(註 三) Ernest Brehaut, An Encyclopedist of the Dark Ages, pp.115–116.

(註 四) Plato, The Republic, (B. Jowett, The Works of Plato, Vol.VII, pp.293)

(註 五) Aristotle the Organon, Prior Analytics, tr. by Tredennick Hugh, Cambridge, Harvard University Press, 1938, 201–203.

(註 六) Ibid., p.203.

(註 七) Seneca ad Lucilium Epistulae Morales, tr. by Richard M. Gummere, Vol.2, LXXXIX, 17, p.389.

(註 八) Percival R. Cole, A History of Educational Thought, London, Oxford University Press, Ch. VI, Martinus Capella, "A Extract from Book IV, On Dialectic", p.83.

(註 九) Ibid., pp.83–84.

(註 十) Alcuin, De Dialectica, ed. by Probenius, quoted by J. M. Clark, The Abbey of St. Gall, Cambridge, The University Press, 1926, p.117.

(註十一) Maurus Rhabanus, "Education of the Clergy", II, xx; P1 107; 397 c, quoted by F. V. N. Painter, Great Pedagogical Essays Plato to Spencer, New York, American Book Co. 1905, p.164.

# 第八章　算術

## 第一節　定義與起源

數學者，拉丁文稱爲科學的教導（Doctrinalis Scientia），是「注意抽象的數量。以其乃由推理所討論之抽象的數量，可從其實質的或其他非本質的，例如相等、不相等、或其他類似的，由智力以分別之。數學有四種：即算術、幾何、音樂、與天文。」（註一）算術者，乃數字的科學。

西方的算術，淵源於埃及人及腓尼基人（Phoenicians）；這兩個民族，對於數字的配合與計算的練習，曾作最初的改進。埃及人於其政府的規定及國家的歲入，經常應用數字的科學，且用以從事於天文與幾何的研究。至於腓尼基人，發明算帳及登記之術，爲其商業上重要的需要。最早各民族中，養成數字的科學，而用於商業或日常生活的，巴比崙人（Babylonians）或與有焉；其對計算的理論與實際，曾經注意講求的。希臘算術的起源，可分爲四個時期：（一）早期的開端；（二）雅典學派；（三）亞歷山大里亞學派；（四）後期亞歷山大里亞學派。泰利士（Thales of Miletus，西曆前六四〇至五五五年）曾負笈埃及，帶回算術之學，爲第一個希臘人將一般數學與天文、幾何、音樂相結合，尤其對於數字的理論，有些科學的意味。其門徒有亞納息曼達（Anaximander，西曆前六一一至五四五年）、亞納息美尼斯（Anaximenes）、及孟達陀斯（Mandryatus）等。畢達哥拉亦爲希臘最古的數學家，其神秘的數字，頗似巴比崙較早所創的。據說，他曾在埃及修習，並發表其關於數字本性與特質的理論。

畢氏門徒，嘗考一切事物，以數爲本，其對算術的貢獻：(一)單位的與數字的定義；(二)數字的分類；(三)「完全的」(Perfect)與「相得的」(friendly)數字；(四)定位的數字。第二時期，約在西曆前第五及第四世紀，與雅典人攸關。由東方及西方而來之哲學家，其中許多精於數學及天文者，羣萃於此名城。最偉大的爲希婆卡拉底（Hippocrates of Chios，約生於西曆前四七〇年）、柏拉圖、攸度沙斯(Eudoxus，西曆前四〇八至三五五年)、及美尼克摩斯（Menaechmus，公西曆三七五至三二五年）；與這些人同時的爲畢達哥拉學派的阿克塔斯（Archytas of Taras，西曆前四〇〇至三六五年），編有算術（Ars Arithmetica）一書。希臘人將算術分爲兩部份：一爲純粹理論的算學（Arithmetica）；一爲計數技術的演算術（logistica），如在貿易上、商業上、及科學上、尤其天文學上的應用。在雅典高等算術的研究，是由畢達哥拉門徒的地奧多(Theodorus of Cyrene)所激厲，聞說他曾爲柏拉圖的教師。蘇格拉底及栢拉圖，皆爲淹博的數學家。栢拉圖曾由阿克塔斯受數學的教育，或爲一個自發的研究者，對理論的算術，較爲有興趣。他謂各藝是依靠數學：「各藝與科學需兼有其成份。」(註二)並認爲凡自由的公民，應研究理論的算術與實用的計算、測量、及天文；其效用，首先乃爲家計的操理及市政府的行政，最後則對曆數的了解。根據栢拉圖的意見，算術有兩種：一爲屬於通俗的，另一爲哲學的。於其理想國一書中，論列類同於數學的科學之名表，包括算術、平面幾何、立體幾何、及天文。他說算術的科學有兩種用途，即軍事的及哲學的：「凡作戰的人，必須學習數字的技藝，否則將不會整列其士卒；哲學家亦然，以他要觸引無窮的變化，而把握眞理，因此，他必爲一個算術家」。(註三)故算術者，乃驅使心靈對於抽象數字的推理，而對證事物之辯論，有一種非常偉大的及高尙的效果。秉此要旨，栢拉圖乃奠立科學的基礎，堅持準確的定義、淸楚的假定、及論理學的證明。在其門徒中，有一位尼度斯(Cnidus)的青年名攸度沙斯者，非常貧窶，流寓於雅典，對於比例的理論，有重要的貢獻。亞里斯多德亦如栢拉圖的，以其對數學態度的啓發，比諸對這科本身的貢獻，更爲重要。他認爲其利凱央(Lyceum)的門徒，對於初等數學，應力求精通。他並撰有物理學(Physics)與機械學(Mechanica)兩書，亦爲屬於數學問題的論著。

當西曆前第四世紀末，數學的學問之搖籃，由歐洲轉移至非洲。亞歷山大在非洲統治的繼承者托里買(Ptolemy)，西曆前第三世紀時，在亞歷山大里亞建一圖書館，並設立一所大學，而在最早期的教師之中有歐克里德(Euclid，約西曆前三三〇至二七五年)。在其所著原本(Elements)之中，第五冊論述攸度沙斯的比例；第七、八、九冊，由幾何的觀點專論算術，對於陳述數字的理論，提供一種興趣，其中許多或採自畢達哥拉的。亞基米德(Archimedes，西曆前二八七至二一二年)，曾受業於歐克里德，爲古代最偉大科學的與數學的智士，撰有算術兩部。一部定名爲原理(Principles，對亞歷山大里亞的數學家耶什普斯 Zeuxippus 講述)，是關於計算的原理，及解釋表明數字(expressing numbers)的方法，這種數字比通常希臘記數法所表明者爲高。另一部定名爲沙算者(The Sand-Reckoner，對敘拉古 Syracus 王哲倫 Gelon 講述)，是對於未有機會閱讀前一種者，授給同樣的方法。但在這書中，他發明一種算術方法，在語言上能表示無限的大數字。又有一部著作爲圓的量度(Measurement of a Circle)，僅求出各種算術上計算的結果，像加減乘除、平方根的求取，對開方根三的密率、不盡根數(Surds)及無公約數(incommensurable)的最先探討、與對大量數字的平方根之密率，但沒有指定任何計算的本身。愛婆龍紐斯（Apollonius，約西曆前二六二至二〇〇年）亦爲一老練的算術家，聞說他著有未排定無理數(Unordered Irrationals)，並發明近乎數字的一種「迅速解釋」的方法，由其書名來判斷，他似乎已開創了劃一收斂(Uniform Convergence)的理論。

當西曆第一世紀時，最著名數學家之一爲在巴勒斯坦(Palestine)的尼可麥古斯（Nicomachus of Gerasa），乃新畢達哥拉學派的學者。其對算術的名著，有算術導論(Introductio Arithmetica)，包涵計算或實用算術的原理。其第一冊內容，主要的包括構造的定義與法則；奇偶的數字，是首先處理；其次各章，是討論各種數字的分類法。第二冊，提供多邊的數字之理論，及各類形體的幾何，由數字來解釋。此書乃算術的最古而有系統的教本，且爲第一部脫離幾何而獨立的算術書，對於帶有幾何意味之方法，每避而不用，各類之數，皆以確實之數目字表示之。自海西克斯（Hypsicles，西曆前第二至第一世紀之間，曾研究多邊的數字與算術的計算）之後，算術不見於歷史者殆二百年，至尼可麥古斯始啓其曙光。自是厥後，算術遂爲衆尙的科目，而幾何却被忽略了。故其對算術之功，猶歐克里德之於幾何的。此書原以希臘文撰成，亞普琉斯（Apuleius of Madaura，約生於一二五年）曾以拉丁文譯之（已佚），此外，尙有波愛萃斯的譯本。至於傳註者，則有詹碧古斯（Iamblichus，第四世紀）、蒲魯古斯（Proclus，四一二至四八五年）、赫魯納斯（Heronas）、亞斯克比阿斯（Asclepius of Tralles，第六世紀）、斐洛波奴斯(Johnnes Philoponus)等。詹碧古斯，生於哥利叙利亞(Coele-Syria)的卡爾西（Chalcis），乃亞納度琉斯（Anatolius)與普菲里的弟子。他著有關於畢達哥拉學派的書凡九種：一、畢達哥拉傳（On the life of Pythagoras)；二、對哲學忠言（Exhortation to

Philosophy)；三、一般數學的科學（On Mathematical Science in General)；四、尼可麥古斯的算術導論註釋(On Nicomachus' Introductio Arithmetica)；五、物理學的算術科學(On Arithmetical Science in Physics)；六、倫理學的算術科學(On Arithmetical Science in Ethics)；七、神學的算術科學(On Arithmetical Science in Theology)；八、畢達哥拉幾何的註釋(On the Pythagorean Geometry)；九、畢達哥拉音樂的註釋(On the Pythagorean Music)。首先四種論著，現尚留存，其他五種則已散逸了。

後期亞歷山大里亞學派，著名的算術家爲但奧反陀斯（Diophantus，西曆三三〇年卒），由其影響，純數學曾一度復興。他的主要貢獻，爲有無數解答之方程式(indeterminate equations)，是專志於代數。畢生精力，盡瘁於其傑作之算術（共十三冊，僅六冊尚存），此書對於數學的記數法，曾作基本的改善，同時對代數的範圍，添增許多部份，蓋是時代數已存在的。可是，他的著作，當時未被人認識，只其撰成後歷一千二百年，始由歐洲學者所注意的。

## 第二節　羅馬的算術

講求實際的羅馬人，其最弱的爲純理論的數學，雖然西塞祿以其國人不枉費對抽象的數學而努力，表示欣幸，但羅馬人對計算的研究，附帶着許多重要性。羅馬學校，對於算術教學的方法有三種：(一)算術表的單調詩；(二)位數(digit)；(三)計算板或算盤，只作一種實際的計算。修習方面，有算術的書本，例如發祿，於其所著科學九書，曾有算術篇。昆體良爲着培養演講家的教育計劃，注重在數學方面要有適當的訓練，使其在法庭辯論案件時，可免蒙算術與幾何錯誤之辱。並且相信，此種修習，乃訓練其推理的能力。

卡比拉的算術，即尼可麥古斯的算術最簡單摘要，此篇除了寓言的導論外，並根據畢達哥拉學派的觀念，注意數字之特性及數字分配之神秘要義，而非注意計算的實用問題，質言之，此不過爲一種神秘主義之智識化或精神化的練習。此篇所以普及者，以其構成自由七藝一部簡便的教本。波愛萃斯的算術定例論(Boetii De Institutione Arithmetica Libri Duo)一書，共八十對摺頁，一百個表解，並無一條計算定理，僅爲將數字特性殆作無窮的分類，如三角的、完全的、過量的、缺陷的、和諧的等。又論各種奇數與偶數，而比例與級數，亦非忽視的。從此書之內容來說，似乎表示並非爲學生之用，僅作對教師的指導，及對聖經數字神秘解釋作研究的一種適當導論。他由首至末是根據尼可麥古斯的，或可稱爲其算術導論的譯本；對於創作的，或由其他師承而演述的，並沒有添增任何重要性。可是，自五〇二年開始問世以後，此書保持其權威教科書的地位，凡一千年之久。伯達、阿爾昆、莫路斯等名家，皆受其影響。即使印度的數字符號與計算法傳入西歐後，此書仍爲標準的教科書，以迄第十六世紀，視作有價值的印行。加西奧多的算術論(De Arithmetica)，僅兩對摺頁，是波愛萃斯論著的提要，在中世紀爲各學校普遍的採用。此書在四個表解中，將數字的特性分類，每一類規定其意義與解釋，對於實際方法及算術的基本原理，並無說及。自波愛萃斯與加西奧多而後，羅馬的算術研究，截然停止，約再經百年，有依西多祿所撰簡單的算術篇，與加西奧多的相似，是根據波愛萃斯的方法而撰成一簡單的摘要。此書中關於數字的特性與關係，僅分爲四類，但對於通行演算的方法與定理，並無一語及之。他所解釋者，僅爲算術與數字的名稱，溯源於希臘，說明其用處，尤其使能了解聖經某些頁之神秘意義，並將數字分爲奇數、偶數、完全數、剩餘數等。

## 第三節　中世紀的算術

約自羅馬崩潰(四五五年)以迄在教宗聖西物斯德二世(Pope St. Sylvester II，即格爾伯 Gerbert of Aurillace，約九五〇至一〇〇三年)統治下歐洲的復興，在算術方面，乃西方基督教曆數上發展的世紀。野蠻人已開化了，逐漸同化於羅馬文化，而皈依一種較好的宗教。羅馬學校的地位，由教堂學校及修院學校取而代之。算術的必修，乃根據商業的需要、賬簿的保持、與爲着教堂的慶節而定各種日期，只限於算盤的應用。尤其算術用於耶穌復活節的計算，其供應算法而叫做計算(Computi)的手冊，是當時主要的算術著作。希臘與亞歷山大里亞學術的傳統，却逐漸消失了。這時，思索性的算術流行着兩種不同的方式：一爲波愛萃斯學派，另一爲神秘的算術。波愛萃斯學派的特色，是由其他羅馬人像卡比拉與加西奧多的論著所代表，他們亦極端私淑於尼可麥古斯的算術，但加西奧多與依西多祿無疑是宗波愛萃斯的，遂形成爲一學派。關於耶穌復活節的計算，有計算耶穌復活節或關於指出太陽與月球的軌跡（Computus Paschalis Sive De Indicationibus Cyclis Solis et Lunae）一書，相傳於五六二年由加西奧多所編，也有可疑的。可是，對於採用耶穌紀元以計算曆數，是由一位羅馬的僧長但奧尼修斯（Dionysius Exignus）所訂（約五二五年）。至於神秘的算術，當時流行着有一部四百頁的書，是專論由一至十的數字，每一數字大多參考於聖經的資料。統言之，中世紀算術的智識，略可分爲三個時期。

第一期，直至第十世紀爲止，算術在實質上是計算的藝。其所知的智識非常少，主要的包括尼可麥古斯算術教本的內容。實際方面，僅限於耶穌復活節的計算；理論方面，爲數字特性的研究，對神秘的與象徵的原理，注意講求，因尼可麥古斯的書涵有這種推想很多。計算的方法很粗淺，僅應用羅馬算盤及羅馬數字。早期盎格魯索遜最著名的教師爲伯達，其對算術的旨趣，在於古代數字的理論、傳教的曆書、及手指的算法，以手指記數術，似爲當時盛行的採用。在數學的著作中，主要的有論時節原理（De Temporum Ratione），爲這時期討論實際計算的第一書，由學者所宗凡數世紀之久。此書包括有一章，是關於指算與一種分數表，及供應像羅馬人於第五世紀時所採用的簡單計數表。又有論計算原理書（Liber De Ratione Computi），性質相同，但形式稍爲簡略的。阿爾昆撰有月球之運行及閏年論（De Cursu et Saltu Lunae ac Bissexto），似爲一種計算的著作，但其內容，乃屬於天文的而非算術的。他對算術的應用，異於通常計算耶穌復活節的一種，而依循聖奧加斯定、加西奧多、及額俄略（Gregory the Great）的榜樣，將數字的理論，施之於聖經的研究。阿爾昆與其最享盛譽的弟子莫路斯，皆宗尼可麥古斯的算術。莫路斯當較年青時，撰有論計算書（Liber De Computo），共九十六章，或爲最完全與最典型的算書。此書根據波愛萃斯與伯達的著作，對於耶穌復活節的智識，表現很精當。數字的特性與關係，作各種的分類，但對此問題的討論，不及一行。其餘致力於希臘的記數法、時間的區分、希臘與羅馬月份之名稱、行星的名稱、關於月球、冬夏至、春秋分、徵候、歲首月齡的事情，及包括於計算研究內之相同的天文現象。太陰週期與求復活節的方法，是依據伯達的計劃而解釋。全書的主要部份，爲計算復活節的方法。介紹關於指算及羅馬記數法之一章，也很重要的。更堪玩味的，爲四則算法定理之省略。由此言之，其計算似乎或藉指算的精細方法之助，而四則算法之智識，假定亦在計算的研究中。其書爲此時期算術的智識與教學之典型。莫路斯在教士的教育一書中，對算術給予定義如下：

「算術是由數字純伸展而可測定的科學；它乃數字的科學。在數學的綱領下，世俗科學的作家定之爲首位，以其並非有任何其他部門，爲之先導。反之，像音樂、幾何、與天文、却需算術的協助；如無算術，則彼等不能發生或存在了。」（註四）

阿爾昆另一位偉大的弟子爲里美，致力於萊姆（Rheims）的各學校，甚爲勤劬。他在巴黎設立一所學校，並撰有卡比拉算術的註疏。

第二期，由第十世紀之末起至第十二世紀之末止，算術有相當進步。著名的教師很多，其中以格爾伯對算術發展之貢獻最大。他曾在西班牙的哥爾多巴，隨阿拉伯教師學習數學與自然科學；約於九八〇年，著有除數論（De Numerorum Divisione）一書。以其在西班牙著述之結果，格爾伯將印度與阿拉伯的數字號碼，傳入西歐，但他不用零數的符號，或因尚未知的。他對於算術及占星學的著作，乃由阿拉伯的典籍中鈎稽其資料。縱分成行計算（Columnal Computation）之傳入西歐，有些人歸功於他的。格爾伯與其弟子，尤其伯尼里奴（Bernelinus）改良算盤，（註五）在算盤每行之頂，放一記數號，而擴大其應用。格爾伯並著有算盤數理規範（Regulae De Abaci Numerorum Rationibus）與殘篇的算盤數理論（De Numerorum Abaci Rationibus），由第十世紀至第十三世紀之初，爲用算盤計算方法之典型的教本。他首先採用「補足除法」(Complementary division)，使算盤可作四則之使用。由九七二至九八二年，他在萊姆學校教授後四藝，有顯著的成功。當格爾伯的時期，對於算術的作家每稱爲算盤家(abacists)。自印度方法藉阿拉伯的影響傳入西歐後，此一名稱僅限於堅持舊方法者，包括應用算盤、羅馬記數法、羅馬十二進的分數、算法上缺乏零號、及未能應付求方根之方法等。其弟子伯尼里奴亦發表關於算盤的著作，乃纘述格爾伯的學旨。亞波(Abbo of Fleury，九四五至一〇〇三年)爲奧爾連(Orleans)人，撰有論權與衡(De Numero Mensura et Pondere)、關於耶穌復活節、及解釋波愛萃斯的算術之論著多種，其算盤用法一書，約於九九八年編著。赫爾曼(Hermannus Contractus，一〇一三至一〇五四年)於第十一世紀上半期，在賴克諾(Reichanaus)教學，撰有算盤論(Liber De Abaco)一書，比格爾伯的論著爲簡單，但明言是師其法的。在第十二世紀，魯道爾夫(Rudolph of Laon)亦撰有相同的著作。若望(Johannes de Garlandia)撰有計算的書，並編有算盤的教科書。根據上述的情形來看，表示此時算術的範圍已擴大，而計算完全與算術本身分離了。

第三期，此時期由第十二世紀之末起直至中世紀之末止，卽算術之算法的階段，殆已進於大學後期之中。後四藝雖然編入於自由藝的總課程，但算術無論在理論的與實用的方面，比早期更爲注意修習，這當然由於此科智識分量增加的緣故。算法的算術，其本質可得而言者：一、印度與阿拉伯的符號記法之應用；二、位値(local Value)的原理；三、零號之使用；四、算盤完全拋棄；五、符號與數字之混合使用(卽代數與算術之併合)；六、由阿拉伯稿本譯爲拉丁文，將東方算術的大量資料，傳入西歐。這時期的一般傾向，對於算術的研究，是沿着實用的與科學的方面進行。然而早期盛行此科之神秘理論，並未忽視；數字特性之幻想推理，仍普遍流行。（註六）第十三世紀之初，爲阿拉伯符號記法之傳入與其採用，替代了羅馬符號記法及算盤。此種基本轉變，——算盤階段與算法階段之間的轉變，逐漸達成，可溯源於第十二世紀印度與阿拉伯算術之譯本，其著名的算學家如下：一、亞達拉德(Athelard of Bath)約於一一三〇年撰有算盤定理(Regulae Abaci)；二、亞巴郎 (Abrahamibn Ezra) 於第十二世紀早期撰有算術論著；三、色維爾的若望(John of Seville)約於一一四〇年撰有算法 (Algorismus)： 四、吉拉德 (Gererd of Cremona，一一一四至一一八七年) 於第十二世紀後期準備了一部算法；五、無名氏一部簡易的算法 (Algorism)，約於一二〇〇年在日耳因南部撰著。此等編譯，在大學興起以前及修院與禮拜堂學校式微之際，次第問世，但不能作爲此時期的教科書。要言之，在算術史上，第十三世紀的早期，實開一新紀元。自是厥後，對於阿拉伯與希臘數學典籍之翻譯與採納，遂成爲整個世紀的主流。而在算術一科，新智識之傳入西歐，便產生兩種效果：一、其實用與擴大而應用於商業；二、對於數學的正式研究，採用阿拉伯的符號記法。第一種之結果，在意大利、英格蘭、及日耳曼的商業中心，當厥後三個世紀之間，算術與代數（一部份）的實用方面，非常發展。此種傾向，以良納德 (Leonard of Pisa 一一七五年生) 爲主要代表。良納德者，乃一商人，好治算學，於一二〇二年撰有算盤書 (Liber Abaci)，所貢獻者包括阿拉伯人對於算術與代數之實用的及理論的智識，但其書對於算術研究之影響，未爲大學所認識。第二種結果，算術之研究，作爲科學的而傳入大學，顯然是最重要的，其代表爲約旦奴 (Jordanus Nemorarius)，乃一黑袍派教士。他撰有算法論證(Algorithmus (Demonstratus)，爲實用計算的一部簡易基本論著；算術論證(Arithmetica

Demonstrata)，爲關於數字理論的著作；論已知數(De Numeris Datis)，乃代數的論著。由於約旦奴的影響，下列的算術著作家，皆宗其師承：一、英人薩克羅波斯古(Sacrobosco，即 John Holywood，約一二〇〇至一二五六年）所著算法論（Tractatus De Arte Numerandi），僅爲約旦奴之書的摘要，此書注重實用方面，包涵算術的定理而無證明，亦無數目之例，分數是省略的。二、布拉德華丁（Thomas Bradwardinus，一二九〇至一三四九年），其理論算術（Arithmetica Speculativa）一書，注重理論方面，包括約旦奴高等算術的原理。三、阿里斯莫（Nicolas Oresmus）爲第十四世紀中葉巴黎大學的教師，其所著比例算法（Algorismus Proportionum）一書，論分數與比例，引述約旦奴的算術與代數之資料，特別關於應付分數與減縮的（Syncopated）代數之部份。事實上，對於分數解釋，阿里斯莫於取材方面表現一種進步。四、摩里的若望（John de Muris），爲同世紀的法國數學家，努力簡化波愛萃斯及約旦奴的理論；其理論算術是根據這些作家而編成，爲理論算術的標準用書。

## 第四節　大學的算術

巴黎大學對於數學課程，並非重視。例如一三六六年碩士學位的規程，只作游移的規定，學生應習過若干數學書籍的講授，像歐克里德原本的首先六冊、普非里的最偉大者（Almagestum）、及畢沙的若望（John of Pisa）之公共遠景（Common Perspective），便算合格。可是，薩克羅波斯古於一二五六年以前曾在巴黎大學講授數學，由此可以推知，當一三六六年以前，至少包涵約旦奴的算法之資料，似在巴黎大學教授的。波隆大學設立算術的講座，數學比在巴黎大學的發達得多。關於論小數與整數算法(Algorism de Minutiis et Integris)課程，對於約旦奴的算法論證之材料，是確切需要的。布拉格(Prague)大學，一三六七年章程所規定碩士學位，要修習算法，根據這年講授時間表來看，其修習可在三星期內完成。在牛津大學(Oxford University)，算術一詞，是採用希臘文意義；算術的教學(第十二世紀及第十三世紀上半期)，包涵數字比例的研究，尤其關於比率、比例、分數、及多角形的數字。以其未曾包括實際的計算，故算盤並未定爲大學的課程。印度阿拉伯的新算術，只在少數大學中教授，通常多依照薩克羅波斯古或亞歷山大(Alexander of Villedieu，約一二五〇年)的算法。這兩書於第十三世紀上半期所著，爲新算術應用零號的流行教本。這樣說來，各大學的算術教程，已拋棄舊式算術，而趨向於新算法的採用了。

(註　一) Ernest Brehaut, An Encyclopedist of the Dark Ages, p.125.

(註　二) Plato, Republic, (The Works of Plato, tr. by B. Jowett, Vol. II), Book VII, p. 276.

(註　三) Ibid., pp.280–281.

(註　四) Rhabanus Maurus, "Education of the Clergy", (tr. by F. V. N. Painter, Great Pedagogical Essays Plato to Spencer, pp.164–165.)

(註　五) 據云算盤的製法，爲一光滑板，縱分此板爲三十行，留三行以供分數之用，其餘二十七行，則以每三行爲一組，每組之三行，又以百十單等字分別記之。依此器各行之用，雖無零號，亦能表任何之數；而算術中之一切運算，亦足以優爲之。

(註　六) 玆舉烏高所說數字的特性爲例，他說：「算術有相等數與不相等數的問題。有些相等數相等的相等，其他相等的不相等，又其他不相等的相等。不相等數亦有三類：第一、是最初的與非混合的。第二、是次等的與混合的。第三、是次等的與混合的本身，比較於其他最初的與非混合的。」(Hugonis de Sancto Victore, Didascalicon, Ch. XI, 756; C, 1–5, p.32.)

# 第九章 幾何

## 第一節 定義與起源

幾何(Geometry)一字，淵源於希臘文：Ge 卽地，metro 卽量度，綴合起來，釋作地面量度之學。栢拉圖認爲：「幾何者，將吸引心靈趣向於眞理，而創造哲學的精神，」(註一)並且，「由經驗證明，在智識的各部份中，凡研究過幾何的人，對於了解的能力，比未曾研究者更爲確定的敏捷。」(註二)

幾何的科學，聞先由埃及人所創，因爲尼羅河泛濫，田土被淹浸之故，遂用界線及丈量，以保存其原來經界。其後，幾何是應用於計算海洋、天空、及空間的面積；但自這種科學乃由於地面的量度而起，故其原始的名稱是保留着。幾何的效用，爲計算的指導，探究萬物，解釋的有隱昧、所有神秘、及所有困難的方法，但在其本身意義言，是概簡的量度。埃及人創幾何，或由面積開始，這面積是由直線所決定而很簡單的。倘由各邊的數字來判斷，無疑的三角有最簡單的利用。凡算術、幾何、及機械學的開端，是非常粗淺的與不完全的，尤以幾何最爲顯著。所有早期的幾何，其本質是直覺的；此卽尋求有關於量度的事實，而非冀圖由演繹推理之任何進行，以說明其所以然。次一步，則爲矩形及三角形的量度。

由直覺的發現之算題，說明其原理的意義，首先見諸泰利士的學旨。泰利士者，乃希臘七賢之一，因貿遷之事，而赴埃及，其後將幾何傳入希臘。但其對於幾何的貢獻，不在定理的發現，而在其證明。屬於泰利士的初等幾何，普通定理有四：一、直徑分圓爲兩等份；二、在任何二等邊三角形，其底角是相等；三、倘兩直線相交，則對頂角相等；四、倘兩個三角形有兩角與一邊對應相等，則此兩個三角形全等。直至此時，幾何幾乎特別限於平面的與立體的量度，泰利士所貢獻者，是提供線的幾何，而使此科成爲理論的。畢達哥拉爲第二位最著名的幾何學家。他於早年離家，四處漫遊，曾謁泰利士，並赴埃及、猶地亞（Judaea）、腓尼基（Phoenicia）、巴比崙、及印度。幾何每稱爲畢達哥拉的「探索」（Inquiry），以其由精神的與智識的觀點，研究其定理。畢達哥拉學派在幾何學上實際的成就爲：一、三角形，其三個角的總和，等於兩個直角；二、「三個二乘方的定理」（Theorem of the Three Squares）；三、各面積與幾何的代數之應用；四、不盡根的數量；五、五種有規則的立體（The five regular Solids）。而點之定義爲「位置的統一」（Unity having position）。畢達哥拉學派迅即建立平面幾何的系統，但立體幾何，並未有大進步。特別的，畢達哥拉學派解決算術與幾何間連接之算題的理論，對此兩部門的合併處理是極爲重要的。簡言之，泰利士與畢達哥拉兩人，奠立幾何與算術的基礎。由畢達哥拉至栢拉圖時期，其間在幾何發展中具有影響的人物如下：亞納薩哥拉（Anaxagoras of Clazomenae，約西曆前五〇〇至四二八年）者，乃亞納息美尼斯之門人，在幾何學上曾解決許多問題。他爲由伊華尼(Ionia)帶給新學問往雅典的早期哲學家之一，並稱此學問爲「太陽、月球、與天空的研究」。他雖在監獄中，尚致力於以方求圓之問題。奧諾畢地斯（Oenopides of Chios）比亞納薩哥拉的年齡爲幼，在幾何上亦負盛名。繼這兩位幾何學家之後，又有希婆卡拉底，是弓形求方的發現者。他編纂綱要(Elements)一書（已佚），藉以促進幾何之學，使學習更易於曉悟。爲欲作一個與圓形等面積之正方形，他所求出的，雙月狀（two-Moon-Shaped）的圖形能畫成其面積共等於直角的三角形之數。對於求方，他並給予解答的第一例證。德謨頡利陀（Democritus，約西曆前四六〇至三七〇年）爲一數學家及物理學家，著有平面及立體幾何、不能比較的界線(incommensurable lines）、透視畫法、及數字等。希畢亞斯（Hippias of Elis，約西曆前四二〇年）乃著名詭辯家，殆與蘇格拉底爲同時人，其所以享譽者，僅以求出一高等曲線(higher Curve)，其後稱爲二次曲線(quadratrix)，而其應用的，初則爲三等分的任何角，後則爲作一個與圓形等面積之正方形（Squaring the Circle)。

栢拉圖爲一位畢達哥拉學派的哲學家，曾促進一般的數學，且以其自己的興趣，在研究上特別注意幾何。他對於幾何所用之方法、定義、與論理，提出各種改進，且對於幾何的研究，定爲有高度的教育價值。他在亞加達美（Acadamy）森林中，設立學校授徒；校門之上，刻有題詞：「未習幾何與數學者，莫進此門！」在其理想國一書裏，認爲幾何乃屬於永恒性智識，特別注意。栢拉圖於高級教育的課程中，包涵幾何。教授此科之目的，在訓練學子保持其注意力的確定而不致心思散漫；誠如是，當從這方法練習而使其智慧敏銳後，則學習重要問題能較爲容易的與迅捷的了。他並撰著幾何的基本原則與定理，例如點之定義爲「一點者，一直線之始」；線之定義爲「無廣狹的長度」，及建立「等量減等量，其差相等」之定理，爲後來數學家所取法。在這時期，並有阿克塔斯、攸度沙斯、里奧達馬斯(Leodamas of Thasos)、及退亞德陀斯(Theaetetus of Athens，約西曆前四一五至三六九年)

等名家輩出，增加定理的數量，更進一步，以趨向於成爲一種科學。阿克塔斯者，栢拉圖的摯友，是最先解決立方的求邊問題者之一，此立方的體積爲一個既定的立方的體積之二倍。無理數(Irrationals)的發現，其最重要結果之一，爲攸度沙斯所介紹比例的幾何理論；在其以前，僅有比例的算術理論。他並能分割一線爲比例之中末率稱爲「黃金分割」，而「窮舉的方法」(Method of Exhaustion)，亦爲其所常用。亞里斯多德在其系統化演繹的論理學中，由於修正若干最困難的定義，對幾何以很大的幫助。他討論「繼續」一詞所下的定義：「一物既與他物連續的，則兩物之有限的極端，在其本質中它們互相和合而變爲一種及相同的物，並（以其眞正名詞所表示）爲『合成一體』。」（註三）在其所著物理學（Physics）一書，有幾節含有可能速度的原理之暗示。亞里斯多德的弟子攸地摩斯，著有希臘幾何學史，早經遺逸。美尼克摩斯則爲攸度沙斯的弟子，亦發現幾何上圓錐形的或三圓錐形的部份。

在早期亞歷山大里亞學派中，初等幾何，實以歐克里德爲盟主。他所著之書，原沒有稱爲幾何，或因這名詞仍關於地面丈量之故，遂僅稱爲原本。此書第一、第二、第四、及第六冊，論線、面積、與簡單有規則的平面圖形。第三冊，論圓形。他用心於攸度沙斯之算術方面著作，於第五第六兩冊中解決幾何的形象，並注意的處理各種窮舉的方法。第七至第九冊，爲算術的解釋，作對第十冊無理數更完全處理之準備。第十冊，是關於不能通約的或無理數的數量之理論。第十一冊，論立體幾何、角錐的量度、圓錐形、球體及其他。第十二冊，由正式的證明希婆卡拉底求圓形面積的定理以解釋各種窮舉的同樣方法。此兩冊，乃關於平面與立體幾何之優良基本的論著。最後，第十三冊開始論述五種有規則的立體（five regular solids）。歐克里德的原本，可以說是集各幾何學家的大成，像泰利士、畢達哥拉、奧諾畢地斯、阿克塔斯、希婆卡拉底、攸度沙斯、及退亞德陀斯的原理，皆爲其書所採引，使幾何成一有系統之學科，而爲學習之捷徑。在歐克里德後，繼有亞基米德。當幼年時，亞基米德曾住過埃及。他爲古農（Conon）及埃拉托色尼的摯友，似直接繼承歐克里德的學旨——或與歐克里德本人在亞歷山大里亞共同修習的。亞基米德撰有許多名著：一、論球體與圓柱體；二、圓形的量度；三、論似圓錐體與橢圓體；四、論螺旋形；五、論平面的平衡（Equilibrium of Planes）；六、二次拋物線（quadratue of the Parabola）；七、論浮體。他的研究，一部份是屬於初等幾何。他發明整數的微積分（Integral Calculus）。由此可釋作，他對於求曲線與平面的面積、體積、與重心、及圓形、球體、圓錐形、螺旋線，給以精確的證明。最足自豪者，莫如計算圓球與其內切圓柱之相對大小。又嘗求得槓桿之原理。其所解圓面積與半徑關係的問題，比埃及人尤爲精密。故其對於球體的幾何，有極大進步。且由於他的求切線至螺旋線（Spiral）的方法，更可進至現時所謂微分幾何（differential geometry）了。又有愛婆龍紐斯者，享有「大幾何學家」之譽。正如歐克里德致力於初等幾何一樣，愛婆龍紐斯則致力於錐體論。他對於曲線的定義，和圓形問題之解決，亦有很大的貢獻。而老希倫（Herom the Elder）氏者，其幾何的性質，乃埃及式而非希臘式，他常提出定法定則而無證明，但其著作，足供實用之需，故對於羅馬與中世紀，頗有影響。

後期亞歷山大里亞學派中，最著名者爲托里買（Claudius Plotemaeus，紀元一六八年卒），於其數學總覽（Syntaxis Mathematica）一書中，論述幾何與三角，尤其後者的規模，由他所完成。然其研究三角之目的，在研究天文，故弧三角發達較早於平三角者，無足怪的。托里買以後一百五十年間，無顯著之幾何學家；最後爲巴普斯（Pappus，約西曆三四〇年生），於其巨著數學彙編（Mathematical Collection）中，包涵希臘幾何的全部範圍。此書乃一部大傳註，編纂之目的，志在研讀各種原本（尚存的部份），而不在創作的。但其對幾何所求出著名的定理，爲決定旋轉面（Surface of revolution）之體積。

綜上言之，希臘的幾何思想，儼如巨塔，巍然獨立，睥睨衆學；又如甫導濫觴，便衍爲巨浸。後之學者，踵武師承，不過仰高鑽堅，溯接細流而已。

## 第二節　羅馬的幾何

羅馬的學校教育中，幾何並未佔有顯著的地位。一般承認的，幾何乃供應一種有價值的智力訓練，但其實用價值，並非認爲很大的，因此，這種學習是不能作長久的堅持。西塞祿認爲幾何處在較高尙的地位，用於量度與計算。他表示幾何所表明的價值之淸楚領悟，作爲對演講家的訓練。辛尼加論幾何之實際目的，謂：「教我以丈量田畝之藝；教我以量度我的食量，知何時已充足；教我與我的昆季分配，及以我的芳鄰之興盛爲樂。」（註四）羅馬人在幾何之下，每分爲算術、幾何、地理、與天文的科學；教授是由一特別教師，卽幾何學家所擔當。在其狹義言，幾何是簡單的視作量度之練習。從廣義言，根據昆體良的觀點，幾何是「有時適用於演講家的智識之一部份。」他並說：「一個演講家所講各種問題，如非有幾何智識，確實無人能成爲一完全的演講家。」（註五）關於研究幾何的效用，昆體良說：「人們承認的，對其稍為注意，在幼年時期是有益的；他們亦認為，想像力受了刺激，其其力由此銳敏的，而悟性的迅捷，就因此產生了。」他又說：「良以幾何將數字與圖形之間分開，無疑的，數字的智識，不僅對於演講家，並且對於每一個初學者所需要。直線圖形的智識，亦常在案件中應用，蓋法律的訴訟，每因界線與量度之故而發生。」（註六）此代表當時羅馬幾何的理論，完全基於實用的觀點，若比之希臘所具幾何的智識，尚瞠乎其後。故羅馬人在數學上的成就，決不能與亞歷山大里亞的希臘人，相提並論。即使對幾何的專心研究，不過由少數的歐克里德之算題所代表。卡比拉的語言與風神的結婚書中論幾何藝篇，介紹歐克里德原本之區區片段；但觀於第一個定義的翻譯，表示其對數學上了解，尚感十分缺乏。

當第一世紀時，佛朗提奴(Sextus Julius Frontinus，一〇六年卒)著有實用幾何(Practical Geometry)。約在第二世紀，巴爾布斯(Balbus)撰有關於幾何基本概念的論著；菲勒古(Siculus Flaccus)著有論耕土的狀態(De Condicionibus Agrorum)，兩者對於羅馬的測量智識，極為重要。羅馬專家，並非有興趣於幾何的數學上理論，其應用這種科學，不過為丈量土地之實際目的。測量家所需少許數學，乃由希臘文翻譯而得，是以僅能在實際上應用而無任何理論上智識。故西塞祿說：「希臘的數學家已踏進於純幾何的範圍，而我們自己却限於計算與度量的實用」。對此問題，嘗慨乎言之！

## 第三節　中世紀的幾何

中世紀學校教授幾何，是溯源於卡比拉、波愛萃斯、及依西多祿的而來。他們所編撰之書，由中世紀以迄於第十三世紀，用爲重要的教本；但其內容，包涵地理成份却比幾何爲多。在這時期，根據普林尼的及其他的地理論著之摘要，大量應用，而對這種論著之參考研究，作爲後四藝的一部份，也非常普遍。此種情形，直至第十世紀當波愛萃斯的幾何被格爾伯所發現時爲止。卡比拉的論幾何藝篇，其內容大部份爲論地理，僅在書末討論線、形狀、三角、四角、圓形、角錐、圓錐形、與立體的定義，對幾何無適當的範圍，亦無測量的論列。波愛萃斯的幾何，第一册取材於歐克里德原本前三册的定義、三角形、四角形、與若干圓形及多角形的理論，而遺其題證；第二册，則取材於佛朗提奴的。藉波愛萃斯的意譯，歐克里德的原本，在黑暗時期却變爲著名。加西奧多的幾何，內容簡短，僅包涵些少定理。依西多祿的論著，更爲小量的。

第八世紀之初，伯達曾致力於幾何的促進，撰有一篇圓形的短文，並編有一部幾何。阿爾昆宗波愛萃斯的學旨，其主持之宮學，學生們雖學習以求三角形、矩形、及圓形的面積，但幾何並非重視。莫路斯於傳教士的教育一書裏，敘述幾何的範圍，亦可窺當時對幾何的概念。他說：

「這（幾何）是由觀察而作方式進行的一種解釋：這也是哲學家們所表示很普通的方法，他們每立即援引最有力之證據，謂羅馬大天神於其造化中曾使用幾何。……當其在一適當方法中是轉移至天主，即萬能造物主時，這種假定或可近乎眞理。如謂這種說法可信的，則聖三位一體對幾何的使用，誠以它將各樣形體與形象，賦予受造之物，迄今叫做成爲生類，而以其堪崇敬的全能，它更測定星象，規定對於行星的運行，與指出以確定星宿的不變之位置。由於各種優異的與善爲處理的安排，使造成這種科學的特別需要。……這種科學並覺得實現於猶太人禮拜堂及寺宇的建築

，同樣的量度桿形、圓形、球形、半球形、四角形、及其他形狀，都是採用的。」（註七）

第十世紀之末，格爾伯發現兩種幾何名著，對於幾何的發展，甚爲重要。第一種爲亞卡里安奴輯鈔（Codex Arcerianus），此書內容由定義開始，其次討論量度的各單位，自是以後，跟着大部份高度與距離的測量工作，其中包括歐克里德幾何的片段及後期羅馬帝國著名測量家論著的殘篇，而爲基督教學校所採用者。第二種爲在孟都亞（Mantua）的波愛萃斯幾何。他所發現波愛萃斯的幾何，原有兩部：第一部，完全根據歐克里德的原本，包括第一第三冊所發表之定義、原理、與注釋；第三第四冊之若干命題；與第一冊最先三個命題之完全證明。第二部包括幾何圖形面積的計算。故波愛萃斯的幾何，乃歐克里德的摘要，而非創作的。此種殘篇的資料，構成格爾伯自己對於幾何著作的基礎，但其表現的，是受輯鈔的實用內容所影響，而與波愛萃斯所宗之歐克里德學派的特點，關係很微。他撰有一部極不完備的論著，討論幾何而沒有包涵確證的，故學者們不認其有任何創作性，但可視爲第十三世紀之末以前，代表各學校幾何教學的全部。格爾伯應用若干不準確的方法，以求面積；並應用測太陽星宿高度的儀器（astrolable）與鏡，解決關於測高與測遠的問題。簡言之，中世紀基督教學校對於幾何的教學，僅限於定義的講授與由定理及圓規所成少數簡單作圖的演算。此所謂幾何的「黑暗時期」，歐克里德的影響，實際上已不復存在了。

在第十一世紀以前，幾何固有的研究，純爲實用的，即用以定晝夜祈禱的時間。例如聖加爾修院，沒有時辰鐘，僅由對太陽與星宿的觀察而規定時刻。因此，幾何不克與天文分離的。它並且與地理混合。聖加爾的院長諾特卡（Notker），於其致沙魯摩（Salomo）的書札中，說及幾何爲教師們用以研究環球上各國形勢的學問之一部份。烏高亦採此說，認爲幾何乃測量世界的一種科學，他說：「幾何有三部份：卽平面求積（planimeter）、測高（altimeter）、宇宙求積（Cosmimeter）。平面求積者測量平面，卽縱與橫，及擴至前與後，左與右。測高者測量高度，並擴至上與下。對洋海求高，卽深度；樹求高，卽高度的。宇宙既知爲世界，故其所以稱爲宇宙求積者，卽世界的測量。這是球形的量度，卽球形的及圓形的，好比一個球及一個蛋，何以仿自世界的球形，乃以其特優，故稱爲宇宙求積者，不僅因其專論世界的測量，而且在各球形中，以地球的球形最爲有價值的。」（註八）

## 第四節　大學的幾何

中世紀各大學中，幾何的教學，與是時各基督教學校所授者稍異。幾何的實際學問，起自第十二世紀。當一一二〇年亞達拉德及一一八八年吉拉德將歐克里德的原本，由阿拉伯稿本譯爲拉丁文後，卽發生變化，最後列入於各大學課程之中。故幾何亦如算術一樣，第十二三世紀之際，乃構成其研究發展之轉變的階段。對於教材，自幾何智識的增加，卽爲各大學非常迅捷的採用，而爲擴大幾何課程的一部份。自是厥後，波愛萃斯與格爾伯的著作，在大學中被拋棄，留下科學的純理論幾何，作爲課程中一種科目。此時幾何著作的名家，一爲良納德，一爲約旦奴。良納德撰有實用幾何（Practica Geometrae，一二二〇年），集歐克里德以降之幾何大成，內容編纂，亦精巧而嚴謹。約旦奴撰有三角論（De Triangulis，約一二三七年），其所改作的歐克里德理論，在大學時期以迄於文藝復興，爲幾何教學之用。

巴黎（一三三六年規程）、牛津、布拉格（一三五〇年）、維也納（一三八九年）、海德堡(Heidelberg，一三八八年）、哥隆（Cologne，一三八八年）等大學，其規程所定，凡學生欲領取碩士學位或執照者，必需修習歐克里德的原本。波隆、布拉格、維也納、來比錫、巴度亞(Padua)、畢沙(Pisa)及哥隆等大學，則經常規定修習其全部。其他大學，只規定修習五冊或六冊。即使在巴黎大學，曾缺乏數學的興趣，考試或不逾第一冊之範圍，但在中世紀後期，也規定修習歐克里德的全六冊（但非前三冊）。因此，凡大學學生之欲領得文科學位者，必須精熟歐克里德的幾何智識，最低限度應包括三角形及四角形之理論、畢達哥拉理論對於大量作圖的運用、圓周的定理、內接的及外切的多角形之定理、幾何的比例之解釋、圖形的相似等。此外，數字之理論（原本第七、八、九、十冊之內容），作爲理論的算術之一部份。此爲平面幾何的相當完全之智識，作爲後四藝之一部份而授給的。在牛津大學，所規定幾何的教程，包波愛萃斯與格爾伯的讀本，此乃對歐克里德原本的第一冊，及由第三第四冊所選出些少算題，供應其說明。對於面積量度的實際應用，常附述於註釋的形式之內。雖然如此規定，但對大部份學生言，覺得太艱深了，而他們對原本第一冊最初的算題之定義與說明，大部份也感茫然的。這樣說來，各大學對於幾何的研究，尙未用其全力以發展之。

（註一） Plato, The Republic, Book VII, (The Works of Plato, tr. by B. Jowett, p.283)

（註二） Ibid., p.284.

（註三） Aristotle, Physic, Vol. II, Book V; III, 227 A, 10, p.39. London, William Heinemann, 1924.

（註 四） F. V. N. Painter, Great Pedagogicl Essays Plato to Spencer, p.101.

（註 五） Quintilian's Institutes of Oratory, tr. by John Solby Watson, Vol. I, Book I, pp.87–88.

（註 六） Ibid., p.85.

（註 七） Rhabanus Maurus, Education of the Clergy, (tr. by F. V. N. Painter, Great Pedagogical Essays Plato to Spencer, pp.165–166.)

（註 八） Hugois de Sancto Victore, Didascalicon, Ch. XIII, 757 B, p.33.

# 第十章 天文

## 第一節 定義與起源

天文（astronomy）一詞，溯源於希臘文「星」（astron）字而來，nemeni 字之義，釋作分配。（註一）將兩字綴合起來，天文者，卽爲星宿分配之學的。根據依西多祿的定義：「天文是星宿的定律，追查天體運行的理由及其形狀，與星宿關於相互間，及關於地球的經恒轉動。」（註二）天文的內容，由許多類所組成。「其所下定義：何謂宇宙，何謂天空，何謂地球的位置與移動，何謂天空與地極的樞軸，何謂太陽、月球、與星宿的運行等。」（註三）統言之，天文的範圍有三：一、分別時間，以劃定各國的日曆；二、測量各處星度高低，與其相距遠近之不同；三、測量日月星宿與地球相距離的。

在埃及、巴比崙、及亞洲的若干地區，其氣候適宜於居民以默想天空，仰察星宿的轉動。因此，埃及與巴比崙人，經恒觀察天體的轉動，比其他古代各民族而富有技術，天文的發展亦較早。泰利士者，稱爲希臘天文的鼻祖，傳埃及天文於希臘。他曾教埃及人由塔影以測量金字塔之高度。他並創出：月球靠太陽而得光、地球是圓形的、及一年長度包涵三百六十五日。但其最重要而被人牢記者，乃關於日蝕的預言（西曆前五八五年五月二十八日）。其弟子亞諾息曼德主張，謂太陽與月球的形體，比地球爲大，故對它們的大距離，曾作首次之暗示；他並採取許多步驟，使地球對宇宙的其他部份，列入適當的關係。泰利士之後，最重要的人物爲畢達哥拉，他曾漫遊東方，最後遯隱於意大利南部之克洛頓(Croton)。畢達哥拉本人及其學派，在天文史上佔着一重要地位，其所貢獻者，謂宇宙與地球在形體上是圓形的；地球環繞太陽而旋轉；觀察晨夕星宿的相同；或為最早提出，行星以及太陽與月球各有其自己的由西至東的轉動，而與恒星（fixed stars）的天體每日自東徂西的循環，是相反而獨立的。

栢拉圖聞說曾對其弟子們提示，以不變圓形的或球狀的旋轉之解釋，作為有價值的問題。其所撰泰米阿斯(Timaeus)一書，包涵天文的智識，討論天空的各種現象及行星的旋轉之錯綜情形。栢拉圖對於天文的見解，與流行的觀念不同，認為這科主要的是對於農業家、航行家等，授給時間及季節的智識。在此書之末，他並撰有論天體的短篇。依其理論，太陽、月球、行星與恒星，各旋轉於八個同中心的輪，環繞着貫穿地球的中軸之上。由與地球最接近的星體排起，其次序為太陽、月球、水星、金星、木星、土星、及其他各星。太陽、水星、與金星，在同時表演其公轉，而其他行星則較慢的轉動。在其敘述中表示，栢拉圖認為金星與水星的旋轉，是與其他行星的不同。他並稱月亮乃由太陽所得之反光。栢拉圖的弟子攸度沙斯，企圖由等速圓形旋轉的一種聯合，以解釋天空旋轉的最明顯特性。他似乎為最初試藉幾何之助以表明旋轉者。亞里斯多德對於同中心的各球體之純幾何假定，具有興趣的。他採納攸度沙斯與加立普斯（Callippus）之行星的規畫，但其想像每基於形而上學的見解。他視各天體為實質體，因此將巧妙的與優美的幾何方法，變為一種混亂的機械主義。可是，亞里斯多德的天體，並不為繼承其學的著名希臘天文學家所採納。他主張地球應定為宇宙的中心，而相信天空與天體為球形的。蓋由月球之圓缺測定，以證明月球為球形；深知月蝕之起，乃地影所掩，當在偏食之時，見地影掩月之處，必成圓狀，可知地球亦爲球形的。

亞歷山大里亞學派中，歐托利古斯（Autolycus of Pitane，約西曆前三百年）爲一著名幾何學家，著有轉動的天球（Of the Sphere While Moves)及星宿的出沒（Of the Rising and Setting of the Stars)，此兩書雖然是初級幾何的性質，但其所表示者，殆爲幾何的天文學之開始。亞里斯塔克（Aristarchus of Samos，西曆前三一〇至二五〇年）預示太陽中心的理論，首次冀圖以幾何原理測量各天體的距離。他認爲各恒星與太陽保持不動，地球則在環繞太陽的圓周內旋轉，太陽者處在軌道之中央，而處在約與太陽相同中心的恒星之天體，乃同樣龐大，在其圓周之內，他假定地球所旋轉者，對於作爲天體中心支持其表面的恒星之距離，有一種比例。埃拉托色尼爲一著名地理家與天文學家，發明一個多環的球體（armillary Sphere)，由此量度，各天體的位置可屬於水平面、赤道、或黃道的。這儀器在亞歷山大里亞用途極大。他爲實測地球之第一人，計算地球之狀，相信爲一圓形，其直徑約七千八百五十英里。喜帕卡斯(Hipparchus，約西曆前一九〇至一二〇年)是觀測的天文之始創者，轉而注意於行星，計算星宿而安排之於各星座；他認爲其大小不均的（inequalities)，需較長期從有系統的觀測，方得其解釋。同時，他對亞里斯塔克所測定年之長度，一部份修正其所得之值。在一篇論年之長度（On the Length of the Year）短文裏，由其自己對夏至的觀察，比一百四十五年前亞里斯塔克所測定者，發覺三百六十五日半是太長的，而算出爲三百六十五日五小時五十五分十二秒，此超過眞平均的回歸年（tropic year）約六分鐘又二分之一。由於喜帕卡斯對於大年（Great year，三〇四年包括一百一十二個閏月）的估計，遂求得平均太陰月(lunar month)之長度爲二九點五三〇五八五日，或二十九日十二時四十四分二秒半，比現時所採取二九點五三〇五九六日的數字，相差不及一秒。無疑的，喜帕卡斯必曾接近於巴比侖人的計算，尤其對於納布里安諾(Naburiannu，約西曆前五百年)及克丁諾(Kidinnu，約西曆前三八三年)的，以前者算出為二九點五三〇六一四日，後者為二九點五三〇五九四日。喜帕卡斯並研究太陽與月球的轉動，構成各種理論，以計算其所見在進行中不斷的變動。且以其創造力，能在天體運動中，測定兩春秋分(two equinoxes)每一個之地位，與其處在極相近的星宿之關係。故他發現天體運動，卽所謂歲差(precession)，足堪注意的。

托里買者，乃一希臘的或埃及的天文學家，西曆一三八年完成其數學總覽(Syntaxis Mathematica，阿拉伯文的名稱為最偉大者 Almagest，八一三年由阿爾邁蒙 al-Mamun 所譯)一書，包涵天文的百科全書，一部份由其自己創作，但主要部份則參考喜帕卡斯的著作，故列一千〇八十顆之星宿表，對其表示最大的歎賞與欽仰。他宗喜帕卡斯之說，以地球為天體運動之中心，此卽地球中心理論，稱為托里買的體系。此書共有十三册，首兩册檢論較簡單觀察的事實，像天體的每日轉動、與太陽、月球、及行星的一般轉動，又有關於天體與其轉動的許多論題，像日之長度、及地球的各地區星宿出沒之時間；並對若干重要的數學問題，予以解決。在此開端最感興趣的部份，是討論其天文(第一册二)之假定。這些假定之最先者為地球是圓形的，及地球是天體的中心。第三册論年之長度及太陽的理論。第四册論月之長度及月球的理論，包括其最重要發現者之一，卽在月球的轉動中有一種另外不平均，而這轉動，一部份依靠其與太陽有關的地位。托里買之發現，乃其於異時由觀察以檢討喜帕卡斯的理論而得。第五册，包涵主要的天文器具之構造與應用的說明；這器具為分度的各圓形之一種結合體，稱爲觀測星體位置之儀器（astrolable）。其次，對月球的視差（Parallax）及太陽與月球的距離，作詳細的討論。第六冊，專論日月蝕。第七第八冊，論歲差，並有一個包涵一千〇二十八顆星宿表。最後五冊，論行星的行道及其理論，此乃托里買對天文有創作性最重要的貢獻。托里買爲天體運動問題之泰斗，故此書用爲標準的天文教本，而支配人心者凡一千五百年。

## 第二節　羅馬的天文

羅馬人初時並未從事於天文的問題，稍後始注意，但當時其大部份乃爲實用之目的。他們從未有像構成希臘之宇宙推測的基礎，而發展一種數學的天文。可是，在沙爾斯堡（Salzburg）曾發現一塊銅版，刻有星座的名稱與形狀。普林尼（Plimy，二三至七九年）說過，在他的時期，定名的星宿有一千六百顆。他並認爲這些星體是由火組成而充滿空氣的。在帝國時期，各學校對於天文，比幾何尤爲重視，——一部份以其對於定曆與年代學是必需的，而另一部份，因在這時期它變爲與占星學有密切的關係。當奧加斯都朝，天文的研究所以成爲通俗化者，由於兩部以詩詳解的論著所促進：一部爲希眞諾的久已蜚聲之詩的天文（Poetic astronomy），另一部爲現仍存在之馬尼留斯的詩學。其後，流行的天文，由於亞威諾斯（Festus Rufius Avienus，約三八〇年）的拉丁文詩歌著作所代表的。此種天文的著作，乃宗亞拉都斯（Aratus of Soli，西曆前二七一至二一三年）所著希臘文詩的天文的現象（Phaenomena）而演述的。

羅馬人對於增進天文的理論，至少在自由藝中佔着一種科學的地位。早在西曆前第一世紀，發祿於其已佚的科學九書中，指定一冊爲占星學，卽天文。少辛尼加亦爲一嗜藝者，每基於宣道家的觀點以解釋天空。其所著自然的問題（Naturales Quaestiones）一書，主要的論述天文、氣象學、及自然地理、表示對於氣候、地震、及類同的現象，有一種特別興趣。中世紀時，此書曾用爲天文的教本。普林尼於其浩繁的自然史（Naturalis Historia）第二冊，敍述宇宙的構造，但此僅爲一種非專門性質的綱要。天文的淺學者，每學習維特魯威阿所提供日晷儀的構造法，或研究第三世紀陳蘇累斯所撰的年代學與日曆。卡比拉的語言與風神的結婚第八冊論天文藝，爲一部重要的教材，應用於許多個世紀。在宇宙學的理論中，卡比拉謂地球處在宇宙的中心，環繞地球的，各行星循着各條不同中心的軌道而旋轉，他並且在地球中心的轉運(geocentric deferent)中，瞭然敍述太陽中心的軌道(Heliocentric Orbits)。或水星與金星的周轉圓（epicycles）。根據卡比拉的意見，這些行星環着太陽旋轉，太陽在星列中則佔着中心及支配的地位，而經此的各圓周之轉動，並不包涵地球在內，蓋地球是不動的。此書除略論初級天文的理論外，並有許多關於星座的寓言資料。

## 第三節　中世紀的天文

自羅馬帝國崩潰後，與封建的歐洲確定形成之前，乃一混亂時期，對於天文(或任何其他自然科學)，自托里買之後，幾乎處在一眞空狀態，歷五百年之久。學者最聰慧的智力，並非專注於實際的生活，而爲神學所佔有。早期的中世紀，並不熟知希臘天文各名家的論著，其領略希臘天文的理論者，僅藉羅馬人之著作爲媒介。這種次一等的智識，由普林尼自然史所得者，是非常零星的。卽使以全部天文的教學而論，中世紀的學子，可在喀爾悉狄斯(Chalcidius，其著作一部份曾譯栢拉圖的泰米阿斯爲拉丁文，附以評註)，馬古魯比阿斯（Ambrosius Theodosius Macrobius）、及卡比拉的論著中揣摩，但比諸自然史所舉論的，並未勝過許多；而且，此輩作家提出之意見，聚訟紛紜，輒生矛盾。因此，一方面由於羅馬人對於天文的論著既如此綜錯，一方面受着基督教教士們著作之權威立場的影響，中世紀的作家們遂傾慕於教士以學習天空的智識。試從天文研究的本身來說，整個中世紀，天文或爲後四藝中最普遍之一科，誠以其暗示的至少與後四藝的算術幾何兩科有聯繫，而人們日常生活，受着此科很多實際的影響。日晷的時期，對於天體運動的普遍興趣，較諸用時辰鐘及羅盤的時期爲大。此外，中世紀所特別酷愛之占星學，亦有助於天文研究之促進，故人們對於占星學，恒以「天文的無智女兒」目之。計算耶穌復活節問題之重要性，又爲刺激天文興趣之另一因素。最後，地球中心的理論配合於當時神學的教義，更爲强有力的鼓舞天文的潛修。當政教合一時期支配着人們的思想，對於此科的研究，在其本質上自然有很普遍的吸引力了。又從中世紀所具有天文智識的分量言，約可分爲三個時期：第一、第十二世紀以前；第二、第十二世紀；第三、由第十三至第十六世紀。玆分述如下：

托里買的天文體系，實際上勝過亞里斯塔克的，而在第五世紀之末，波愛萃斯將宇宙學（Cosmography）譯爲拉丁文，對於這書，他附加各種數學的著作，一部份譯自希臘文，其餘乃其自己的創作。在這種論著中，他以淵博的智識，評論畢達哥拉及托里買對於宇宙創成之理論。加西奧多所撰者，僅有若干天文名詞的定義，乃托里買體系之簡單的概要，但對於日月蝕的原因，並無解釋。依西多祿爲早期中世紀天文的名師，其探源論第三冊，論述此學，較加西奧多爲詳；對於天文的解釋，雖大致相同，但擴大其範圍，包括天體對於地球的效果之研究，其定義是更圓滿的與清楚的。他對地球中心的理論之發表，是很重要的，但以其書三分之一篇幅，僅列舉星宿的名稱。他認爲占星學乃天文智識有價值的部份，具有其科學方面（星宿的觀察與研究）及迷信方面，即相信星宿的運行對人們的休咎有關係。此書其他部份，包涵天地學與宇宙學性質的資料，保存羅馬人對自然史著作的節要。伯達撰有物性論（De Natura Rerum），卽宇宙學的及世界學的百科全書，包括年代學、太陽、月球與行星的運行，季節、氣象、氣候及地理的變化等，其主要內容是根據普林尼及依西多祿的。他對於年代學饒有興趣，尤其對於耶穌復活節的日期，篤守奉正說的羅馬觀點。論時節（De Temporibus）及論時節原理兩書，是在七二五年所撰，對宇宙、太陽、月球、及行星的測量，並對其轉動與時間計算所根據的，加以解釋。此等書，包涵耶穌復活節計算及年代學修習所需要的全套材料，故爲最重要的天文教本，留傳於許多個世紀。是時，天文除計算耶穌復活節日期外，也需要季節、行星、及星座的智識，以決定教堂的慶節與業務的適當時間。當沙里曼大帝立宮學時，並未裁減各種精密的科學。天文及幾何學家，與自然哲學家、音樂家、詩人，同列於朝。愛爾蘭的文法學家與天文學家的登格爾（Dungal），受任爲監督修曆所必需的研究，及校閱天體現象之年記；他的工作，是由阿爾昆、亞瑪拉里（Amalaire）、及莫路斯所勷助。於八一四至八一六年間，他撰計算（Computus）一書，共四册，爲一部天文新論著。阿爾昆亦受聘主持計算太陰與太陽年，及由天文的觀察，以解釋每月剩餘時數的處理，因此，一年盈餘五日六小時，及每四年應得一閏年。當七九七年，十九年的循環期之完成，需要加揷一日，以免在日曆中的混亂，故阿爾昆提議，於十一月的月份，算定爲三十一日。他著有太陰之運行及閏年論，以範圍所限，僅應付計算的天文。他當然熟諳伯達的物性論，但對天文的充份明瞭，逾乎伯達乃至普林尼的自然史。莫路斯的論計算書（Liber de Computo），屬於兩種性質的論著：一爲計算的，另一爲天文的，完全支持伯達及阿爾昆所倡導的天文之傳統旨趣。研究天文學之目的，莫路斯曾作如下的論述：

「天文者，即我們現時所說的，乃教授多星的宇宙之法則，星宿能佔有其地位或成就其轉動者，僅憑造物主所定之體例，若非藉造物主的意旨，則奇異的轉變就發生了。……天文的部份，即對自然現象的研究而設置，爲着測定太陽、月球、及星宿的運行，及爲着實行時間之適當計算，基督教的教士應從勤奮以求專修者，志在藉法則的智識以發現，及志在藉證明所授有效的與可信的證據，使其自己不僅根據眞理與實在而可測定往年的運行，並且加倍的以推求可信的結論，及確定耶穌復活節的時期，與所有其他慶節及聖日，而對會衆宣佈其適時的慶祝。」（註四）

簡言之，伯達、阿爾昆、及莫路斯等著作之主旨，爲在此時各學校中設置天文課程之最低限度的要求。這種最低限度，比僅求計算耶穌復活節的技術上智識，超過很遠。在其他天文智識中，包涵太陽、月球、及星宿的運行，與季節變化的研究。伊里基納私淑卡比拉的學旨，對天文很有名。在其所著宇宙區分論（De Divisione Natura）一書中，相信地球是宇宙的中心，並且認爲水星、金星、火星、與木星等四行星，環繞着太陽，太陽者處在地球與恒星天體間之半途。各天體間之距離，皆爲一種有規則的算術之定理，而適應天體諧和之理論。天體的空間分爲六個，連同地球本身的直徑，共爲七個。太陰軌道、太陽軌道、及恒星天體之軌道等半徑，等於地球圓周之半徑長度的三倍、七倍、與十三倍。此書對於天文提出許多重要意見。其天文學的要旨，也許爲巴拉（Tycho Brahe，一五四六至一六〇一年）天文基本觀念之顯著的先見。

至於各修院與學校的天文教學，像在後期羅馬帝國中享譽之老辛尼加的著作、亞拉都斯的現象、馬尼留斯的天文、希眞諾之詩的天文、以及埃拉托色尼的四十四星座名稱錄等名著，常用爲教本。天文的儀器也應用的。在聖加爾修院，天文課程的主要部份，本質上分明是實用的。這是應付時間的區分及其量度、太陽與月球的運行、日月蝕、希伯來希臘與羅馬的日曆、星座的名稱、黃道的十二宮、冬夏至及春秋分等。天文的高等部份，則向古曲的教本而修習，像亞拉都斯的現象，及亞普琉斯（Apuleius）關於畢達哥拉的天體之論著等。修士們繪畫各星座、觀察日蝕月蝕等天文現象、及在修院紀年史中紀錄天文變象的，以爲常課。約當第十一世紀時，沙脫爾的大禮拜堂學校，其天文授課之實際目的，乃爲教堂日曆之計算。學生學習黃道十二宮，並以觀察星宿的儀器，教其求年的方法。這儀器爲代表各星座的球體（像格爾伯所造的），靠一條管作爲軸心而轉動，此用以確定南北極的星宿。提亞里介紹許多天文名著於沙脫爾，一一四四年，由達爾馬西亞人（Dalmatian）的赫爾曼（Hermann）之手，獲得托里買的平面天體圖（Plainsphere），是由阿拉伯文譯爲拉丁文的。在沙拉（Sagra）的聖密克利（St. Michele）及披陳沙（Piacenze）大禮拜堂，約於第十二世紀，由尼古魯（Nicolo）所刻之天文圖，或可窺當時構成天文的智識。在聖密克利大禮拜堂，他刻有星座的體系，並加上黃道十二宮。披陳沙大禮拜堂的拱門之內形（archivolt），在頂上之中心，爲天主之右手，處在全宇宙的轉動中。在兩旁則爲天主之宰輔的太陽與月球，然後繼之以一星宿及一彗星，兩者由天主一位大臣的天使使其旋轉。其次，臨之以兩種主要風，——卽東南風（Eurus）與南風（Auster），表示不僅爲各天體的轉動，並且爲風的轉動以及天主所管理。最後，爲黃道的十二宮，每邊分列六個星座。此種天文圖，帶有神學意味，顯示一種深奧的象徵主義。

第十二世紀的天文是進步的。托里買的最偉大者，曾傳入東方的阿拉伯學校及第九世紀以後西方的學校中，爲第一部由阿拉伯文譯爲拉丁文之書。早在一一一六年，泰伏利（Tivoli）的栢拉圖，將阿爾巴達尼（al Battani）之阿拉伯本最偉大者翻譯。由於意大利及西班牙的書本，此天文資料，續傳入歐洲其他的學術中心。故自第十三世紀中期起，阿拉伯天文的智識，便爲歐洲所享有了。約在同時，歐克里德的原本，由亞達拉德所翻譯，對天文學以多少鼓舞。聞吉拉德曾譯有七十種科學的論著，其中包括托里買最偉大者及亞沙克（Arzachel of Toledo）修正太陽的各表。此類翻譯工作，對於天文智識的增進，亦有很大貢獻的。

## 第四節　大學的天文

中世紀各大學中，亞里斯多德的宇宙論（De Coleo），爲教授天文十分普遍的教科書，凡欲領碩士學位的學生所必修。托里買的體系（地靜天動說）所謂「現代」天文者，藉薩克羅波斯古的天球論（Libellus de Sphaera），以教授學生。各大學之「天體」的課程，卽爲此書所論列，但此書僅爲初等導論的性質，欲求其精深，必須由一種論理的天文學高級課程繼之。第十三世紀，遂需要一種天文高級的教本。意大利兩位作家的吉拉德與坎佩諾（Giovanni Compani de Novarro），繼承編纂托里買最偉大者之現存不完全的阿拉伯文譯本，修正其大部份。他們的著作，定名爲行星的理論（Theorica Planetarum），成爲各大學之標準需要，而供給求碩士學位者高級天文課程之用。至於天文儀器的教科書，像薩克羅波斯古的論觀測星體位置之儀器（De astrolobio）、加必圖（Robert Capito，牛津大學數學教授，一二五三年卒）的論觀測星體位置之儀器、及彼特魯（Pietro D'Abano）的簡易觀測星體位置之儀器等，成爲各大學所授觀測星體位置的儀器及天體圖的教本。上述三類天文教科書——初等天文導論、高等理論的天文，及觀測星體位置之儀器的教本——由第十四世紀至第十五世紀前的八十年代，各大學繼續應用。在這時期，各大學文科畢業生，必須對此三類教科書熟習，方算合格。各大學天文高級教學的程度是很高，著名的教師與學生也很多。所以阿拉伯的資料，經已同化，且爲着保持此科的進步，修正的天文表是繼續產生的。

（註　一）The Catholic Encyclopedia, Vol. II, "Astronomy", p. 25.

（註　二）Ernest Brehaut, An Encyclopedist of the Dark Ages, p. 142.

（註　三）Ibid., p. 143.

（註　四）Rhabanus Maurus, Education of the Clergy, (tr. by F. V. N. Painter, Great Pedagogical Essays Plato to Spencer, pp. 167-168).

# 第十一章　音樂

## 第一節　定義與起源

音樂者，是曲調的實際智識，包涵聲音與歌曲，而爲所謂九女神（Muses）所操的技藝之一。在希伯來歷史中，認爲音樂一藝之發明者是猶巴爾（Jubal），乃屬於加音（Cain）家族而生於洪水時代之前。但希臘人說：畢達哥拉以鎚輕敲張絃之聲，開始發現此藝。（註一）考諸希臘文中，音樂涵有兩義：廣義的包括智識的教育在內；狹義的只限於如現時之所謂音樂，應用於詩歌、跳舞、表演、與音樂聲音之一種混合的技藝。換言之，詩與音樂乃不可分的姊妹，同一希臘文「音樂」一字，是指其兩者而言。凡智力的娛樂，由耳所傳達者，統歸於音樂（Musica）的範疇。如無音樂，市民的責任，與宗教的崇拜，都不克完成，良以法律的宣誦，神祇的膜拜，亟需歌唱與舞蹈的儀式。又認爲如無音樂，則人類缺乏完全的智識。即使宇宙本身，亦與某種聲音的諧和，合爲一體，是以相信眞正的天體，在諧和的指導下而旋轉。

希臘人對於音樂的效用，並非當作一種道德力量，只可作爲其機能的一種力量，以澄濾與諧和人性，使其適應於道德訓導的問題而已。是故，音樂並非視爲愉快的與娛樂的方法而傳進學校，不過以其假定涵有一種陶冶的與教育的力量，可對靈性以一種高尚的感化。在畢達哥拉的辯論中，對於音樂與文學訓練之優越的道德目的，特別重視，而智力的或理性的成分，却佔很小的地位。栢拉圖嘗謂音樂應在美的愛好，然而所謂美者，其涵義乃釋作良善、道德訓練、與康健。因此，音樂者，不啻為哲學的主要內容及其唯一直接的準備。除了在教育上的效用外，栢拉圖並指出其可對心靈的改善，認為音樂的訓練，比任何其他的更為有效的工具，因為韻律與和音深透心靈之內，使眞實嗜好的特性，變為高尚與良善。故教育常引音樂為其永久的知己。亞里斯多德認為音樂的效用有二：一為娛樂。娛樂是為着休息的緣故，而休息必需有怡情悅耳的，以為紓解辛勞的藥石。二為道德的感化。音樂代表道德的形態與特性：忿怒、溫良、勇敢、謙遜，及德性、惡習、與情緒的每一類而見諸其表情者，比他藝為多。音樂乃教育最重要方法之一，良以其對青年之效果，由於帶有音樂的愉快，增强不少的程度。音樂教育之目的，並非在藝術本身的練習，而僅為音樂審美力的培養。簡言之，音樂的用途，是在餘閒中為着心智的享樂。

希臘的音樂史，通常分為三個時期：（一）神話的或英雄的時期（約由西曆前第十三至第七世紀）；（二）古典時期（盛於西曆前第五世紀，以迄西曆前三三八年，即希臘獨立的傾覆時期）；（三）亞歷山大里亞時期（由西曆前三三八年起至基督教世紀之開端）。希臘的主要樂器為七絃琴，其次為笛。最早音樂泰斗的他班達（Terpander，約西曆前六八〇年），曾改良七絃琴的。畢達哥拉或為最早發現數字在音樂中的重要性，應用數學而建立最初音樂方法的基礎。畢達哥拉與其門徒稱為典律家（Canonists），以其確定全部音樂練習及依據法則（rule）的理論。西曆前第四世紀，為更重要的時期，栢拉圖著有泰米阿斯一書，大部份注意音樂。亞里斯多德亦聞撰有一部音樂論著，但已遺佚。在其門徒中，亞達拉斯度（Adrasto）的音調學（Harmonics），錄存有若干撮要；尤其亞里斯托西諾（Aristoxenos of Tarentum，約生於西曆前三五四年）所撰和音的原理(Harmonic Elements)，爲最早完備的音樂論著，又有韻律的原理(Rhythmic Elements)，若干殘片尚存的。亞理斯多德是音調學派(Harmonists)的首領，而與畢達哥拉學派之重視數學概念者相頡抗。亞歷山大里亞時期，著名的音樂家有歐克里德，遺有兩部完備的論著：一爲典律的分析（Partition of the Canon)，或爲他所撰的；一爲和音的導論(Harmonic Introduction)，此書現時却認爲卡奧尼地(Kleonides)所編。後者與亞歷山大里亞學派的埃拉托色尼及希倫（Heron)，皆屬於第二世紀。亞歷山大里亞的文法學家狄地摩（Didymos，生於西曆前六三年），在其許多著作中，包括有幾部關於音樂的論著，而典律學派與音調學派間爭論的說明，也歸功於他的。新畢達哥拉學派，其主要代表爲尼可麥古斯，將音樂及其聲學之事，使變爲一類神學的與形而上學的象徵。天體的音樂(The Music of the Spheres)一書的理論，說明其所謂音樂者，與所有現時關於音樂的推想，相差甚遠。他們不認音樂本身爲一種目的，只視音樂爲對於宗教經驗之一種方法。菲魯（Jew Philo of Alexandria)採此學旨，更不認音樂爲感覺上一種愉快。第二世紀時，托里買撰有音調學，爲繼亞里斯托西諾後最重要的音樂著作。新栢拉圖哲學派的提翁（Theon of Smyrna，約一二五年），把栢拉圖的音樂觀念，加以闡揚。普魯托克的音樂論(De Musica)，將栢拉圖及其他早期各大家之樂論，與關於當代道德問題的普通意義，合一爐而冶之，冀圖使此兩者互相發生關係。此書最初的幾章，討論音樂的「發明」及其早期的歷史。然後列舉及分析由音樂研究所得之實惠。他認爲音樂有兩種價值：即哲學的與社會的。其社會的效用，包括宗教的儀式，以音樂乃對神祇酬謝的一種方法。音樂的教育，對於和音、韻律、與文詞的意義，必須更爲了解。可是，普魯托克所論音樂的教育，仍抱着一種堅强的道德家的目的。凡受音樂教育的薰陶者，將趨善而棄惡；而且，「因其享受音樂最大的實惠，則對於自己與國家，可成爲有大用，而戒除所有言行相悖，在隨時隨地保持合理、克己、與秩序的標準。」—（註二）因此，在談話中斯文的習慣與禮貌，乃音樂教化所應注意之主要目的。

## 第二節 羅馬的音樂

羅馬人對於音樂，初期似不甚重視的，迨西曆前第二世紀希臘被征服後，其藝工與藝術家到處散佈，又因奢侈的增加，由東方各地的歌唱者、彈奏者、及舞蹈者之移入，雖其殆皆爲奴隸，但變爲時尚的。大量音樂家既吸集於羅馬，因此希臘格調的智識，更廣泛的傳佈於西方了。移植於羅馬的希臘音樂，主要的以奏演樂器者居多。但在羅馬，其使用音樂的目的，與希臘不同。由希臘而來的歌唱者與作曲家，大部份每受傭於富厚的貴族。羅馬人對音樂的認識，既非爲着抒情的媒介，也非爲認眞研究的對象，其主要的作用，不過爲跳舞的及其豪華劇院的表演者之一種輔助而已。音樂者，必配有舞蹈，且於神祇的祭祀尤其像行希臘禮時，常感其需要。宴會的娛樂中所設之女樂，通常爲奴隸或被釋奴隸的婦人，而每爲外國人的。並且，笛奏者的會社，僅爲專業的與受薪的演奏員所結合，其對禮儀中表演的服務，也很重要。由此言之，在羅馬的教育中，音樂並非處於重要的地位，以其沒有用作高尚的目的，而僅限於一種逸樂的操業。羅馬人雖常備有希臘的七絃琴及四絃琴（Cithara），但其主要樂器則爲笛。直的金屬樂管及號角(roundbuccina)，常在戰爭中或舉行慶節中使用。希臘音樂在羅馬的式微消失，始自地奧多修(Theodosius)朝（三七九至三九五年）；約當三八四年，在首都的競技，全被禁止，希臘的音樂家，乃紛紛東歸或放棄其技藝了。

羅馬音樂的經典著作，現時所知者約有七十種，可是其中三分之一，僅知其書目、作者、或論題而已。早期拉丁作家，有洛克里修斯（T. Lucretius Carus，西曆前九五至五一年），其物性論（De Rerum Natura）一書，探論音樂的起源。西塞祿與賀拉西，皆為音樂鑑賞家。維特魯威阿於其建築術一書中，包涵有音樂的參考資料。普林尼的自然史，亦常談到音樂。昆體良於其所著音樂論（On Music），表示在教育中應熟知希臘的樂旨。音樂專修的目標，為韻律、音調、聲音的變調，增進對詩歌的了解，和對優美修辭體裁的領會，而有助於演講術。第四世紀時，音樂中最重要的人物為希臘人亞利比奧斯(Alypios)，其音樂導論(Musical Introduction)，對於希臘音樂的記號法之了解，具有最大的價值。另有兩作家，卡比拉與波愛萃斯，均著有音樂論。

音樂的見解，其對現代思想較易明瞭者，是新栢拉圖學派之蒲魯丁的學旨。他接受理想的美，——由於理想的美，則理想的善是終可達致的。音樂並與祈禱和魔術有密切的聯繫。其理論是由普菲里、詹碧古斯、及蒲魯古斯，繼續發展。這輩學者對於早期基督教的思想，會有相當的影響。簡言之，非基督教的哲學家們所堅持的原則，認為音樂本身並非一種目的，亦非一種快感，僅乃由其所稱為「酷愛」的條件以通神明之道而已。

## 第三節　早期基督教的音樂

早期基督教的音樂，可分為兩類：一為崇拜的音樂（Cultmusic），即教堂音樂，或適應生活上特重精神形態的音樂；一爲通俗的音樂（Secular Music），其主要目的，卽爲人民活動及善與惡之表情。當教堂的開始時，原沒有特別音樂。及早期基督教的團體，由小亞細亞經希臘而傳佈於羅馬時，爲着替代異端的世界性音樂，乃採用唱讚美詩之兩人對唱的(antiphonal)歌詠，與其生活之經驗及哲學更爲諧和的。這種歌詠，假定於三五〇年由伏萊威安(Flavian)與狄奧多（Diodorus）已傳進於安提阿(Antioch)的教堂。事實上，教堂的音樂，原由異端的神聖讚美詩嚴肅的朗誦所推演歌唱之一種，遂變爲基督教公衆典禮中不變的附屬品，不過此藝是在一種非常粗陋的形式中練習，教士與會衆，對其重要原理，尚屬茫然。羅馬主教（三一四至三三六年）的聖西物斯德（St. Sylvester），假定爲在羅馬首創歌詠學校。教士於晉封神職之前，應受歌詠的教導。此種學校逐漸增加，未幾成爲每間大禮拜堂的一部份。米蘭主教的盎博羅西（Ambrose，二三七至三九七年），被認爲教堂音樂的始創者，冀圖由早期祈禱式音樂之混亂狀態，而使其井然有序。自盎博羅西的改革（約三八四年）以後，米蘭的教堂本身，以其享有歌詠之盛譽，是很榮耀的。他編纂一部有價值的對歌書本（Antiphonary）。其歌詠或朗誦，在體裁上無疑是吟誦調的，節奏所表示的當作講話，而發言大部份保留於一個音之中，除了在樂曲的尾聲（各節詩或韻文之末）外，其升降之音調變化是產生的。音樂記號法的方法尚未有；音調如早期希臘的一樣，僅靠文字以表示的。他根據希臘音階的理論而編排其發音階之音（intonation），遂稱之爲盎博羅西的音階。他以節制低音、中音、及高音的三種方法，及以其所編的音階，替代希臘音樂的所有音階，而將歌詠學校的音樂教程，使其簡化。盎博羅西對禮拜式的顯著貢獻，是叶韻的聖詩。其所定聖詩的體裁，立卽遍傳於基督教世界；又其編訂的音階，亦逐漸傳佈於其他各教堂。其中一部份，當教宗聖策肋定（St. Celestine）時（四二二至四三二年），已傳進於羅馬而應用。聖奧加斯定於三八六年任米蘭的主教，初聽到基督教的歌詠時，曾說：「我聞此聖詩和雅歌（Canticles），眞令很大的垂泣，良以受着此甘美發言之教堂的聲音，有深刻的感動！當這聲音洋洋盈耳，眞理注入心頭，因此我的虔誠之激動洋溢了，我的涕淚涔然墜下了，而我在其中是享受祝福了。」（註三）及其任北非洲希波（Hippo）的主教時，帶同此種歌詠以俱往。而教宗聖達瑪穌（St. Damasus，三七一年），則爲將讚美詩的歌詠，傳進羅馬教堂的第一人。至於基督教音樂的符號記法（notations），初用分段法（neumae，卽 divisions），創自第四世紀的聖愛弗泠（St. Ephraim）。這分段法乃對希臘與羅馬的字母記號法作決定性的改良，使其更清楚的表示聲音所求的調音（modulations），稱之爲羅馬符號（nota Romama）。早期基督教唱詠聖詩，並無伴奏，亦無發明樂器，只發展音樂符號記法的一種方法而已。可是，早期基督教的教堂，頗視音樂爲各藝中最重要的。教士們顯然的對完全領會音樂的會衆而講道；他們並認爲，音樂乃主宰對人類本性的弱點之一種特許。除獻祭外，主宰是不需音樂的。

然而所謂音樂者，僅爲理論的，並無實際的表演。凡在百科全書中對簡易論著有研究的，便算爲一音樂家了。算術爲修習此科所必需。此科僅爲着教堂的目的，而非志在鑑賞。預備基督教的教義解釋音樂之克慾的觀點，最著者爲聖奧加斯定。他於其所著音樂論（De Musica）一書提出，認爲音樂並非唱詠的或玩奏的藝術，只是調節和音與韻律之法則的科學，所以他說：「音樂者，是善爲調音的科學。」（註四）「它是一方面調音，另一方面善爲調音。調音者，是認爲適於舉凡任何唱者對於發言與聲音的樂節中，獨不致錯誤；但優良的調音，可適於自由的訓練，卽爲音樂。」（註五）波愛萃斯主張，音樂所具特別之目的，不僅是關於智力，而且關於生活中各年齡、各階級與各種族的人們之性質與行爲。因是，以其關於如此重要和有趣的，不獨由外面的享受，而且對其內面的韻律與諧和，應有學習與了解。他並認爲這必需當作一種哲學的與數學的科學而學習。可是數學的訓練，乃尋求眞理，而音樂則另有一種倫理的傾向，卽力求至善。波愛萃斯本人，雖不諳音樂的技藝，但著有音樂定例論(De Institutione Musica)五冊，共一三二頁，構成所有理論音樂的基礎。此書有許多解釋、表格、圖解，及計劃的安排；其內容大部份由畢達哥拉、亞里斯托西諾、托里買、及尼可麥古斯的音樂資料中，摘其尤者。第一冊，約佔此書五分之一，溯論此藝的歷史、性質、及區分。又提供和音的理論，而構成和音與不諧和的比例，作極詳細的討論，並附有相當完備的希臘文名稱。跟着許多分類與定義，對行星轉動的諧和之同理比例，是很注重的。其結論之一章爲「何謂音樂家？」以經學的定義來解答。第二冊，特別論算術的數量。神秘的畢達哥拉的數字理論，是提出解釋。比例擴大其範圍，包括「音樂的比例」之特別題目在內，根據波愛萃斯的意見，此種比例在算術各類比例中自成其一種。第三冊，對亞里斯托西諾理論中之爭辯的性質，全部批評。第四冊，在音樂理論中，一絃琴(monochord)之區分與應用，盡力解釋。此冊並論符號記法，字母是採用，雖非任何正常有系統的次序。第五冊，對音樂理論的要點，再加以檢討，以各作家持論互異的。簡言之，此書適應學校之需者，僅爲第二與第四冊——此或爲教科書所僅用的部份。但此書乃羅馬人對音樂的主要貢獻，迄中世紀時，爲音樂智識主要來源之一，至第十二世紀，各大學皆用教本。故其音樂的學旨，支配了中世紀。加西奧多的自由藝與科學論，包括音樂論(Institutione Musica)一冊，對教會早期音樂開始之研究，有特殊價值。

此書編寫，直接取材於羅馬作家亞爾比奴斯（Albinus，其著作已佚）。加西奧多爲古代與早期中世紀間音樂理論之主要代表，因此，其著作對許多學生以很大幫助；此等學生，根據最古的傳統，致力於恢復教堂的歌詠，尤其注意於韻律的。此書並包括關於是時樂器如笛、高音笛（Shawm，古代一種管樂器）、囊笛（bag-pipe）、牧羊神笛（dipe of pan）、及風琴的傳授智識。他致波愛萃斯的函，對於音樂的道德力量，使人快慰的作用，以及五種古調之有趣的審美價値，表示其觀點如下：「此五種音調：多里亞的（Dorian），影響謙遜與廉潔；非里基亞的（Phrygian），鼓舞鷙猛的戰鬪；阿奧利亞的（Aeolian），撫慰恬靜與睡眠；伊華尼的（Ionian, Jastius），淬礪愚鈍的智力與激動天文的慾望；呂底亞的（Lydian），慰藉憂慮煎迫的靈魂。……（在此五種音調中）我們辨別每一種音調有最高的、中等的、與最低的，因此而得藝術所成音樂之十五種音調。」（註六）依西多祿的音樂，也爲學者修習的基礎，但其理論是根據波愛萃斯的。

早期基督教之音樂的活動，歸功於四名學者。其中兩者爲波愛萃斯與加西奧多，是注重古典的希臘音樂之研究；另兩者，額俄略（Pope Gregory I, 五九〇至六〇四年）與聖本篤（St. Benedict），則傾向於音樂在藝術中之新目的。聖本篤對音樂本身雖然致力不多，但在音樂史上享有高尚的地位。音樂之用於神事，在聖本篤的規則中所表示如下：

「因此，讓我們常留心預言書所說：在完全敬畏中服務於主宰；又說：聰慧的唱詠；又：瞻見天使們我將對你唱詠。因此，讓我們考慮，在神明及其天使的面前，應如何操持自己；並讓我們如此篤守與唱詠諧合我們意願的聲音。」（註七）

額俄略式音詠，乃羅馬教堂全部音樂的基礎。由他的時期起，音樂對於教堂服務，變爲更重要的，故各修院勤奮的修習。對教堂祈禱的與音樂的服務，其改革之功，歸於額俄略。凡祈禱式的朗誦，均記載（僅以文字）於對答唱集（Antiphonary）一書之內；此書爲對教堂的音樂一種最高權威的指導。額俄略式音詠，稱爲平詠(Cantus Planus)或羣詠(Cantus Choralis)，以前者量定其旋律(melody)的轉動是平均的；後者表示其曲調乃由歌詠隊合唱的。額俄略式音詠將所有祈禱文配以特別曲調，由教堂作爲祈禱的使用，對於基督教世界開首一千年之間，有很大貢獻。厥後基督教的音樂，在細節上雖稍有不同，但無基本的變更。盎博羅西式與額俄略式歌詠體裁的分別，其所表現者大部份乃基於韻律，蓋前者的韻律，根據本文而毫無拘束的朗誦，似較爲自然的與活潑的；後者對於言詞的自然韻律，嚴格保持較少的。

## 第四節　中世紀音樂教學的發展

中世紀的音樂（直至第十一世紀之末），其主要的啓發，乃爲基督教獻祭的目的。故此時的音樂，僅在修院及大禮拜堂學校修習。普遍的通俗音樂的時期，尚未來臨。此音樂學習的重要性，乃一種教士的教育。教會繼承及採用古代音樂傳統的混合遺產。音樂的藝幾乎並不見得有破裂，亦未遇有黑暗時期。當其他學藝既被遺忘時，音樂却繼續保持其爲羅馬教會的學藝之作用。自第九至第十一世紀，對此藝最有特別興趣者，在許多修院已表現了。像在密次（Metz）及聖加爾的學校，音樂教學，最負盛名。而在蘇遜（Soissons）、富爾達、曼斯（Mainz）、他拉威（Treves）、賴克諾、聖亞孟德（St.

Amand)及其他學校，教授理論的與實用的音樂，也很著名。

中世紀時，額俄略式音詠，仍保全其特點，作廣泛的流傳。當六六〇年，教宗威達里安（Pope Vitalian)准許羅馬教堂的教士，在不列顛（Britannia）教授額俄略式音樂。六七八年，約克(York)主教本篤(Benedict)，延聘羅馬歌者赴英格蘭。伊爾地反蘇(Ildefonso)於第七世紀設置歌詠於西班牙。日耳曼的使徒波尼法爵(Boniface)，七四四年將羅馬的教儀傳於富爾達，或在同時再傳入聖加爾，而將歌詠更爲培養、改良、與增飾的。七五八年，教宗保祿(Pope Paul)應畢平王(King Pepin)之請求，派遣代表，往授法蘭克人(Franks)音樂。其結果，畢平王依隨羅馬教堂體制後，將在巴黎及密次之法蘭西的教儀，改革一番。沙里曼大帝，自七九〇年在羅馬聆聽歌詠後，變爲最熱誠，竭力提倡額俄略的音樂方法，並遣其教士往羅馬學習。他在法蘭西、日耳曼各地，創設與額俄略式相同的音樂學校，且聘著名的羅馬歌詠家掌教。此舉之目的，在求其國境內教堂音樂之統一。教宗哈特里安一世(Pope Hadrian I，七七二至七九五年)對其進行以很大的輔助，特遣最善歌詠者十二名，前往指導，每一名主持一個區域的音樂，以教額俄略式音詠。在這項工作中，沙里曼聘用阿爾昆爲主要的勷理，而其本人則定期巡視各音樂學校。他對於新教儀之熱誠的表現，像八〇三及八〇五年，先後訓令，指示法蘭西的歌應由羅馬的歌以替代之。他並頒佈一法律，以極嚴厲的命令，飭其帝國內每一教士要完全熟諳在羅馬所唱的音樂，以便需要時能唱詠的。額俄略式音詠，經過沙里曼這番有力的推動，更爲普及了。當八〇三年，亞根(Aachen)的公議，規定所有修院要採用羅馬的歌詠。遍於北歐的修院，遂成爲此種教學的中心。最重要的學校，爲克魯地干主教(Bishop Chrodegang)於七六二年在密次所設立的。當羅馬兩修士携帶對答唱集赴沙里曼宮闕時，其中一名羅馬奴斯(Romanus)者，被同僚勸留，乃卜居於聖加爾修院，故這修院於七八九年成爲平歌傳統的大中心之一。其修士，不僅每日舉行彌撒，並且奉行「祈禱時間」(Canonical hours)的教儀。稱爲聖詩(Sequences)的讚美詩，是由蒙加爾(Moengal，約八五六年）的弟子諾特卡(Notker Balbulus)所傳入的。其後，在克洛尼（Cluny）的額俄略式音詠，已達到高度的成功了。這種音樂傳統的融合，遂造成「羅馬——法蘭西」的時代，而變爲歐洲的共同遺業。是時學校的音樂，可分爲兩種：一爲歌詠(Cantus)，此乃構成修習的慣例之部份，即使在低級學校亦有之；一爲音樂（Musica），包涵音樂的理論、聲音法則的智識、及和音與數字的關係。凡具有音樂智識者，即算受過優良教育的人了。

溯自第六世紀後，基督教音樂的權威學者如下：修院長若望（Abbot John），爲羅馬教宗的歌詠隊領班者，於六八〇年蒞臨英格蘭掌教。他奉教宗之命，在威爾茅次（Wearmouth）修院教導歌詠及朗誦之程序與態度，並編著全年慶祝各慶典的須知；這種著作，現仍保存，其他許多修院，亦抄錄仿用。若望不僅傳授這修院的同僚，而其擅於歌詠，使鄰近幾乎所有修院的修士，聚而聽之；許多修院，且邀其往教授的。阿爾昆特別注意於歌詠的教學，聞著有音樂一書，但已遺逸了。他對於八種教堂音調，供應最早的參考，約遲數十年後，由羅馬的奧理略(Aurelian)所摹仿；奧理略並撰有音樂訓練(Musica Disciplina)一書。聖加爾的諾特卡，其祭奠聖歌，發展而爲彌撒之音樂助詠的一部份，甚爲著名。他且著有關於音樂理論的書。胡巴德(Hucbald，八八〇至九三〇年）者，乃聖亞孟德修院的修士，畢生致力於音樂，並精熟希臘的音樂理論。其所著和音原理論(Liber de Harmonica Institutio)

一書，冀圖創立一音樂方法而不用波愛萃斯的理論，此是最早使用五線譜以代表樂器的絃線者，卽分音節爲六行的五線譜，每一行代表一絃線。里美撰有卡比拉音樂論的評註。格懷（Guy of Arezzo，約九九五至一〇五〇年）者，龐普沙(Pomposa)修院的修士，是一著名的歌者與專門的教師。一〇二六年，他奉教宗之召，赴羅馬解釋其音樂方法。他首創將音符（neumae）放在各直線內的方法。因此每一符號有其被指定的地位。六個音符（six-note）音階，亦由其發明的。他撰有二十章的書，論音樂的理論與實際。其評論教堂的音樂，認爲當教儀每以聲音舉行時，似非讚美主宰，却似一種爭論，其主要原因，實歸咎於缺乏任何可靠的教法。是以歌詠的教師與其學生，或逐日歌唱，已有百年，如無更優的教導，則莫克表演其最小的對答唱詠。格懷與胡巴德的學旨不同，胡巴德較重哲學的與推理的，而其訓練使傾向於科學的推論，格懷却注意音樂之實用。格懷之五線譜（Stave）的系統化及其行聖禮的方法，或爲在基督教音樂史中，首次對閱寫成的篇章而誦音樂的。他的著名弟子及其方法的闡釋者，有哥頓紐（Johannes Cottonius，約一〇五〇年）及亞里波（Aribo，第十一世紀末的修士）。直至第十四世紀，著名的音樂家爲穆里的若望（Johannes de Muris，一三〇〇至一三七〇年），乃巴黎大學的數學教授，將中世紀音樂理論改良的資料，摘其綱要，在第十四五世紀各大學中，用爲標準的教本。當士林哲學派時期，所有飽學之士，對於音樂的著作，每由理論的智識而編成。他們成爲辯證家者雖比音樂家爲多，但關於當時音樂的科學，亦遺留非常有價值的論著。

## 第五節　大學的音樂

大學課程中的自由七藝，音樂爲不可少之科目。可是後四藝的音樂教授，視爲理論的科學，側重推想，故其在性質上乃完全屬於數學的。凡精於此科者，並非志在對於音樂才藝有任何特殊的技巧。在事實上，整個中世紀，歌唱者或樂器奏演者，在其名詞的嚴格意義來說，並非音樂家。故歌詠藝的教授，亦非培養音樂家。專修音樂的學生，所求數學理論之智識，比之有漂亮聲音或奏演樂器的能力者，更有價值。惟自文藝復興開始，音樂家一詞之定義，包涵具有此科學的與技藝的兩者智識而言。當中世紀後期，音樂發生一顯著的變化，即宗教歌與通俗歌之間，及單音(monophony)與複音(polyphony)之間的雙重衝突。第十二世紀之末，巴黎大學成爲複音的音樂之主要中心。領碩士學位的學生，是教授唱詠與平歌。在英格蘭各大學中，學生們受音樂的訓練，乃爲着教堂的教儀之需。音樂學士的效用，是講授波愛萃斯音樂定例論的理論。博士的學位，顯然是取法特別超卓的音樂家而教授。其最早的紀錄，在劍橋大學爲一四六三年，牛津大學則爲一五一一年的。

(註 一) Ernest Brehaut, An Encyclopedist of Dark Ages, pp.136–137.

(註 二) Plutarch, De Musica, 1146:A, (K. M. Westaway, The Educational Theory of Plutarch p.131). London, University of London Press, 1922.

(註 三) J. G. Pilkington, The Confessions of St. Augustine, Bk.IX, Ch. VI, 14, p.199. New York, Liveright Publishing Corp. 1943.

(註 四) St. Augustine, De Musica, tr. by R. Catesby Taliaferro, 2, II, p.3. Annapolis, The St. John's Bookstore, 1939.

(註 五) Ibid., 4, III, p.7.

(註 六) Thomas Hodgkin, The Letters of Cassiodorus, Bk. II, 40, p.193 London, Henry Frowde, 1886.

(註 七) Slect Historical Documents of the Middle Ages, tr. by Ernest F. Henderson, Bk. III, No. 1, p.284. London, George Bell and Sons, 1905.

# 第十二章　前三藝與後四藝

## 第一節　自由藝的區分

希臘學者，相信智識的統一，對於自由藝學問的發展，常保持平衡。例如亞里斯多德，不僅撰有詩學與修辭，肯定的闡論文法與論理學的定理，並且研究自然學問及人體生理，而爲自然科學許多方面的鼻祖。其所潛究者，包涵實體的世界與宇宙、靈魂與其思想意志、人類社會與倫理行爲、乃至精神最高的主宰，體識器量，淵博而淹賅。卽使栢拉圖，雖比亞里斯多德更注重文學的與理想的，但他不僅爲一人文學家，而且爲一數學家，其許多門徒也是這樣。因此，語言藝與數學藝的平衡，作爲對萬物智識的示範與調節，以希臘時期最爲顯著。在羅馬，這種平衡漸告失去，但對自由藝的科目，仍認爲互有關係的。舉例言之，維特魯威阿於所著建築術一書，其內容雖然以建築術爲主，但許多旁門支流的學識，而與其業相關者，自應修習。「凡由幼年從學問的各種方式所受教者，皆承認各藝的同一性質，及學問間之互相貫通，這樣他們更易於領會其全部了。」（註一）故論全部學問，有一統合的共同聯繫，成爲一套和諧的系統。昆體良不同意限制學生於文法修習的狹隘範圍之內。其所講求的方法，凡自由藝的科目，都應修習的。當學童肄業於文學的學校時，幾何與音樂應該學習；修辭的初級功課，於其最後使文法家成爲修辭家之前，亦宜學習。他主張教授學生以文法、幾何、及音樂，同時並教授哲學。他作譬喻說：「如我們不授給農人以同樣指導，則他們不會在同時耕種其田土、葡萄樹、橄欖樹與其他各樹；他們也不會立卽料理其牧場、畜牲、庭園、與蜂房。」(註二）他以訓練演講術爲目的，文法與修辭，當然爲演購術本身技藝所必需；音樂與文法，也有關係，凡一個優異的文法家必會修習音樂，蓋其教導演講家以控制及調節聲音，和養成諧和的姿勢；幾何對演講家是有用智識的一部份，誠以講述各論題時，如無幾何的智識，相信無人能成爲一個完全的演講家了。這樣說來，羅馬學者，以其學旨的趣向，對自由藝無論注重其科目之多少，却作整體看，似未有明顯的分類。

自卡比拉的時期起，自由藝以個別的效用而確定爲七種。阿爾昆曾根據加西奧多的原文而說出其何以定爲七種的觀念：「我們讀過由聖哲(Solomon)之口所說何謂智慧的本身：智慧建築其室，鑿成七根石柱。」(註三）波愛萃斯把自由七藝分爲兩倫：卽前三藝（Trivium，三道之匯)與後四藝（Quad-riuium，四道之匯）。前三藝是包括文法、辯證法、與修辭的藝。波愛萃斯最大的影響，於其後設立高級課程的四藝，卽後四藝，所謂算術、音樂、幾何、與天文的四重訓練，乃自由藝之重要而固定的部份。他說：「藉此四條通道，學生必須運用心思，具有決心，由自然感覺起而至智慧更深信的眞實。」(註四）加西奧多於其所著自由藝與科學論一書的第二部份中，特別認爲每一修士應精通四種自由藝——文法、修辭、論理學、與數學；而數學則分爲四種「科學」，卽算術、幾何、音樂、與天文。在此書中，幾何與天文約僅佔一頁，算術與音樂各佔兩頁，論理學十八頁，文法兩頁，修辭則六頁，似可窺察其對各科輕重的分量，但其所言，並未見對前三藝與後四藝有明顯的區分。這種區分，至依西多祿始確定，而爲中世紀學校所沿用。沙利斯巴里的若望，其論理哲學一書，對前三藝曾作最廣泛的究察，而對自由七藝的區分，以兩語作扼要的說明：「前三藝者，透示談話的秘密，後四藝則透

示性質的秘密。」（註五）

統言之，語言、演講、及論理學，是語文的研究，屬於初級的與普通的修習；這類科目，統稱之為前三藝（Artes Triviales 或 Trivium）。與其相對的爲數學的訓練，即後四藝（Artes quadriviales 或 quadrivium）。自由七藝在中世紀的學問體系中，語文科爲低級，數學科爲中級，而哲學或神學，則為最高級與終極級。從自由人的理性來衡量，前三藝比後四藝更爲自由的，除算數幾何外，因為文法、修辭、與論理學的訓練，假定比諸天文、音樂、及其他科學，是更爲純智識的。

## 第二節　前三藝各科的關係

前三藝者，志在陶冶心思而不在傳授智識，其構爲一體，大抵起自希臘之詭辯家、哲學家、與修辭學校，以科學的形式而研究之。在羅馬時期及早期中世紀，前三藝最顯著的部份爲修辭；由第七世紀至第十世紀為文法，——文法家乃主任教師的通稱；由第十一世紀至第十四世紀則爲辯證法或論理學。聖波納溫多（St. Bonaventure，一二二一至一二四七年）於其所撰藝歸神學論（De Reductione Artium ad Theologian）一書，對於前三藝的特性，提出簡明的解釋。他認爲聖經指示我們以理性的、自然的、及道理的哲學。所謂理性的哲學，以闡明眞理爲目的，志在表示的、指導的、說服的，即由文法、辯證法、與修辭的藝爲代表。名理探分析前三藝的特性，謂：「凡藝所論，或是言語，或是事物。言語之倫有三：一曰談藝，西云額勒瑪第加(grammatica)；二曰文藝，西云勒讀理加（Rhetorica）；三曰辨藝，西云絡日伽（Logica）。而又有史，西云伊斯多利亞（Historia）；又有詩，西云博厄第加

(Poetica)，——詩史屬文藝中之一類。緣此三者，皆有所文焉，以歆動人心，故其他諸藝，皆事物之屬也。」(卷一，諸藝之析，頁六至七)因此，在前三藝之中，範疇既然相同，故各科是有關係的，——一方面由文法與修辭之關係，另一方面，由修辭與論理學之關係。茲分述如下：

一、文法與修辭，兩者乃密切相關的名詞，故希臘的文法家，是兼教文法與修辭的。羅馬時期，這兩藝雖然由習慣上所劃分，但對於文法家作非正式的引入修辭的研究，以完結其文學的課程，誠然是一種共通的訓練。實際上，這兩藝是應付語言的方法與技術，互有聯貫，而不能由任何嚴格的界限所分開；不過修辭通常僅爲對文法與辯證法的一種輔助而已。西塞祿認爲文法與修辭，作爲各別的專業。昆體良分析文法與修辭間的關係說：

「讓我們規定這些專業每種的界限。讓文法(譯爲拉丁文，則稱之爲文學 literatura)知道其自己的境界，尤其遠超於其名稱之拘謹的涵義，早期文法家每以此拘謹而自劃；因此，雖然其來源不過微弱，但藉詩人與歷史家而獲得力量，現却奔流而洋溢了；自是厥後，除了正確講話的藝之外，——在其他方面應大有異於理解力的藝，它殆獨佔了全部學問最高部門的研究。

「由雄辯力而定其名稱的修辭，勿任其減低自己的本份，或任其假借他藝而作自己的課業；若修辭忽略其本份時，殆必由其範圍所逐出。

「實在，我不會否認彼以文法爲業者，可在智識上進一步而能教授演講術的原理；但是，當其這樣做時，要解除修辭家的本份，而非他們自己所獨有的了。」(註六)

歐遜紐斯(Ausonius)稱許波爾多的修辭家們，把文法及修辭兩者似在事實上是相同的，由其自撰的韻文爲之證明：「這亦由當地的名人像文法家、修辭家所表現而證實了。前者的作用，傳統上是教授文雅的修正及對詩人的解釋；後者乃直接的爲着演講術訓練。但此兩種作用曾由昆體良所區別的，似在第四世紀時波爾多的學者爲之合併，或至少由此類人物成功地運用了。」（註七）

二、修辭與論理學，由亞里斯多德及西塞祿所推想的，修辭本身是與論理學有關係。修辭專在文飾，論理學則制明悟之用。但如習修辭，不能先知解釋，先知分析，先知推辨，雖欲精熟，其道無由。而論理學又須依隨修辭的訓練，因其有許多事體是共通的。亞里斯多德分析兩藝的特性，謂：「作爲思想方法的修辭與論理學之間，這兩藝一般性質是相同的；兩者普遍應用的，皆無其自己之主題。從發表的方法來說，其特異者，論理學是抽象的，修辭是具體的；一是分析的，另一是綜合的；一是研究的方法，另一是通傳的方法。」（註八）在論理學上證明的方式是三段論法（Syllogism）；在修辭方面，亞里斯多德稱之爲二段論法（Enthymeme），——二段論法並非卑於三段論法，不過各異而已。斯多噶學派的齊諾，把修辭當作一種擴展的論理學，譬之論理學好比一隻緊握的拳頭，而修辭則爲一隻伸開的手掌。這兩藝的辨別，加西奧多援引發祿的理論，闡釋其義如下：

「發祿於其科學九書裏，從一比較而規定修辭之義如下：論理學與修辭，是在人之手中，（好比）緊握拳頭與伸展手掌。（前者以簡練的言詞終結其辯論，而後者以豐贍的言詞，在競場上逞其雄辯），前者相與發表言詞，後者則將其展開。論理學若僅爲着更直白之事而辯論，修辭則爲着依靠更流利的指示。前者有時成爲各學派；後者繼續求逞於法庭。前者培養或望產最出贍的學生，後者亦常求其盛行的。」（註九）

依西多祿也根據發祿的理論，分析兩藝的關係說：

「倘謂辯證法精確的表示事情是較爲敏銳的，則修辭對願望上信仰的說服，更爲雄辯的。前者很少表現於學校，而後者未有（由學校）中斷而直進於法庭。前者僅造就少數學生，而後者常吸引全體聽衆。」（註十）

阿爾昆的見解，認爲文法使學者簡單的暢曉文詞；文句的構造是藉原理的指導，這自然分爲兩部份：修辭，或說服他人之藝；辯證法，或分辨眞僞之藝。他再論其更基本的差別，卽辯證法，考察科學的與博學的問題，而修辭，則注意策略的實際問題。至於兩藝之第二種差別，乃關於道德的與感情的誘致於行動之啓發，而以修辭有獨享的權限。富爾伯的短詩，概述修辭與論理學間的差別：一爲具體的、通行的、與推理的二段論法，志在說服；另一則爲抽象的、三段論法的，志在篤信。自中世紀以後，一般學者每認爲修辭與論理學之間，有一種較密切的聯繫，卽說明的藝與辯論的藝之間的聯繫，這是殆無疑問的。

綜上來說，在前三藝中，文法與修辭的關係在語文，修辭與論理學的關係在辯論，性質是相近相通，而效用則以個別的範圍不同，其趣向的表現有別。但論其本質，此三藝純爲屬於心思的陶冶，智識的訓練。中世紀後期，學問方法，因側重推理，論理學的地位，每超越於文法之上。神秘主義學者的烏高，將文法與修辭，統歸於論理學之下。他說：

「論理學分爲文法與演講的科學。文法乃希臘語，由拉丁語以文字譯之，卽文字的科學。文字是正確寫作的形態；發出聲音的元素。另一方面，對文字既能深切的領會，因此我們明暸講話與寫作兩者，每一種都屬於文法。有些人說：文法並非哲學之一部份，然而以其原來，僅可作哲學的附屬物及工具之一種。關於演講的科學，波愛萃斯說過：這兩者可屬於哲學的一部份及視作一種工具，像足、手、舌、眼等乃身體的各部份；而工具（亦然）。文法者，根據其本身處理字形變化，簡單的討論口頭的聲音，卽發言及其他僅屬於發音之事。演講的科學，則根據其了解而論及口頭的聲音」。（註十一）

## 第三節　後四藝各科的關係

古代希臘將數學分爲算術、幾何、音樂、與天文；許多人認爲數學的訓練，乃對哲學研究的一種先決條件。畢達哥拉的數學分類，分爲兩部門：一爲不相聯的，——絕對的爲算術，相關的爲音樂；二爲繼續的，——不變的爲幾何，變動的爲天文。這種分類，可稱爲後四藝的濫觴。栢拉圖認爲各藝皆由數學而出，此學似在各藝之先。他根據畢達哥拉的觀點，在其理想國一書裏，把高等教育分爲科學的與哲學的階段，而在科學的階段，包括後四藝，規定算術、幾何、天文、與音樂之地位與價值。由此四藝，對辯證法提供有效的準備；而辯證法則引致於絕對的眞理。在教育上，算術、幾何、與天文的三種科目，乃自由公民所應學習的。在科學的分類上，音樂每跟着天文；天文，卽天體的轉動，是訴之於眼，而音樂或和音的運動，則訴之於耳。畢達哥拉派的學者而與栢拉圖爲友的阿克塔斯，將畢達哥拉的四藝，臚列其科目爲天文、幾何、算術、與音樂，比之爲姊妹羣。厥後，畢達哥拉學派的尼可麥古斯、提翁、及蒲魯古斯等，對於四藝的科目表，列作不同的次序：卽算術、音樂、幾何、與天文。其序列的觀念，算術與音樂，兩者是關於數字，——算術關於數字本身，音樂關於數字而另與某事有關係的；幾何與天文，兩者是關於量，——幾何關於靜止的量，而天文則關於轉動的量。普魯托認爲數學構成音樂與天文兩者的基礎；此三種科目，在感覺宇宙中是密切相關，而在形而上學的範圍中，則混爲一體。

自畢達哥拉及其門徒闡明四藝的相關性，直至波愛萃斯，乃定之爲四重訓練，在中世紀遂成爲傳統上後四藝的科目。依西多祿論其定義：「算術是數量本身的科學。幾何是量與形的科學。音樂是論聲音中所發現數字的科學。天文是默察天體與其形態的運行，及所有星宿之自然現象的科學。」(註十二)界說簡明，爲中世紀學者之所宗。烏高所規定者稍詳，却嫌煩冗，他說：「算術是數字的科學。音樂是音響(Sounds)的區分與聲音(Voices)的差別。音樂或和音是各異（音響）混而爲一的配合。幾何是不變量之訓練及方式之理論的申述，每一方式的範圍由此而表示的。另一方面，幾何是感覺(Senes)的前面與發表(Utterances)的來源。天文是一種訓練，主理在某些時期對於天體之距離、轉動、與回復的探察。」(註十三)對於研究宇宙的天體，可見幾何與天文的關係：前者是默察空間，卽是靜止的；後者是考慮星宿的運行及時間的相距，卽是變動的。音樂所以包涵於後四藝者，因爲希臘人發明以聲音及音樂的音階之理論爲基礎的數率，故亦屬於數學的範圍。

由上述四藝的定義來看，其所以結爲一體者，良以數學的各部門，既有如此密切關係，並且互相啓廸，故其起源，殆必在同一時期。根據阿爾昆的意見，算術、幾何、音樂、與天文，皆隸屬於物理學一名詞之下，在其所著辯證法一書的導言裏，所論物理學乃哲學三部份之一。這是基於亞里斯多德的學旨，把後四藝直接歸於自然哲學的系統了。羅哲爾倍根於其所著大書（Opus Majus）裏，暢論數學的重要性，謂如無數學，哲學是不能通；如無哲學，則理論是不能立。他分析數學為純粹的或混合的，前者為幾何與算術，後者包括音樂與天文。除了宗教的地理、宗教的年代學、及時代的定義之外，後四藝統屬於數學之下。他認為數學是逾越其他各科學之上，至少的「由於數學，我們能求得眞理而無誤，所涵各義，確實而無疑。」（註十四）名理探一書，大抵宗倍根之說，亦將數學分為純粹的與混合的，謂：「審形學，分為純雜兩端：凡測量幾何性情，而不及於其所依賴者，是謂之純。類屬有二：一、測量併合之幾何，是為量法，西云日阿默第亞（geometria）。一、測量數目之幾何，是為算法，西云亞利默第加（arithmetica）也。其測量幾何，而有所依賴於物者，是謂之雜。其類有三：一謂視藝，西云百視伯第襪（perspectimi）；一謂樂藝，西云慕細加（musica）；一謂星藝，西云亞斯多落日亞（astrologia）也。」（註十五）在中世紀的學校中，後四藝編為高級的課程。可是，一般來說，在中世紀的任何時期，後四藝不能算是高度的發展。而且第十三世紀時，亞里斯多德自然哲學的典籍，普遍採用而非常流行，其若干範圍，對大部份學生的教學，却替代後四藝了。

（註 一）Vitruvius the Ten Books on Architecture, tr. by Morris Hicky Morgan, pp.10–11.

（註 二）John Selby Watson, Quintilian's Institutes of Oratory, Vol.I, Ch. 12, pp.92–93.

（註 三）Andrew Feming West, Alcuin and the Rise of the Christian Schools, New York, Charles Scribner's Sons, 1920, p.96.

（註 四）Eleanor Shipley Duckett, The Gateway to the Middle Ages, New York, The Macmillan Co., 1936, p.153.

（註　五）Dana Carleton Munro, The Middle Ages, New York, The Century Co., 1922, p.372.

（註　六）John Selby Watson, Quintilian's Institutes of Oratory, Vol.I, Book II, Ch.1, p.97.

（註　七）Charles Sears Baldwin, Medieval Rhetoric and Poets, p.77.

（註　八）Ibid., p.8.

（註　九）Cassiodori Senatoris Institutiones, Liber Secundus Saecularium Litterarum, p.109.

（註　十）Ernest Brehaut, An Encyclopedist of the Dark Ages, p.116.

（註十一）Hugonls de Sancto Victorie, Didascalicon, by Brother Charles Henry Buttimer, Washington D. C. The Catholic University of America Press, 1937. Ch. XXVIII, 763 C, pp.44–45.

（註十二）Ernest Brehaut, An Encyclopedist of the Dark Ages, p.125.

（註十三）Hugonis de Sancto Victorie, Didascalicon, Book II, Ch. XV 757 D, p.34.

（註十四）Roger Bacon, Opus Majus, tr. by R. B. Burke, Philadelphia, University of Pennsylvania Press, 1928, Vol. I, Part IV, Part IV, Dist. i, Ch. I, p.123.

（註十五）名理探，卷一，藝之析，頁八。

# 第十三章　自由七藝的教學

## 第一節　基督教學校的課程

自基督教的展佈，猶太人與異教徒之皈依者，紛至沓來，教會欲求更大的團結，乃對受洗者授與適當的訓練。因此，由第二世紀之初起，基督教的各種學校，在教會督導下遂次第設立了。此等學校，約可分為六種：(一)新信徒學校（Catechumenal Schools），對老幼改信宗教者，準備作靈魂解救的訓練；(二)基督教教義初步教授學校（Catechetical Schools），以聖經及基督教神學的教義，訓練人們準備捍衞基督教而反抗異端，其最著名者約於一七九年建在亞歷山大里亞的；(三)大禮拜堂或主教的學校（Cathedral or Episcopal Schools），在主教監督之下，訓練青年人充當修士之準備，及對俗人學生的教導，其第一所於一五〇年設在亞歷山大里亞；(四)修院學校(Monastic Schools)，這學校分為兩種：一為內學生，即宣誓（ablati）參加修院生活者，另一為外學生，即俗人的學生，不願成為修士的；(五)專門的教堂學校(Callegiate Church Schools)，創自第十二世紀，準備培養學生處於高等的教會地位；(六)其他的宗教性學校，如唱歌學校、歌詠學校（Chantry Schools）等。在本篤式修院(Benedictine Monasteries)中常設的學校，每分為小的或初等的(minor)與大的或高等的（major）。較大的及較重要的修院，則設有大的學校。專為訓練俗人學者之修院的學校，設在貼近修院的一座建築物中，置有主任教師及助理各一名，但在較大的學校中，其教師人數每增多的。學童由七歲入學以迄十四歲，然後離校而參加其各種勞作；若願意爲修士者，則留在修院，受適應於此種生活的訓練。至於教學內容，小的學校，教授基督教信仰與祈禱、文法、教堂音樂、詩篇、及計算耶穌復活節的方法(Computum)；大的學校，以自由藝爲主要課程，第一級授前三藝，第二級授後四藝。但全部自由七藝，並非在每一修院的或大禮拜堂的學校教授。許多較小規模的學校，只教授文法或其他科目之小量，有些則側重前三藝或對後四藝稍爲教授。至於教授其全部課程者，只有少數學校而已。

自羅馬帝國沒落，修院的任務，保存古代異端的學問及讀寫之藝，隱然爲高等學術之府庫。每一修院設有圖書館，所謂「修院之無圖書館，猶炮臺之無武器」，古代名著的稿本，是賴其保存與謄鈔的。迨蠻族入侵後，政治形成低潮而使學問衰退，僅在高盧及北意大利保留少數的學校，但須賴教會之維持。歷整個早期中世紀，修院之對於教育，是有很大的貢獻。修院的或主教的學校，建置於各修院者如下：在意大利爲加仙諾隱院(Monte Cassino，五二九年)、加西奧多的修院 (Monastery of Cassiodorus，五四〇年)、波比奧 (Bobbio，六一四年)、普魯姆普斯(Prompose)、及克拉西(Clases)。在日耳曼爲賴克諾(Reichenau，七二四年)、赫斯菲德(Hersfeld，七四二年)、富爾達(七四四年)、烏斯堡(Wurzburg，由聖波尼法爵設立主教管轄區，第一座教堂則由聖波爾卡 St. Burchard 所建，七四一至七五三年)、赫斯古(Hirschau，八三〇年)、巴達班(Paderborn，當七七七年沙里曼在那裏舉行議會時所建)、干達薩姆(Gandersheim)、及威生波爾(Wissenbourg)。在瑞士爲聖加爾 (六一四年)。在法蘭西爲萊姆(Reims)、克爾蒙特(Clermont)、藩廷賽 (Fountenselle)、菲亞里(Fleury，六四〇年) 、化里亞 (Ferrieres，約在達古伯 Dagobert 朝建立，六二八至六三八年) 、哥爾比

(Corbie，六五七年)、杜爾(Tours，由聖加沙諾 St. Gatianus 於第三世紀中葉所創立)、都盧(Toul，聖曼叔度 St. Mansuetus 約於第四世紀爲首任主教)、克洛尼(Cluny，九一〇年)、及比克(Bec，一〇三七年)。在英格蘭爲堪他巴里(Canterbury，五八六年)、約克(York)、威爾茅次(六七四年)、加拉斯頓巴里(Glastonbury，初創於六三年，當時由使徒聖斐理伯 St. Philip 派遣聖若瑟 St. Joseph of Arimathea 偕同伴十一人，從高盧抵英格蘭，設立此教堂)、聖阿爾班斯(St. Albans)、瑪爾美斯巴里(Malmesbury，約第七世紀中葉)、及古萊蘭(Croyland，第八世紀之初)。此等學校的教師皆爲修士或修道會會員。樞機紐曼(Cardinal Newman，一八〇一至一八九〇年)敘述修院的學校之發展如下：

「地奧多親攜希臘文及拉丁文的經典，在此國(英格蘭)的各地，設立此兼通兩種語言的學校。自此以後，七種科學的課程，見於本篤的學校(Benedictine Schools)之中。從地奧多起，進至厄伯特(Egbert)與約克學校；從厄伯特而至伯達與佐魯(Jarrow)學校；自伯達後，有阿爾昆與在巴黎、杜爾、及里昂(Lyons)的沙里曼學校。自這些後，有莫路斯與富爾達學校；自莫路斯後，有華拉非(Walafrid)與賴克諾學校，陸普(Lupus)與化里亞學校。自陸普後，有希列克(Heiric)、里美、與萊姆學校；自里美後，有克洛尼的奧都(Odo)；自克洛尼的附屬後，有著名的格爾伯與非亞里的修院院長(Abbo)。」(註二)

當第八世紀時，沙里曼大帝實施一項計劃，教導其兒女，乃在亞拉沙比(Aix-la-Chapelle)設立宮學。男女童均授以自由藝，其本人亦由伯多祿(deacon Peter of Pisa)而受文法課程，並從阿爾昆習修辭、辯證法、尤其是天文。爲着組成一個基督化的羅馬帝國，他普遍施行强迫教育，以增强教會與國家，遂於七八九年頒佈學校改革令，規定每一修院及禮拜堂應設置學校，兒童教以讚美詩、音樂記號法、唱歌、算術、及文法，並供給其書籍。八〇二年另一法令，飭：「各人應遣其子弟入學，而小童應留在學校勤劬用功，直至其在學問上有所成就爲止。」（註二）沙里曼對教育這樣努力推進，學術因而復興。阿非德大帝（Alfred the Great，約八六〇至八八七年）鼓勵各修院開設學校，並親自監督一宮學，教育其胄子，授以拉丁文及索遜（Saxon）文、讚美詩、索遜詩及其他文學，與自由藝的一部份。他對於自由藝的修習，寄以熱烈的期望，惟因那時在威塞（Wesser）整個王國內沒有良師，故難償其願罷了。當八二六年，由教宗攸眞(Pope Eugenius)的公議會（Council）召開一宗教會議，頒發關於俗人教育的法令，謂：「在若干地方，發覺文法學校既無教師，亦無基金，已嘖有煩言。因此，主教們爲着他們的學科與爲着其他覺得需要的地方，應密切注意與黽勉，設置教師，用功教授文法學校及自由藝的原理，因在這些裏，主要的天主命令是啓示與宣告了。」（註三）由於政治的與宗教的當局之苦心維持，故在第八九世紀期間，基督教學校遂略爲發展。由第十一世紀起，有些大禮拜堂學校，且成爲著名的學術中心。在法蘭西的北部，許多學校吸引各地學生負笈而至。此類學校，如在沙脫爾、拉旺（Laon）、及巴黎的，極負時譽，尤其與聖母院(Notre Dame)有聯繫的大禮拜堂學校，其自由藝（特別爲論理學）及神學的教師，每爲學子所嚮風的。

約克學校爲中世紀基督教最著名學校之一。其課程中，自由七藝教學的內容，可得而言者：文法授以杜納陀斯及巴立斯安的原理，以至最浸淫經典的文學與哲學。修辭，授以散文與韻文的寫作，及其實用的，卽法律的研究。辯證法，此科修習的典籍，稀少而空乏的。算術，使用繁重的羅馬數字，遲鈍操籌，以解決年代問題或演算簡單的算題。幾何，由其名詞本身所明瞭者不多，而對於地理學，乃至醫藥，却作較詳的研究。天文，此科對於太陽、月球、星宿之運行的智識，與其對於宗教的及民事的曆數之效用，原極著名，並且比任何其他的科學，更爲有力的引起興趣。音樂，此科所表示者，比諸平歌之原理與數字的神秘理論，僅爲稍多而已。阿爾昆詠自由七藝之詩所表示的，約克學校（七三二至七八六年）課程是百科全書式：文法與修辭居首，繼之以法律、音樂、數學（包括天文、算術、與幾何）、曆數的科學、最後爲神學。其在沙里曼宮學的教學，多採問答的方式。

基督教學校所授的自由七藝，第一種爲文法。在沙里曼的宮廷裏，有一幅值得欣賞而代表自由七藝的圖畫。其中文法是代表皇后，坐在智識的樹下，頭戴后冠，右手握一小刀，以挖削謬疵，左手執一皮鞭，作爲象徵着學校文法的最高權，然而這或象徵着是時的訓練。在課程上，文法預定佔着學生大部份的時間，以拉丁語作爲一種外國語，如精通文法，則對拉丁語能運用自如。杜納陀斯與巴立斯安的文法，以及若干初級讀本，是被採用的。當然，教師們以土語解釋文法定理的意義。書本是稀少，教師只有其所授課的書一本，以口講述，學生們筆記之於蠟板上，用心吟誦。迨其能以筆墨書寫時，乃由蠟板所寫的轉而書之於羊皮紙，由是逐漸的抄寫其自己所用的教科書。他們初習伊索寓言(Fables of Aesop)，及箴言與格言集。惠吉爾繼之，通常用爲教科書。高級的學生，則兼修詩學。繼惠吉爾之後，爲琉坎與士德修斯；泰倫斯、沙盧斯特、西塞祿；賀拉西、波秀斯、猶威拿；以及基督教的詩人，如蒲丹細阿、色度留斯、猶溫古斯、亞拉多等名著，是廣博的誦讀，但其主要目的，仍爲文法。奧維德的文學，有時亦採用。早期各教師，以土語解釋拉丁文的作家；但高級的學者，則直接用拉丁語來講述。修辭不甚重視，其所教授者，不過藉西塞祿及昆體良的著作，尤其西塞祿的致赫連尼五書；有時根據其原著，有時藉卡比拉、伯達、或阿爾昆的媒介而學習。這科的內容，包括散文與韻文寫作之技藝。論理學，波愛萃斯的著述，爲早期中世紀修習此科之智識的源泉。揣摩波愛萃斯之後，便能誦讀普菲里的導論與亞里斯多德的工具之譯本。在卡廬林任時期，論理學的實際作用不大，即使學生受好奇心驅策，竭力向各名家追求，亦不能得很大進步。算術一科，波愛萃斯極具權威；而其算術，主要的是應付數字的特性與理論。其他著名的算學家，對此科曾致力研究與改作，主要的關於宗教曆數之計算。幾何學，在這時期是極受限制的，比如卡比拉的著作，對幾何學固有的內容，很少注意。天文學是根據亞里斯多德與托里買的著作。但依西多祿的探源論，也爲中世紀天文學者之所宗。音樂限於記號法和唱詠，及音樂的理論和歷史，其主要的作家爲波愛萃斯，所著音樂定例論，享有最高權威的歷數百年之久。

中世紀自由七藝的教科書，可分爲兩種：一爲百科全書的，包括課程全部或幾乎全部的科目，如卡比拉、加西奧多、奧加斯定、波愛萃斯、依西多祿、伯達、阿爾昆、莫路斯等論著，而波愛萃斯與伯達的著作，僅包括後四藝的科目。一爲個別的，僅爲專論特別的科目，此殆由標準的百科全書或常由某名家的著作，作提要或精細的改作；此種改作，每爲後來教科書的基礎。中世紀各基督教學校，其自由七藝課程所採用的教科書，表列如下：

| 科目 | 主要內容 | 教授用書 |
| --- | --- | --- |
| 文法 | 語言與拉丁文學的修習 | 一、杜納陀斯的文法小藝、文法大藝、與俚句。<br>二、巴立斯安的大文法。<br>三、卡比拉、加西奧多、依西多祿、阿爾昆、及莫路斯的文法論著。 |
| 修辭 | 表示的或演講的技藝 | 一、西塞祿的論演講家。<br>二、昆體良的演講原理。 |
| 辯證法 | 推理的與論理的技藝 | 一、亞里斯多德的工具。（波愛萃斯譯）<br>二、普菲里的導論。（波愛萃斯譯）<br>三、波愛萃斯的辯證篇。<br>四、卡比拉的論辯證藝。<br>五、加西奧多的論辯證法。 |
| 算術 | 應付數量與計算 | 一、卡比拉的論算術藝。<br>二、波愛萃斯的算術定例論。<br>三、加西奧多的算術論。<br>四、伯達的論時節原理。<br>五、阿爾昆的月球之運行及閏年論。<br>六、莫路斯的論計算書。 |

| | | |
|---|---|---|
| 幾何 | 歐克里德原本與地理的研究 | 一、歐克里德的原本。<br>二、波愛萃斯的幾何學。<br>三、卡比拉的論幾何藝（包括地理）。<br>四、依西多祿的探源論（第三冊）。<br>五、莫路斯的宇宙論（屬地理性質）。<br>六、普林尼的自然史（地理部份）。 |
| 天文 | 教會曆數與占星學的測算 | 一、托里買的最偉大者。<br>二、依西多祿的探源論（第三冊）<br>三、阿爾昆的月球之運行及閏年論。<br>四、伯達的物性論、論時節原理。<br>五、莫路斯的論計算書。 |
| 音樂 | 研究符號記法與唱詠，及音樂的理論與歷史。 | 一、波愛萃斯的音樂定例論。<br>二、加西奧多、卡比拉、及依西多祿的音樂論著。 |

第九世紀以後，其他各大禮拜堂學校所用的教科書，實大同而小異。茲撮要表列以資比較：

| 學校 / 教科書 / 科目 | 杜爾、烏斯堡(Wurzburg)學校 | 聖加爾學校 | 沙脫爾學校（一〇二九年在富爾伯主持下） |
|---|---|---|---|
| 文法 | 一、杜納陀斯小藝、大藝。<br>二、巴立斯安大文法。<br>三、克里孟文法藝。 | 一、杜納陀斯小藝、大藝。<br>二、阿爾昆文法論。 | 一、杜納陀斯小藝、大藝。<br>二、巴立斯安大文法。<br>三、卡比拉論文法藝。<br>四、依西多祿探源論（第一冊）。<br>五、伯達論韻格藝(De Arte Metrica)<br>六、羅馬詩人及基督教經學家的名著。 |
| 修辭 | 一、西塞祿致赫連尼五書、論題的選擇論。<br>二、阿爾昆修辭論。<br>三、加西奧多自由藝與科學論（第二冊）。 | 一、西塞祿論題的選擇論、致赫連尼五書。<br>二、昆體良演講原理。<br>三、諾特卡論修辭藝的內容。 | 西塞祿論演講家、論題的選擇論。 |

| | | | |
|---|---|---|---|
| 辯證法 | 一、西塞祿辯證篇（波愛萃斯譯）。<br>二、僞奧加斯定的範疇。<br>三、阿爾昆辯證法論。 | 一、亞里斯多德範疇篇、解釋篇（波愛萃斯譯）。<br>二、普非里導論。<br>三、諾特卡（Notker IV）定義論（De Definitione）、邏輯分析論(De Partibus Logicae)。<br>四、亞普琉斯解釋論。<br>五、農格（Nong）辯證法教本（此書根據僞奧加斯定、卡比拉、亞普琉斯、及維多冷，而僅由四頁編成）。 | 一、亞里斯多德範疇篇、解釋篇。<br>二、普非里導論。<br>三、僞奧加斯定的範疇。<br>四、亞普琉斯(Apuleius)解釋論。<br>五、西塞祿辯證篇。<br>六、波愛萃斯定義論、分釋論、與絕對的及假言的三段論法等著作。（格爾伯注釋） |
| 算術 | 一、波愛萃斯算術定例論。<br>二、卡比拉論算術藝。<br>三、依西多祿探源論（第二冊）。<br>四、伯達論時節原理。 | 一、波愛萃斯算術定例論。<br>二、伯達耶穌復活節表。<br>三、希爾比列（Helperic of Auxerre）計算。 | 一、波愛萃斯算術定例論。<br>二、羅馬算盤。<br>三、（尼可麥古斯算術導論）。 |

| | | | |
|---|---|---|---|
| 幾何 | 一、卡比拉論幾何藝。<br>二、依西多祿探源論（第二冊）。<br>三、關於地理的論著。 | 一、歐克里德原本。<br>二、波愛萃斯幾何學。<br>三、卡比拉論幾何藝。 | 一、波愛萃斯幾何學。<br>二、（歐克里德原本）。 |
| 天文 | 一、依西多祿探源論（第三冊）。<br>二、伯達論時節原理。 | 一、亞拉都斯現象。<br>二、亞普琉斯畢達可拉的天體。 | 一、托里買最偉大者。<br>二、教堂曆數之計算。 |
| 音樂 | 一、地奧多韻格論(Treatise on Metres)。<br>二、荷格(Hoger)音樂符號記法的新法。 | 一、僞奧加斯定音樂。<br>二、波愛萃斯音樂定例論。<br>三、加西奧多音樂論。<br>四、依西多祿探源論（第三冊）。 | 波愛萃斯音樂定例論。 |

士林哲學派對於自由七藝的教程，特別重視，且列爲公式化；而對於教科書的師承，每以意像或圖畫來表明，此雖帶有神秘的意味，但亦可窺其傾向之所在。沙脫爾的總長提亞里，撰有關於自由七藝的論著(約一一四一年)，稱爲七種論集（Bibliatheca Septem）或七書（Eptateuchon）。此書共兩巨冊，論文法者一百九十頁，採自杜納陀斯及巴立斯安；修辭八十八頁，參考西塞祿、西里安奴斯(Serianus)、及卡比拉；辯證法一百五十四頁，依據亞里斯多德及波愛萃斯。其餘論後四藝者一百六

十頁，音樂算術宗波愛萃斯；幾何宗亞達拉德、佛朗提奴、依西多祿；天文宗海眞諾及托里買。其所述之人物形態，刻在此大禮拜堂南邊入門處。荷諾累斯（Honorius of Autun）生於第十二世上半期，乃一位教士、神學家、哲學家、及百科全書的作者。其所著靈魂或學藝的流亡與本土（The Exile and Native Land of the Soul, Or the Arts）一書中，謂亡魂而歸故鄉，途經十個城市，即文法、修辭、辯證法、算術、音樂、幾何、天文、物理學、機械學、及經濟學。其掌教席者，第一城爲杜納陀斯及巴立斯安；第二城，西塞祿；第三城，亞里斯多德；第四城，波愛萃斯；第五城，波愛萃斯的訓練；第六城，亞拉都斯；第七城，海眞諾及凱薩(Julius Caesar)。此足以表示其對自由七藝師承之所宗了。意大利藝術家加地（Taddeo Gaddi，約一三〇〇至一三六六年），於一三三二年在佛羅稜斯(Florence）的聖瑪利新教堂（Santa Maria Movella）之多明我修院，繪有一幅畫，描寫自由七藝的基本教學。此畫的中心，爲聖亞奎納，文法呈現着杜納陀斯或巴立斯安，修辭伴以西塞祿；辯證法伴以齊諾；算術，亞巴郎（Abraham, 中世紀一教師之名）；幾何，歐克里德；天文，托里買；音樂爲加音（Cain, 創世記第四章所載加音之後裔），使用一鎚，或爲暗指諧和調音的鎚。額俄略（Gregory de Reisch）的哲學玄珠（Margarita Philosophica），其一五〇八年巴錫略（Basel）本，有一幅解釋的圖畫，對教育進程，作一寓言的表明。一個幼童，當其熟習了初學書（Hornbook）及學問的初階（讀、寫、算、音的啓蒙)時，乃趨於智識之殿。智慧(娘子)欲置鑰以啓殿門。門首上寫着推理（Congruitas）一字，表示文法（文法先用以教授推理的講話）。登殿之第一層及第二層，他學習杜納陀斯與巴立斯安的文法，第三層的左面。學習亞里斯多德的論理學，繼之以西塞祿的修辭與詩學，由是遂修畢前三藝。波愛萃斯的算術，亦露現於第三層之中。第四層他完成後四藝的學習，其次序爲畢達哥拉的音樂、歐克里德的幾何、和托里買的天文。學生然後進一步學習哲學，完成其物理學、辛尼加的道德及彼得（Peter Lombard，一一〇〇至約一一六〇或六四年）的神學或形而上學（其教本爲意見集Sententiae），爲最後目標。由此，全部學程便算授完了。這樣說來，自由七藝是構成中世紀基督教學校的課程。但應特別注意的，這些藝的內容，僅爲抽象的與形式的，而非具體的與實用的學習。從另一方面來說，這些藝雖然是粗淺的而不及第十六世紀以後的課程之成熟，但顯然的爲第十五世紀數學與科學進步的準備，而代表着所謂「中世紀科學」了。

## 第二節　大學的課程

自羅馬帝國至第十二世紀的高等教育，除了上節所述的修院和基督教學校之外，就沒有其他的教育機關，以爲藏修之所。學生所得的智識，祇限於卡比拉、加西奧多、波愛萃斯、依西多祿等百科全書的著作。自是厥後，有了新的和有價值的學識，像論理學、雄辯術、新亞里斯多德哲學、神學系統化、醫學進步、民法研究、及教會出版法令大全等，而各國都可以保持治安，建立强有力的政府，師生們能夠過着安全生活的時候，才啓導學術復興，崛起了近乎大學程度的學校，這是第十二三世紀學術界最重要的現象。這種學校稱爲大學(Universitas)，——根據拉丁字義，即釋作教師的團體或學生的團體；此一團體活動的中心地，最初稱爲教學（Studium），其後稱爲全部教學的地方（Studium Generale)。大學肇自第十二世紀，至第十三世紀創有十九間；第十四世紀增至二十五間，第十五世紀增至三十間。其組織常設四分科，神學、法律、及醫學三分科，是支配高級的，而學藝的分科，則爲低級的。自由藝是視作一種準備的訓練，及爲對於在修院的與大禮拜堂的學校所授自由七藝課程之一種擴展。因此，學藝科（或稱文科）有低級科的名稱，即爲所有其他課程之基礎。學藝科的教務長，兼全大學之校長，所有教授、教員、及職員僕役，無論什麽身份，要宣誓對其服從。教授的地位很高，且有種種優先權利與豁免的優待。莘莘而年青的學子，十四歲入學，二十歲可以修完自由藝課程而畢業了。當上課時，教授備有一本或數本教科書，放在面前；因在學藝科的習慣上，於文法與論理學的授課中，每引用數種參考書來解釋。對於原文，低音悠然的逐句誦讀，然後加以解釋及意譯。學生們留心靜聽，並將其教師之言，錄入於筆記簿之內。正常功課約在晨早六時開始，每以教授的雍容態度而延長。在事實上，不待至九時，各種練習，即特別的功課，必須開始。當其上特別的功課時，教授與學士們，可穿其所愛好任何質料之袍服。自一二五四年以後，學藝科規定，凡日間正常功課已授畢，應授兩種特別功課；遇假期時正常功課旣減省，但非全部日子是休息，則授三種特別功課。由第十三世紀之末起，自由七藝而加以亞里斯多德的科學與哲學，便成爲學藝科的基本課程了。

巴黎大學（一一六〇年立），乃西方大學之母，亦爲北歐大學的典型，由教師會所管理。一一八〇年，學藝科是開始設置了。所授之自由藝，分爲前三藝與後四藝兩組。當大學興起之前，文法在自由七藝中是最重要者，以杜納陀斯與巴立斯安的文法論著，爲主要的教本。可是由第十二世紀起，發生顯著的轉變，成了舊文法與新文法之分。迨至第十三世紀之初，有些地方，文法仍爲自由藝課程中之最重要者，而其高級的修習，則包涵對經學名著更廣博的誦讀。修辭減却其重要性。論理學則受特別推崇，而佔了學藝科之主要地位。在中世紀無論任何時期，後四藝並未有高度的發展，而大學對此等科目，亦未規定充份時間來教授。音樂因對預期的教會人物有實用的關係，故學生們特別留心學習。至於算術、幾何、與天文，並不重視。學生們卽使稍曉後四藝者，便可領得碩士（Master of Arts）的學位。尤其當第十三世紀時，亞里斯多德的自然科學之書，爲大學所採用，每替代其後四藝的科目了。巴黎大學的校長魯伯特（Robert of Courcon，一二一一年任校長，一二一八年卒）樞機，一二一五年，檢討巴黎大學所流行之錯誤，訂立規程，對學藝科以特別的指示：

「凡在二十歲以前者，不得在巴黎大學的學藝科講授。當其開始講授之前，要專修學藝科至少六年。他是自願的，講授至少兩年，除非被某些正當的理由所阻，而此理由，應在公衆或在審查者之前所證明的。他不能受任何醜聲所侮辱。當其準備講授時，依照巴黎主教（Lord P. bishop of Paris）之公函所言的定例，每人要經過考試的。（在此封公函中，包涵由教宗所委士師 Judges 訂立校長與學生間之規矩，而由推來 Troyes 的主教與聖師，及巴黎的主教與校長所批准與證明。）

「亞里斯多德的「舊」與「新」論理學書本，在學校必修科是應修習的，而非在選科。巴立斯安的兩書，或至少爲第二種，亦應在學校必修科誦讀。當節期的時候，除哲學、修辭、後四藝、俚句（Barbarisms），或其所選之倫理學、及辯證篇第四冊之外，不應有所誦習。亞里斯多德的形而上學，或自然哲學之書，或此等書的概要，是不應誦習：大師戴維德（Master David de Dinant，著有唯物的汎神論，一二一〇年被巴黎公議所譴責）的、亞爾馬列古（Almaricus de Chartres，第十二世紀末巴黎大學教授，創汎神論）的、或西班牙莫里斯（Maurice）的「學說」，亦不宜誦習。

「當教師的開講與會議，及學童與青年的駁論或辯論時，並沒有慶儀。但他們可邀請朋友或伴侶參觀，僅屬少數。我們並勸告，依慣例的或甚至一較大的數額，尤其對於貧窮者衣服與其他物的捐助，是應該做的。在學藝科講授時，教師除穿著圓形而黑色，當其新時至少垂踵的僧袍之外，不許穿著任何袍服。但他或完全穿著一長方形毛衣（Pallium）。他不許在圓形僧袍之下而穿繡鞋及永不佩任何長帶。

「若有學藝科或神學科任何一個學生夭殤，學藝科教師的一半，前往參加葬禮，另一半則參加下一次葬禮。除非有充份之理由，他們不得擅離，要俟埋葬完畢為止。若有學藝科或神學科任何一個教師逝世，全體教師應參加夜禱，每人誦詩或曾誦過。除非由某充份理由所阻，各人要留在舉行夜禱的教堂，直至午夜或稍後為止。當教師殯葬之日，授課或辯論是停止的。」（註四）

其所用的教科書，為杜納陀斯及巴立斯安的文法；波愛萃斯的修辭、論理學、算術、與音樂的論著、及其關於亞里斯多德的工具與普非里的導論之譯本；歐克里德的原本（由亞達拉德譯）；托里買的最偉大者（吉拉德由阿拉伯文所意譯）。在此時期，對於所設各科目的新教本，積極生產，其中有些在各大學曾被普遍採用。文法一科，亞歷山大的教義，伊巴赫德的希臘文用途與難解者，皆為韻文式的，非常流行。論理學的論著，常在大學課程中提及者，為吉爾伯的六原理書，及希斯巴奴的伯達小論理學。數學的著作，則有薩克羅波斯古的算法及天球論（Libellus de Sphaera）。穆里的若望之音樂論著，於第十四世紀初期編成。上述的名著，皆用爲大學的教科書。自大學制度興起，自由藝課程的擴充隨之；而對於自由藝，新發現亞里斯多德之自然科學（自然哲學）、倫理學與政治學（道德哲學）的學問、逐漸增加。當時神學科慢慢採納亞里斯多德的科學著作，其後教廷認爲似不適於教會的教義，曾設法使其脫離大學的各科。但學藝科却接受亞里斯多德更多的著作，融合而同化之，遂使此科更有生氣而吸引學生。由於亞里斯多德逐漸變爲「堪敬重的」，而其著作又可調和於教義，尤其經過大亞爾伯及聖亞奎納等努力闡揚，故其哲學與科學的學問，成爲規定，而與傳統的自由七藝同爲學藝科課程的主要內容。

巴黎大學一二一五年所用的教科書如下表：

| 藝目 | | 教科書 |
| --- | --- | --- |
| 前三藝 | 文法 | 巴立斯安的大文法（十六章）、小文法（二章）。 |
| | 論理學 | 亞里斯多德的舊論理學（波愛萃斯譯）、新論理學（全部工具，及普菲里的導論）。 |
| | 修辭 | 杜納陀斯的俚句（小藝的第三冊）及波愛萃斯的辯證篇。 |
| 後四藝 | 算術 | （無特別教本） |
| | 幾何 | |
| | 音樂 | |
| | 天文 | |

| | |
|---|---|
| 哲　學 | 亞里斯多德的尼可馬克倫理學（Nicomachean Ethics）。 |

一二五四年，巴黎大學對於領取學士與碩士學位者，規定其應修習之教科書如下表：

| 科目 | 修習時間 | 教科書 |
|---|---|---|
| 舊論理學 | 六個月 | 普非里導論、亞里斯多德範疇篇、解釋篇、波愛萃斯分釋論、辯證篇（除第四冊外）。 |
| 新論理學 | 六個月 | 亞里斯多德分析前篇、分析後篇、斥詭辯篇、辯證篇。 |
| 道德哲學 | 六　週 | 亞里斯多德倫理學（四冊）。 |
| 自然哲學 | | 亞里斯多德自然科學。 |
| 形而上學 | 八個月以上 | 亞里斯多德形而上學。 |
| 其他教本 | | 吉爾伯六原理書、杜納陀斯俚句、巴立斯安大文法與小文法（六個月）、洛加（Costa ben Luca）論本原（On Causes）、論精神與靈魂的差別（On the Differences of Spirit and Soul）。 |

一二一五年在巴黎所禁止新亞里斯多德的書，至一二五四年，却認爲必修科。亞味洛厄茲所撰亞里斯多德的評註，和亞里斯多德的原著，是一併修習。論理學完全替代修辭，不過根據希臘和阿拉伯稿本的幾何與天文，仍有地位的。一二五五年，巴黎大學所用亞里斯多德之書，包括舊論理學、新論理學、倫理學、形而上學、靈魂論（De Anima）、軀體論（De Animalibus）、感覺與可感之物論（De Sensu et Sensato）、睡與醒論（De Sommo et Vigilia）、記憶與回想論（De memoria et Reminiscentia）、生死論（De Morte et Vita）、植物論（De Plantis）等。巴立斯安之書，則爲三小冊：六原理（Sex principia）、俚句、與論重音（De Accentu）。

自巴黎大學成立後，學生們可領得三種學位：第一、文學士的學位，學生於領受學位之前，年齡必須逾十四歲，修習學藝科課程四年至五年。及修畢前三藝的科目後，學士學位的候選人，要受文法、修辭、與論理學的考試。第二、當其領得學士學位後，可向宗教的當局，申請教學執照。第三、碩士的學位，修業期限三年至四年。領碩士學位後，學生通常再入神學、法律、或醫學的高等科深造。由一三六六年起，巴黎大學採用如下的教本，規定學生要聽授，並加以考試。

（一） 領文學士學位者：

文法：亞歷山大教義、伊巴赫德希臘文用途。論理學：亞里斯多德工具及靈魂論、普菲里導論、吉爾伯六原理書、波愛萃斯分釋論與辯證篇。

（二） 領教學執照者：

亞里斯多德物理學、產生與衰敗論（De Generatio et Corruptio）、宇宙論（De Caedo et

Mundo)、小自然學（Parva Naturalia）、及形而上學（Lider Methophysicae），並加以數學用書，像歐克里德原本（首先六冊）、普菲里最偉大者（Almagestum）、若望（John of Pisa）公共遠景。

巴黎大學與在南意大利的奧爾連（Orleans）大學，對於自由藝科目側重點互異的結果，曾發生所謂「七藝之戰」。軒利（d'Andeli Henri）撰詩描述其爭端，謂：「你知此爭端的理由麼？這是因其對學習有差異；彼爲着論理學而常爭辯者，稱作家所特許的，而奧爾連的學生，不過乃文法的學童罷。」（註五）此七藝之戰，實際上乃課程間與學校間的論戰。一方面迷溺於論理學、理論、與法律；另一方面，則爲文法、文學、經學、與詩詞。巴黎大學是前者的學府，而奧爾連大學，則代表後者，乃形成壁壘森嚴，旗鼓相當的對立。在意大利，像在法蘭西與英格蘭一樣，全部教育以自由七藝爲基礎。但根據南北的傾向與天才之互異，自由七藝課程的相關重要性，也普遍的不同了。在阿爾卑山脈以北的，其側重點是在論理學，尤其在論理學之對於形而上學的與神學的應用。相反的，在意大利方面，文法與修辭，特別重視。此等藝之修習，以其有助於法律文件之撰作，及爲公證人與辯護人工作的準備，而不在對於聖經及教士們的研究之必需初階。故修辭不僅包括說服與文學寫作技藝之教導，並且至少爲進於法律科之初步的啓蒙。即使論理學，寧視爲使智慧更敏銳的與爲法庭雄辯的訓練，而非爲神學之神秘的鎖鑰。

波隆大學（一一一三年立），最早享有教育上盛名，乃意大利和西班牙南歐大學的模範，亦爲一所自由藝的學府。其主要活動的是學生，大學由學生管理，原由禮拜堂藝的學校、修院的法律學校、及市立修辭學校發展而組成。其學科先重法律，醫學與自由藝次之。波隆的法律之學，與沙脫爾的文法及巴黎的論理學齊名。但文法並不如沙脫爾作爲文學及經學專修而授業，其論理學亦不如巴黎作爲辯證法練習而教導，反之，文法與修辭，不過作爲研究法律、醫學、及筆錄術的實際準備而已。無疑此乃由文化條件不同使然，良以是時意大利市民生活代替封建主義，政治興趣較神學或宗教爲大的。波隆大學於一一五八年正式被承認，其分科與巴黎大學相同，一三一六年設學藝科與醫學科，一三六〇年設神學科，另設法律科。當然，遠溯西曆一千年起，波隆已爲自由藝的學府，其自由藝的學程，夙負盛名，遠地學子，紛紛負笈而至。學藝科的畢業，一二二一年以前已正式舉行。修畢自由藝全部課程者，稱爲全自由藝博士。在低級學藝科畢業，雖被承認，但並非重要的。除了全自由藝畢業外，對於自由藝課程中某種科目，亦可個別畢業及領得教學執照，而對其餘科目不需補修或考試的。波隆對於自由藝的教材，幾全與巴黎的相同。亞里斯多德的名著，在講授中佔着重要的地位。課程似在四年內授畢，而巴黎則通常爲七年。意大利各大學在學術上雖不及巴黎的享有殊譽，但修辭、數學、與天文，却比北方爲盛。修辭方面，波隆的教科書爲西塞祿論題的選擇論及致赫連尼五書，或由波隆的佐都（Friar Guiotto）所編的綱要（Compendium）。一四〇五年，規定算術、幾何、與天文的四年制課程。其用書：算術爲論小數與整數算法（Alogorismi De Minutis et Integris）；幾何爲歐克里德原本，及坎巴諾（Johannes Companus of Novara，第十三世紀幾何學家）的評註；天文爲行星的理論（Theorica Planetarum，吉拉德編，或坎巴諾對托里買最偉大者之意譯），及其天文表與占星學家的論著。

英格蘭的牛津大學（一二四九年立），與巴黎大學一樣，認爲大學的首要任務，是授給學生以一種通才或自由教育。自由藝的課程乃基本的，凡專精前三藝與後四藝之後，學者便可進於法律科或神學科了。修業期限很長，並且淸楚的規定。約在第十三世紀時，自由藝的第三年級學生，准其成爲一「通才詭辯家」（General Sophister）。因此，他要限定參加論理的「變化」（variations），在禮拜堂的門廊，舉行詭辯的「辯駁、爭論、與回答」，每年至少一次。及學生修滿自由藝的四年後，立即舉行「考定」（determination）的儀式，由是，文學士（Bachelor of Arts）的學位，便可照常領得了。他然後能領得一種有限制的執照以教學，但其年齡在十七八歲以前，或不能得之。再經四年續修後四藝之後，乃成爲碩士；故碩士專修的期限，歷七八年之久。如是，他規定要從事教學，而坐在主管的教師之院了。

前三藝的課程，文法與論理學，在考定前是始終如一的專修，音樂、幾何、天文、與道德哲學，則在考定以後修習，但修辭、算術、及自然的與形而上學的哲學所應修習的，對於時間上一般義務，並無明文規定。文法方面，杜納陀斯、巴立斯安、及泰倫斯，乃最常誦習的作家。修辭則修習亞里斯多德與西塞祿的原本，及波愛萃斯的名著。論理學的授課，亞里斯多德、普非里、波愛萃斯、及希斯巴奴的伯達，乃其專攻的師承。牛津大學，有時注重後四藝，保持於其教育的傳統之中。算術之貢獻於曆數者，乃屬於規定宗教的日期之價值；在阿拉伯數字採用以前，計算頗爲艱辛的。但梅頓（Merton）的人們誠有助於使牛津的數學盛行，而英格蘭的數學家像薩克羅波斯古及布拉德華丁，開其風氣，使第十三四世紀的學生們，增加數學的興趣。幾何是根據歐克里德，而爲學生在自由藝中所最喜悅者。天文是宗托里買所想像地球是宇宙中心的理論；但天文與占星學間的界限，劃分是非常含糊。其觀念且認爲星宿支配科學及指導人類的命運。波愛萃斯的音樂定例論，用以教授音樂的理論。在巴黎及其他法蘭西的大學，當第十三世紀後期及第十四紀全期，後四藝幾完全式微。然而，在牛津大學，自由七藝的理論與實際，仍善爲保持，而後四藝歷來比在巴黎的更爲流行。一四〇八年的大學章程，曾規定若干數學的必修書籍，而在一四三一年，規定學位的候選人，須誦習自由七藝相當數量的書本，包括後四藝在內。事實上，前三藝是文法學校課程的範圍，而後四藝與神學，則爲大學課程的範圍。中世紀的授課，原有兩種：卽「正常的」與「特別的。」前者似由大學教師 (regent masters) 於規定的教科書作正式講授；後者，乃特別的授業，要附加學費，由教師或學士所擔任的。凡講授用拉丁語，由一小時至三小時之久。迨講授後，每將聽講者聚集起來，舉行一次復始 (resumpto)，由每個學生提出其所記憶的，如是把講授的實際背誦一番了。在牛津大學，這復始成爲其訓練的固定部份。當講授課程終結時，習慣上師生們參加特別的彌撒，在那時通常亦爲教授們報告其下年的課程。

一二六七年，牛津大學的課程，對於學士與碩士的學位，規定其必需條件如下：

「學士們於是年考定者，携教師或學士所批准之證件，晉謁這教師們，如欲自求考定者，則向福音宣誓，謂其除了波愛萃斯的教本外，受過所有舊論理學書之講授至少兩次，其中一次充份聽授，而波愛萃斯辯證篇第四冊，並不限於全部聽授；至於新論理學，分析前篇、辯證篇、及斥詭辯篇的書聽授兩次；但分析後篇的書，至少曾聽授一次。文法方面，巴立斯安的造句法(Constructions)聽授兩次，杜納陀斯的俚句一次。自然哲學方面，物理學、靈魂論、及產生與衰敗論三部書亦然。

須知的，倘若他們在學校首次公開對答，則要以全年作詭辯的對答，但在其應對答問題之年，並不算爲所說之全年。他們對於問題應在四旬齋之前的夏季，至少對答一次，在四旬齋時，他們進行考定的。但倘若他們未曾公開的作詭辯的對答，則要宣誓，謂其已聽授上述之書，並聽授分析後篇兩次。他們聽授此等書之中，亦應比其公開作詭辯的對答時間爲長。

可是，若任何未有考定其自己的對答以前，而要考定他人者，則其亦要宣誓，謂曾聽授所有上述的書本，此外，在其自己的時間內，能聽授巴立斯安的大文法一次，至於氣象（Meteors）三冊，無論如何要宣誓謂已聽授了。

碩士們，或學士們，其進行作此種證明者，要虔誠宣稱：候選人是合理的練習上述的對答；那些未有考定之前者已有適當的專修，而其在此階段以前一年內，根據上述的程序，已能有適當的對自己考定了。

尤應明白的，凡進行求考定者，曾適當的聽授各書本，但根據上述的規例，他們限定要聽授兩次，若只一次及非完全的兩次，或根據上述的規例而未有適當的聽授其所定之全部者，則他們應再聽授一次，與聽授例外之書本相同，而依照選定主持考試的教師們之宣誓的實際意見，如那些書本認爲是適當的替代，他們可准往考試員的辦公室，否則將被完全拒絕了。」（註六）

一四〇八至一四三一年，牛津大學的碩士學位，規定自由七藝必修之教本如下：

| 藝目 | 教科書 | 修業學期 |
|---|---|---|
| 文法 | 巴立斯安 大文法或小文法。 | 一 |
| 修辭 | 亞里斯多德修辭學（或波愛萃斯辯證篇第四冊；或西塞祿新修辭；或奧維德變態；或惠吉爾詩篇）。 | 三 |
| 論理學 | 亞里斯多德解釋篇（或波愛萃斯辯證篇前三冊；或亞里斯多德分析前篇或辯證篇）。 | 三 |
| 算術 | 波愛萃斯算術定例論。 | 一 |
| 音樂 | 波愛萃斯音樂定例論。 | 一 |
| 幾何 | 歐克里德原本（六冊？）（或亞爾哈禪 Alhazen 兩學期，或威提里奧 Vitellis 遠景）。 | |
| 天文 | （托里買？）行星的理論（或托里買最偉大者）。 | 二 |

（註 一）John Henry Newman, Historical Sketches, Vol. II, p.451. London, Longmans, Green & Co. 1894.

（註 二）P. J. McCormick, History of Education, p.96. Washington D. C. The Catholic Education Press, 1915.

（註 三）Arthur F. Leach, Educational Charters and Documents, p.21. Cambridge, The University

Press, 1911.

(註　四) Dana Carleton Munro, The Mediaeval Students, pp.12–14. (Translations and Reprints from the original sources of European History), Vol. II, No. 3, Philadelphia, University of Pennsylvania, 1899.

(註　五) Henri d'andeli, The Battle of the Seven Arts, tr. by Louis John Paetow, p. 37. (Memoirs of the University of California, Vol. 4, No. 1, History Vol. I, No. 1). Berkeley, University of California Press, 1914.

(註　六) Arthur F. Leach, Educational Charters and Documents, pp. 193–195.

# 第十四章　自由七藝的變革

## 第一節　人文主義

文藝復興者，是第十四十五世紀一種文化與教育的運動，由意大利學者開其端，熱誠的追溯古典，使希臘與拉丁文學之復生。故這種新教育的內容，不過包涵語言與希臘羅馬的經典文學；在這一階段，每以人文主義（Humanism）來表示之。人文主義一詞，西塞祿曾善爲解釋，謂羅馬官吏，應以人道（humanitas）待遇希臘人；又認爲人性的（humani），乃對文化有適當研究而曾受過教化者。這種文化，稱之爲人性（humanitas），根據拉丁文的字義，等於現時的人文主義。

文藝復興的本質，乃一種個人主義，以反抗智識及生活的社會方面之權威，解除中世紀宗教的與哲學的束縛，而注意於人類生活事情的興趣，尋求生活上較好的遠景爲目的。並且認爲希臘與羅馬的文學，乃了解這種運動之唯一方法，故汲汲謀經學精神的復活。當其伊始，人文主義屬於宗教的較科學的爲多，推演其道德力量，寧由感情方面而不在智識方面。人文主義學者，充滿渴求過去智慧的熱誠，從事古代典籍的研究，而發現過去偉大的歷史文化，由嚮往而圖恢復，心目中認爲只有從希臘及拉丁語言中，才能得到文化。他們對於古代的生活，由於同情而深寄景仰的態度。可是，從趣向方面來說，人文主義分爲南北兩派：(一)南派方面，意大利的人文主義，志在鼓勵個人的發展和個性的表現。其第一個目的，在恢復自由教育的理想，原由希臘人創之，而由羅馬人如西塞祿昆體良等述之。這種自由教育，是求思想、體格、與道德的諧和發展，以適應於自由人。第二個目的，是重新重視個性，恢復古雅典人所注意個別的超卓與個人的自覺。(二)北派方面，阿爾卑山脈外的(Transalpine)人文主義之教育目的，社會的較個人的爲重，而與意大利人文主義稍異。其重點不在主觀的與感情的結果，而在客觀的與道德的結果。教育並非特別求個人的康樂，而在社會的改革與人類關係的改善。此兩派所傾向之目標雖然各異，但殊途同歸，皆以古代經學爲達致此新目的之手段。

人文主義的教育，反對中世紀士林哲學派，因此自由七藝似無生氣，本來面目，暗淡無光了。可是，自由七藝的課程，保留於各大學之中，這種教學上已歷千年的統一制度，尙在歐陸各地流行，人文主義學者的孳孳講求，終不離此一套科目。不過基於自由教育的理想，人文主義學者從希臘與拉丁語文中實行對自由的追求，其教學方法，實質上乃由論理學或辯證法的基礎，轉而至文法與修辭的基礎。中世紀最爲學者所重視論理學被推翻了，忽略已久的修辭，由於集中對古代經學之體裁與內容的觀摩，遂恢復羅馬時期所享有的重要地位。在教育上素握權威的亞里斯多德被抑低，西塞祿却一躍而爲泰斗。同時並注意於語文的文法，作爲人類智識之初步方法，文法且恢復爲七藝之主。前三藝的地位，既然這樣卓著，至於數學，也受相當重視。然而由於新教師對於各科目含義的了解，發生廣大的差異，而討論其內容，又每作革命性解釋，故自由藝實際上不免失却原有的意味了。另一方面，整個中世紀所採用自由藝三部標準用書，像卡比拉的語言與風神的結婚，加西奧多的自由藝與科學論、和依西多祿的探源論，在文藝復興時期翻印許多版。普魯托克、惠吉爾、西塞祿、昆體良、及波愛萃斯的著作，中世紀時既用爲自由藝的重要教科書，而人文主義學者也用之爲主要的教本。且在許多地方，人文主義學者的思想，不啻爲昆體良的演講原理及西塞祿的演講術論著的回聲而已。西塞祿的學問，成爲學校修習之全期的教程，尤其成爲對教育目的之典型。要言之，人文主義教育的主要目的，是教導青年演講與寫作，踵武西塞祿的前規。這樣說來，文藝復興時期的自由藝，並非像中世紀限於準備研究神學的藝，而恢復羅馬初期爲自由人學問的藝。

人文主義學者，仍重視自由藝的傳統，在研究的範圍或教學的課程內，雖然不是採用一套完整的七藝，但對於這種陶冶人文的自由學問，是鍥而不捨的。其顯著的學者與其學旨，茲分述如下：

一、古洛哥（Coluccio Salutati，一三三一至一四〇六年），乃一位意大利的人文主義學者及爲早期基督教文藝復興的代表，極注意於研究自由藝。其致若望（John of San Miniato）的書札中，認爲自由藝，「乃一種方法而非目的，即規定以達遠大目的之一種工具。倘你願意的話，試思辛尼加於其書札中所說關於自由學問的，請信我罷！你無需另外證明。」(註一) 他否認醫生在自由藝的訓練中比律師或法學家爲優，但對醫學的提倡，却主張全部自由七藝爲之服事，蓋以道德與自然哲學、及辯證法，乃其必需的條件。當其與樞機多明尼克（Cardinal Dominic）爭論中，古洛哥曾撰有十二章的論著，其中四章闡論自由七藝，正當的順序爲文法、論理學、及修辭，即爲文學的前三藝；繼之以幾何，算術、音樂、及天文，即科學的後四藝。至於自由藝的取材，則參考西塞祿、昆體良、及卡比拉的著作。

二、威格留斯（Petrus Paulus Vergerius，一三四九至一四二八年），爲希臘文名師克里索羅拉（Emmanuel Chrysolorar，一三五〇至一四一三年）的弟子在巴度亞（Padua）大學充當修辭與論理學的教授。他撰高尚品性與自由學問論（De Ingenius Moribus et Studiis Liberalibus）一書，於一三九二年條陳於烏伯提奴斯王（Prince Ubertinus），乃一種最有影響的文件，傳誦凡一百五十年。他主張教育，側重兒童期的宗教與道德訓練；而暢論自由學術（liberal culture），下以定義說：「是對自由人有價值的；靠此學問，我們可達致而實踐道德與智慧；教育所奮勉者，乃訓練及發展軀體上心思上令人高尚的最高天賦，若對其作適當的判斷，在品位上僅次於道德罷。」（註二）自由學問的科目是：歷史、道德哲學、雄辯術，繼之以文學（文法與文學）、論理學、修辭、詩詞、音樂、算術、幾何、天文及自然研究，而以醫學、法律與神學的三種專門訓練殿其後。法律雖原爲一種職業，但當實用時可作爲自由學問之一種。自由藝的課程，在自由學問中亦極爲注意。他論自由七藝的定義與效用如下：

「因此，文法與作文規例的重要性，在發端時必須認之爲基礎，此種基礎，卽文學的全部修習所須依靠的；與此基礎密切相聯繫者，乃辯駁的技藝或論理的辯論。此藝之效用，能使我們於討論中由眞理辨別虛僞。實在，從提供學習的眞方法而言，論理學無論在任何科目中，是指導智識之獲得。修辭次之，是精確的討論形式的研究，由是我們可達成雄辯的技藝。……

從音樂來說，……以其素爲道德的與精神的性質而作健全再造的教導，音樂是一種眞正的自由藝，並且，關於其理論與實際兩者，在教育中應佔得一地位。

算術，論數字的特性；幾何，論面積、線、平面、與立體的特性，以其賦有確實的一種特殊原理，皆爲重要的學問。星宿的科學，其轉動、光度、與距離，幫助我們對上空瞭然的鎭定。我們由是可默察恒星、或行星的交點，及預測日蝕與月蝕。」(註三)威格留斯解釋自由七藝的理論，和中世紀學者們的觀點相似，可見其師承所自來了。他對於治學的方法，並非求對全部學問都明瞭，由於個人的才能受着限制，一種學問的精通，應由畢生以從事之。

三、威托里諾(Vittorino de Feltre，一三七九至一四四七年)，曾在巴度亞大學領受博士學位，而繼巴西沙(Gasparino da Barzizza，約一三七〇至一四三一年)爲其母校一著名的文法教師(一四四二年)，他是一個顯著的基督教徒的榜樣，可是由其倡導，教育復變爲希臘的。其教育目的，是「確保心思、體格、與本性之諧和發展。」(註四)他在曼陀亞(Mantua)所創設的怡樂院(La Casa Giocosa)，甚爲著名，其要旨是廣博的修習經學，並注意遊戲與競技，啓發美學，重視道德的與基督教的影響。這種教育的類型，是培養人文主義、俠士之風、與基督教。學習的課程，除辯證法外，對全部自由七藝，極爲重視。威托里諾注意於早年期拉丁文與希臘文的文法之學習，並注意於由修辭所成就的演講、作文、及體裁之雅致，故對於西塞祿、惠吉爾、奧維德、賀拉西、荷馬、德摩士達尼斯、以及其他標準的拉丁與希臘作家之長章節，很用功的摹仿與記憶。辯證法則列爲次要的地位。前三藝與後四藝，不容分離。他嫻熟數學，特別擴大其範圍。算術是在初步的階段，依循古埃及人的練習，作競技而教授。幾何一科，他在巴度亞會享盛名，所教授者包涵繪圖、量度與測量、及代數的原理。他拋棄占星學而重視天文，教授關於天體的智識。小量的音樂，亦規定應修習的。威托里諾冀圖規復全面發展的經學理想，其學旨雖然是人文主義型，但以重視基本的中世紀自由藝與基督教的倫理道德，故其本質與精神，仍屬於基督教的。

四、阿爾伯地（Leone Battista Alberti，一四〇四至一四七二年），對於教育的目的，定其義爲天賦能力的改善，由於訓練，及由於家庭責任與關係的高度準則之啓導而認識，並由於藝與文學的專修而增進。教育的理想，乃爲着造就公民、學者、朝臣、演講家、王侯、及都督而作準備的陶冶。依其教育計劃，一個學童很容易學習了讀寫，迨開始學習算術與初步練習幾何後，再進於拉丁文法。巴立斯安與塞維阿所著的文法，稱之爲可取的。數學特別有興趣，故在其計劃中算術是一種重要的科目。學習幾何後，便進於天文學，這科包涵物理學、地理、與氣象學，後兩者特別基於商業的觀點。音樂爲使一切諧和發展之象徵；在一顯著的走廊中，他會指示建築家根據音樂所表示韻律的法則，而測定其比例的正確性。

五、西爾維阿（Aeneus Sylvius Piccolomini，一四〇五至一四六四年，後爲教宗庇護士二世 Pius II），撰有自由教育論（De Liberoum Educatione，一四五〇年）。此書是由異端教育家如昆體良與僞普魯托克（Pseudo-Plutarch），及著名基督教的教師如聖巴西略與聖吉羅莫等著作，擷取其要義的綱要，而提出對兒童教育頗算完全的計劃。其教育的理想，認爲凡其興趣注意於實際生活的人，「天賦的能力，需靠方法的訓練與經驗而發展；性質、訓練、和實踐——似爲全部教育的三大要素。」身與心兩者，必須平衡發展。在研究方面，哲學與文學，同等重要，但哲學乃全藝之母。在課程方面，他像威托里諾一樣，重視自由藝的教學。論到智慧時，他承認自由七藝的地位，但「智慧所包涵的，以其窮究人與神的萬物之理，比所蘊於自由七藝之範圍內爲多。」（註五）關於自由七藝的效用，在講話的技藝之下，他認爲「文法的效用，以處理其表示；辯證法的效用，以授其要義；修辭的效用，則以解釋之。」(註六) 文法、辯證法、修辭、與哲學，將有助於演講術的至善，前三藝的關係，「文法與修辭之間，必需有密切的聯繫。」(註七)「你亦不能忽略辯證法，在其傾向中與修辭的關係有如此接近；以兩者相似之目的，皆在篤信理由。」(註八) 數學方面，「幾何是特別適宜於兒童的早期教育。它兼促進知覺能力與推理力量。與算術科合併，你的教師於訓練課程中自然將包括此兩科。幾何的價值，可由敘拉古（Syracuse，在西西里島）的事例，爲之證明，這座城堡（抵抗羅馬）堅持其守禦者，獨賴幾何學家亞基米德的技巧之功。此外，幾何的研究，提供我們的推理方法，比由辯證法所供應者爲準確；對於許多表面適當的假定，每藉幾何眞理之嚴密觀察而修正。……王侯對於天文學，不應茫然，此乃揭露天空，而對易簣的人們，由其方法以解釋蒼天之謎。」(註九) 至於音樂，「用力於安慰與振奮精神而感化心思」的。(註十)

上述南派的人文主義學者，雖然注重經學，視作自由學問的泉源，但以自由藝定爲教學的重要課程，不過拋棄中世紀的形式。由於專攻經學，以文法修辭爲其準備的工具，故自由藝對經學的修習，實相輔相成。北派的人文主義學者，也以自由藝爲教程，但其科目範圍較廣，更不受形式的拘束，且稍注意於哲學，故辯證法仍維持相當地位。著名的人文學者，有亞格里古拉、伊拉斯莫、沙度列陀等，茲分述如下：

一、亞格里古拉（Rudolf Agricola，一四四三至一四八五年），有「日耳曼的佩脫拉克（Francesco Petrarca，一三〇四至一三七四年）」之號，乃一辯證法家，曾攻讀於伊福爾特（Erfurt，數學與哲學)、勞維仁(Louvain)、哥隆(Cologne，神學)、巴黎、及巴維亞(Pavia)等大學。遊意大利七年而北歸，對於希臘、拉丁、法蘭西、意大利等語文，以嫻練著名。他曾翻譯琉坎、愛蘇格拉底、僞柏拉圖語錄(Pseudo-Platonic Dialogues)，及巴立斯安等著作。亞里斯多德、普林尼、辛尼加、及昆體良的論著，亦爲其愛悅。他撰有論辯證法選題(De Inventione Dialectica)，替代了亞里斯多德的修辭，而爲巴黎大學的教本；又撰有論學習的規則(De Formando Studio)一書，是關於課程的改革。亞格里古拉對人文主義所提出的觀念，認爲人類要有哲學——哲學者，乃全部教育之終極目的。哲學分爲三部份：即品行的藝、自由藝的範圍、及發表思想的藝，自由藝的範圍，如歷史、地理、科學、政治、思想、文學、醫學、及美術，乃智慧的次一面，僅在經學作家中可窺見之。關於發表思想的藝，即屬於前三藝的範圍，在寫作的或講說的全部演講中，有三個因素：即演講者、選定之題旨、及聽講者。因此，凡成功的演講術，必須注意者：演講者所講的明暢、題旨的理由、及聽講者之悅服態度。爲着保證第一種，是文法教學的目的；第二種，對事實之秩然有序的解釋，是由論理學以求之；第三種，則由修辭而得。

二、伊拉斯莫(Desiderius Erasmus，一四六六至一五三六年)，乃人文主義中一位具有很大影響力的教師，亦爲當時最進步的學者。他翻譯及注釋聖經，其中一部份爲教士們的論著，特別爲吉羅莫的。他並編纂許多拉丁文的經學，如西塞祿、琉坎、蘇都紐斯、巴勞陀斯、辛尼加、泰倫斯等名著；又發表亞里斯多德、攸里畢(Euripides)、琉坎、普魯托克、及李巴紐斯的選集之拉丁文譯本。於其研究的方案中，提示意見，對作者與原文、固然揣摩，而方法亦應仿效的。他又認爲眞理與言詞應該研究，而對眞理的研究，又應與言詞的研究，一齊進行。言詞的研究，首先產生，但眞理的研究，更爲重要的。對言詞的研究，文法因而佔着第一地位，俾講話的能力，獲得正確；對眞理的研究，必須注意於眞理的智識。譬如摹仿西塞祿的，自應摹仿其思想與其判斷，而非其體裁。伊拉斯莫的教育理想，包涵於「一種共通語言——拉丁語，一個共同教會，一種文化及永久和平的聯合標準」之內。他認爲文化在傾向上根本是社會的。他所見到的，宗教與品行的動機，是與較好的政治和社會條件有密切的聯繫。開明基督教與古代智慧的匯合，爲醫治全世界黑暗的藥石。唯有對古代作家們，作有系統的研究，方能使人類智識精煉而進步。文明社會之有組織性生活，乃爲有生存價值的生活。因此，其教育目的是一種社會的目的。舉凡所有教化，最後的乃喚醒個人及澄滌社會的秩序。經學的語言與文學，是顯著的達成此目的。故他贊同經學之廣博修習，以培養其智識、經驗、與判斷。在青年的訓練中，重視個人的誠敬與基督教信奉的原理。他認爲基督者，是至善的榜樣，乃基督教徒唯一的教師，而爲所有品性與智慧之至善的模範。社會的目的，由個人藉自由訓練的發展，始能達到。

伊拉斯莫於其所著新工具（Novum Instrumentum）一書，認爲對拉丁、希臘、與希伯來三種語言具有相當的智識，當爲首要的事。在學問的分科中，他列舉辯證法、修辭、算術、音樂、與占星學。至於土語，他是不喜歡的。根據學生對作家的閱讀和發表思想的需要，文法是應教授，其他各科列爲次一等。伊拉斯莫認爲文法的效用，作爲解釋與作文的一種指導。他有時擴展此名詞，效法昆體良以包括文學的研究在內。但作爲定則的，他限制文法一字之應用，乃字之變化、造句法、及詩學。伊拉斯莫所持文法方法的觀點是啓廸性的，故其視文法乃一種工具。他又認爲由中世紀所創之現行文法，有兩種缺點：一爲從未援引經學作者的詞句，以對規例的解釋；二爲中世紀教師並不致力於字彙（Vocabulary）。高級拉丁文學習，需要文法之更爲專精。發拉（Lorenzo Valla，一四一五至一四六五年）的拉丁文之優美（Elegantiae Latinae）及比魯地（N. Perotti）的初階（Rudimenta，一四七二年），應爲學生所採用的教科書。伊拉斯莫參考杜納陀斯文法，亦撰有論多種事件與動詞（De Copia Rerum et Verborum），爲拉丁文造句法的教科書。應用於希臘文的原則，亦可用於拉丁文。他所編之迦薩（Theodorus Gaza）的希臘文法，用作一種穩當的有系統處理之模範。至於修辭，人文主義學者對於其字義、詞句、例證、批評、原則，大多抄襲昆體良的。在教育上對此科要義所持的觀點，伊拉斯莫乃人文主義教師之唯一代表。他認爲西塞祿與德摩士達尼斯的修辭，出類拔萃，昆體良爲此藝的大師。學者對其揣摩，不必限制。李維、沙盧斯特與塔息陀、德摩士達尼斯與愛蘇格拉底、及修辭詩人的琉坎，應視爲作文的模範而誦習。除文法與修辭外，伊拉斯莫對其他各藝，並不重視。像論理學，伊拉斯莫認爲無論在文法上或神學上，如謂其涵有學術方法的意味，或基於教育的觀點，如謂其有助於作文的題旨，均不置信。他雖非要求學童對論理學的法則，完全忽視，但不必强其受訓練，以免對辯證的欺詐與翻覆的不合理把戲，表示讚美的。實在，伊拉斯莫對於學童應否使其學習許多論理學，或成年人應否逾乎其應用的範圍而致力研究，深表懷疑。數學的訓練，伊拉斯莫非常簡略的將其棄置了。算術常被人文主義學者由自由藝中所排斥，它是停滯於最粗淺的階段，對於使用阿拉伯符號，並未有效果可言。數字在商業上應用，僅爲經驗的，而羅馬符號之使用，除作簡單的計算外，是與任何方面不相容。音樂，伊拉斯莫未有決定的意見。當然，他知道希臘人視唱歌與遊戲爲自由藝，並分析各種音階。在純客觀的方法，他承認希臘理論中音調對性質的關係；及有些作家們，以爲如不根據國家的素性而濫倡一新音調，是干犯法紀的。占星學，在其本身是無益的研究；這種觀點，自佩脫拉克以降幾爲每一人文主義學者所堅持的。但伊拉斯莫認爲學生對占星學應精熟多少，因其事蹟，每在詩人中出現。至於幾何，在教育上並無足稱。於論多種事件與動詞一書中，暗示平方與圓形的智識，勸告學者要明瞭。要言之，伊拉斯莫以經學爲學問的中心，對自由藝只重視文法與修辭兩科而已。

三、沙度里托（Jacopo Sadoleto，一四七七至一五四七年），是羅馬教宗的秘書，法蘭西南部卡賓他拉（Carpentras）的主教、及樞機，撰有論訓誨兒孫之正道(De Liberis Recte Instituendis，一五三〇年）一書。西塞祿與亞里斯多德，爲其主要的研究。根據沙度里托的意見，教育有兩方面：一由於反省、自修之結果；另一爲訓練與權威的命令所强迫。培養性質的此兩種力量，是對天主的曉悟與敬畏，及家庭儀型的感化。其粗擬修習的課程，與過去世紀曾經慘淡經營的人文主義學者所實施的不同。以文法而言，他不贊成伊拉斯莫將字之變化與造句法兩者混合——此爲若干教師所傳授的。其全部實際的內容，爲品詞、語尾變化、字與字之文法相符（Concords）、音節之長短、及誦讀所應學習之正字法。文法僅作如此教授者，實爲一種入門的初步，而由作家的讀物中，擷取定例之論理的提要，並非不注意的。其次作文，乃文法的練習，兼作構造。修辭，以西塞祿爲摹仿的模範，採取文法之造句法定例，加上論理的與風雅的解釋之原理，遂產生其所撰寫明確而感人的散文。辯證法，乃哲學見解中兩大因素之一，應直接向亞里斯多德探求。算術者，是一種必需的學識；作爲抽象推理的形式，不靠具體的實例，它是一種有價值的思想訓練。以其引致於所有數學的訓練——音樂、幾何、與占星學，均需藉賴它，故在教育中佔着重要的地位。幾何、作爲一種嚴密推理的科目，是智力遊戲之直接來源。並且，幾何實際應用於建築、雕刻、圖畫、堡壘與其他尙武的技藝，而用於航行與地理方面，尤其令人注意。天文學，則研究托里買的原理。至於音樂，他對平凡的及卑靡感動而無價值的曲調，與那强有力的、完美的，而其效用又能陶冶、增强、與鼓舞人類感情達於最高尙者的音樂之間，釐定其區別的。

四、威化斯(Juan Luis de Vives，一四九二至一五四〇年)，生於西班牙的維連西亞(Valencia)，曾在勞維仁大學教授亞里斯多德的哲學，而與伊拉斯莫結爲莫逆。其後，應烏爾西(Wolsey，英國名臣)的邀請，遄赴英格蘭，於其對牛津大學各計劃中，曾殫思竭慮欲使這大學成爲在文學上之領導地位。他的最飮譽之宗教性著作，爲對聖奧加斯定的論天主之城(De Civitate Dei)之評註(一五二一至一五二二年)。論天主之城傳註的論靈魂與死亡(De Anima et Vita)與對於巴黎大學研究與方法之批評的僞辯證家(Pseudo-Dialecticos，一五一九年)，乃其主要的哲學論著。拉丁語練習談(Colloquies Linguae Latin Exercitatio，一五三八年)一書，輯集兒童生活的正常經驗所編成，爲初學拉丁文者之用。但其作爲一教育家的經驗與教學智慧的寶庫，則爲學問的遺傳論(De Tradendis Disciplinis，一五三一年)，此書與烏高的教授法論，頗相類似；其內容凡二十册，分爲兩部份：一、闡論文法、辯證法、修辭等科學衰退的原因；二、解釋學校需要改革的理由及其成就的方法，提出實際的感想，其重要論題如學校位置，教師資格、課程、所用之方法、及訓練等。課程的排布，依如下的次序：語言(Linguae，此名詞用作關於文法的)、論理學、物理學、形而上學、辯證法創造者

（Dialectica Inventrix）、修辭、與數學。拉丁文用土語教授，普及的語言最爲需要的。威化斯依循發拉的觀點，主張文法應把中世紀觀念及中世紀字彙放棄。此書之首先七冊，暢論文法不應採士林哲學家的精細態度而鑽研，只須當作文學而修習。修辭，主要的爲西塞祿及惠吉爾，注意其與語言相聯繫。此科志在由美感的與感情的衝動，並作嚴密推理的效用。他抨擊對西塞祿作卑鄙的摹仿，凡精熟西塞祿的修辭者，並非對其直接抄襲，只揣摩其精神。辯證法與修辭，寧視作藝的工具而非藝的本身，由自然傳授者較由教師爲佳。他亦常欽佩亞里斯多德與昆體良。在牛津大學時，威化斯撰有修辭的簡論，並將愛蘇格拉底的亞里奧巴吉地（Areopagitica）及尼可古（Nicocles）兩篇演詞，由希臘文譯爲拉丁文。關於論理學，他對於論理的學說，並無增減，只認爲此科是對青年的訓練。可是，他批評辯證家每忽視栢拉圖、西塞祿、辛尼加、普林尼、吉羅莫、與盎博羅西等作者；並嘲笑中世紀將新舊論理學的劃分，認爲最無理由，顯然的以其昧於歷史的事實之故。威化斯對於算術、幾何、天文、與音樂之有限度智識，認爲無需更多，如逾此範圍，或有危險，因數學之理想，「心思離却生活的實際關係，使其未能適應具體的及世俗的實在。」（註十二）然而他指責巴黎大學之數學，並未依照古代的成規而教授。在其讀物表中，他不承認任何中世紀的作家，迨其提到數學一科時，才說及薩克羅波斯古、約但奴、布拉德華丁等。他雖然並未懷疑星宿對人們的軀體以許多影響，但拒絕天文一藝。

五、伊爾約（Thomas Elyot，一四〇九至一五四六年），於一五三一年發表其名著監督者（The Boke Named the Governour），重述意大利人文主義學者之思想，比是時任何其他英人產物爲充實；此書對英格蘭教育家，尤其對於亞斯堪有實際的影響。他具有栢拉圖、亞里斯多德、西塞祿、昆體良、普魯托克的直接智識。他並編有一部使人聰慧之智識的問答式小冊；又進行編纂一部拉丁文與英文的字典。伊爾約認爲兒童之教養，由最早的幼年期起，特別注意其品性、護士、導師、教師之選擇。他擬訂教育爲三個階段：第一、幼年的；第二、經典散文的；第三、哲學的。理想的教師：一爲拉丁語學者，有普遍閱讀拉丁文學的能力；二爲音樂家，教授音樂及鑑賞詩詞之美；三爲占星學家，由詩詞及散文中了解對於天體的暗示；四爲哲學家，教授道德哲學及訓練良好行爲。其教育的第一階段，兒童先教以拉丁語，並應教以文法。文法的教科書，包括伊索寓言、盧西安（Lucian）的精選語錄（Select Dialogues）、亞里斯托化尼（Aristophanes）的喜劇、及荷馬、惠吉爾、奧維德、西琉斯（Silius）、琉坎、希西奧度（Hesiodus）、斯他拉布（Strabo）等的名著。第二階段，是統歸於演講術、歷史、與宇宙學的綱領之下。對於演講術入門的教本，爲西塞祿的辯證篇，或亞里哥拉（Rudolph Agricola）的論辯證法的選題（De Inventione Dialectica）。十四歲的學童，應直接向演講家及修辭的作家學習。「修辭的藝，似乎要教授，無論在希臘文的赫莫澤尼，或拉丁文的昆體良由（其演講原理）第三冊開始，勤劬的教導兒童以學習修辭的各部份，尤其最重要的，關於說服的部份。」（註十二）此類論著，要與西塞祿、愛蘇格拉底、及德摩士達尼斯的演講輯集，作爲論理的說明與精選的措詞所誦習的模範。修辭的技術，僅屬於雄辯的一部份。伊爾約對雄辯術的高等觀點，亦完全同意。談到宇宙學（地理與天文），他要求地理的研究，以其對歷史有關係的。歷史所研究的包括李維、任諾反（Xenophon）、昆度斯（Quintus）、卡修斯（Curtius）、凱薩（Julius Caesar）、沙盧斯特及塔息陀等的著作。伊爾約進而提倡遊戲。音樂亦應教授，但不能過度縱情。「對於這種音樂的評論，余非認爲引誘高尚人們僅於奏唱中有如許愉快的，而要令其神聖之修習與快樂。」（註十三）第三階段，大部份屬於哲學，首先爲亞里斯多德的倫理學（一與二），其次爲西塞祿的職責論（De Officiis），然後進至栢拉圖，一個人的鑑別力，始成爲完全的。

六、亞斯堪（Roger Ascham，一五一五至一五六八年），是一位代表英格蘭的人文主義學者。其學校教師（Scholemaster）一書，分爲兩冊：第一冊論青年的培養；第二冊論拉丁語的準備方法，卽青年教育的工具。其對教育主旨之分析，表示經學的廣博智識；其所提倡的，與伊拉斯莫的相類似。他認爲青年的培養有三特點：宗教的眞理、生活的誠實、及學習的適當。「余與全體優良學校教師們，欣然同意這些特點：學童於學習上要使其達致優良的圓滿：態度上完全誠實、所有缺點要適當的改正、每種惡習要嚴格的滌除。」（註十四）達到此種目的之方法是文學，及「包涵於文學中之生活的批評。」語言的學習，在其要素上是文學的專修，而訓練在其教導、辨別、與判斷的能力各步驟中奠立高深學問的基礎。在其論著中，訓練爲非常重要的部份。他亦考慮科學，卽音樂、算術、與幾何之研究與應用。「這種科學，有將人類心智消磨過度之虞，而將人類的常性改變。故宜將這種學識緩和些，而注重實際。試看專心於數學者，每離羣索居，又不能應世。上面所說的，並非由通常經驗而知之，而早經古代賢哲的批評與判斷了。」（註十五）

統括上面來說，人文主義學者對於教育的目的、教學的方法、課程的分配、與自由藝的地位，可略窺其一斑。但由於此種思潮的影響，新型學校的組織，適時而興，自由藝仍作爲主要的課程而教授。茲舉英法兩國爲例。

一、英格蘭　溫徹斯打之聖瑪利學院(Seinte Marie College)，由韋廉主教(Bishop William of Wykeham)所創（一三八二年），爲牛津之新學院，供應七十名學者，以便訓練爲教士。他批准其基本許可狀說：「最後的創設及爲着七十名貧苦學者與執事(Clarks)而設立之一所永久性學院，俾其在牛津大學以專修神學、教會法與民法、以及自由藝。」(註十六)　伊頓學院（Eton College）由亨利六世(Henry VI)所創立(一四四〇年)，視作一所「前三藝」的學校，即以文法、辯證法、與修辭，爲基本的教學，準備學生升入在劍橋的國王學院（King's College)。溫徹斯打（Winchester）與伊頓兩學院以及各大學，會受英王亨利八世的優待。一五三六年頒佈一法案，豁免他們貢納「最初產物十分之一」(First Fruits and Tenths)，此數原歸於英王之歲入的。在這法案中最感興趣的，即爲英王對於七種自由科學(Seven Liberal Sciences)與拉丁、希臘、希伯來三種語言，保證其智識增進，具有很大的熱心。伊頓學院文法的教科書，包括伽圖（Dionysius Cato）的風俗論（Disticha de Moribus)、亞歷山大的教義、或杜納陀斯的文法第二輯(Editio Secunda)。文法與論理學，在各學校中，應與拉丁及希臘語言相聯繫而修習。可是，修辭與論理學，並非當時大學的科目，而僅爲普通學校的課程，其開始學習的年齡很早。前三藝爲文法學校的範圍，而後四藝與神學，則列爲大學的範圍。在文法學校中，雖然有些注重修辭與論理學，但文法顯然是給與榮耀的地位。前三藝的課程，各大學每不承認論理學的重要性，而再注重文法與修辭。

二、法蘭西　是時法蘭西產生兩間新型的學院，即在巴黎的法蘭西學院(College de France)及在波爾多的格茵尼學院（College de Guyenne，一五三三年立)，是由法蘭西一世（Francis I，一五一五至一五四七年）所創設。格茵尼學院曾改組爲十級的改革文法學校，幾完全教授文學與文法。由第十級（最低級）至第一級教程，文法的教科書，包括伽圖的風俗論、哥地亞（Mathurin Cordier，一四七九至一五六四年）的演詞示範（Exampla Partium Orationis，一部文法的小册）、達波泰亞的拉丁文法。修辭則有西塞祿的論演講家、書牘（Letters）、家札（Epistolae Familiares）、或對雅典人演詞（Ad Atticum Oratione）等、泰倫斯、哥地亞的會話（Colloquia）、奧維德的變態及離憂（Tristia）、伊拉斯莫的能力論（De Copia）、昆體良的演講原理。並設有大學的文科兩年課程，授以自由藝的科目，側重論理學與修辭。第一年授課，爲亞里斯多德的論理學（拉丁文譯本）、普非里的導論、希臘文（繼續授課）、西洛斯（Psellus）的數學袖珍（Mathematicorum Breviarium，一部算術、音樂、幾何、及天文的綱要）。第二年，爲亞里斯多德的物理學、宇宙論、及其他通常誦讀的科學書。自然哲學，根據古代學術而研究，但無獨立的思想。希臘文與數學，如上的繼續授課，並加以蒲魯古斯的天球論（De Sphaera）。這兩年課程，乃威尼特（Elie Vinet，一五五六至一五七〇年）當校長時所添增，也是這校最發達的時期。他編有教學課程的大綱，約和同時期的梅蘭克吞和史托爾莫的高等學校，或伊頓學校的計劃相類似的。

## 第二節　宗教改革

第十五世紀學術之旨趣，是文學的與美學的，和包括經學之恢復與評價。第十六世紀之旨趣，則爲倫理的與神學的，包括批評與復興，而不在評價。此種批評與復興，是指示宗教趣向於兩方面：一爲抽象的與神學的；一爲實際的與道德的。前一時期爲文藝復興；後一時期，歷史家稱之爲宗教改革。宗教改革，初爲一種宗教的及社會的運動，對於宗教的道德主義，在經典上認爲需要一種進步的解釋，乃以聖經的要旨，作爲信仰的主臬，而替代教堂的權威。文藝復興教學的內容，只側重於人文，即如中世紀之側重於宗教與道德一樣。宗教改革的教育家，採納人文主義的課程，其目的雖與早期人文主義教育家的不同，但對理性的重視，是屬北方的文藝復興。此乃一種道德的與一種智識的或神學的，故爲文藝復興的態度之延續，不過用之於宗教的信仰或實踐而已。這些人文主義學者，對新學術具有改革的傾向，集體的擔負改革運動——趨向於社會的與教會的改革。他們對教育最大影響者，是基於公民的普及的教育之觀念而創立學校的制度。於智識的學問中，自由藝的前三藝，視爲構成思想訓練的理論，在所有基督新教徒的學校中，普遍教授。拉丁文與希臘文，並不攘奪前三藝的地位，只作爲教學的媒介。後四藝不及前三藝的重視，而教授大半爲理論的，但音樂在教學上是非常重要。新教徒的學校中，對於自由藝的教學，可以路德、梅蘭克呑、史托爾莫及喀爾文等爲代表，茲簡述如下。

路德（Martin Luther，一四八三至一五四六年）者，爲宗教改革家的先進，對於中世紀的自由藝，雖未多述，但他曾說過：在古代羅馬，學子之博學者，不僅擅長拉丁文與希臘文，且亦優於自由藝。他稱許羅馬學子，以精於各藝及富於經驗，遂成爲智慧的、聰明的、與超卓的人，因此日耳曼的教士，莫能與其頡抗（註十七）。可是，他所定教育範圍，較爲廣泛，拉丁文與希臘文，構成其課程之大部份，並加以希伯來語。他又添增論理學及當時所需要之數學，但新側重歷史、科學、與音樂，尤其音樂影響日耳曼人民很大，並有運動與體育。統括其理想的課程，包涵宗教、音樂、拉丁文法、伊索寓言、有限度的拉丁文學、拉丁戲劇、修辭、辯證法、數學、托里買的天文、倫理學、物理學、神學、歷史、希臘文、及希伯來文。他對於前三藝的文法、論理學、與修辭，頗爲重視。文法，側重其概念之眞實，首明文字之含義與意指，則對文字或文法的了解，自然較爲容易了，修習文法者，要研究聖經的內容，方可成爲良師。論理學與修辭兩藝，他譬喻其關係來說：「論理學是一種高尚的藝；不論錯誤的或正確的，它直接說出，像我要說：給我以飲。但修辭則加以潤色，例如：惠我以舊釀而可愛的瓊漿，即波泛泡紋的琬液，可使心脾陶然！」(註十八)論理學是教導，修辭是感動與說服；前者在乎了解；後者則控制意志。他又認爲學生所應學習者，不僅限於語言與歷史，且亦爲音樂及數學的全科。尤其音樂，可稱爲藝中最優良者之一，乃天主最公平的與優美的天賦，人們受其陶冶，則較爲文雅的與溫柔的，更可使有禮貌的與有理性的了。梅蘭克吞（Philip Melanchthon，一四九七至一五六〇年）爲日耳曼一導師，其致力的途徑與伊拉斯莫相同，由教師的訓練，教科書的編纂，及學校的組織，而將宗教改革的理想，付諸實行，故其比路德爲更有效的教育家。他對日耳曼教育改革的貢獻，猶諸路德對於宗教的改革。當少年時，他在海德堡（Heidelberg）與托賓根（Tubingen）兩大學深受自由藝教育的薰陶。後在威丁堡（Wittenberg）大學，講學凡四十二年，對古代文學的研究，是五十年間最大的鼓舞，由其影響，此大學乃沿人文主義與宗教改革的路線而改進，變爲日耳曼新大學的模範，而其理想，由遣出之教師，傳播於全德。他爲着便於青年易於領受此種學問起見，編撰許多教科書，計有希臘文法、拉丁文法、修辭、倫理學、歷史、物理學各一部，論理學兩部，作爲初級教學之用。前三藝的效用，文法是講話的寫作的一種正確的方法；論理學，指定以助於對亞里斯多德更佳的了解，即提供一種眞確的、純正的、與無僞的論理學；修辭規定爲對著作的了解，作爲一種基本的指導，且可領悟雄辯術的範圍而不致陷於迷惑。他對於西塞祿、泰倫斯、沙盧斯特、奧維德、與昆體良等修辭的著作，及亞里斯多德的倫理學與政治學的選集，撰有評註。至於數學與自然科學，梅蘭克吞乃文藝復興時期第一位教育家要求在大學與高等學校中對其作有系統的處置。他曾發表古代數學史的演講（一五三六年）又編纂薩克羅波斯古的天球論及秘亞巴克（Peuerbach）的算術。天文學與物理學，他在大學曾有許多活動，但無創造的貢獻，亦無教授的方法。歐克里德、托里買、亞里斯多德、普林尼、及美拉（Pomponius Mela），爲其所宗之師承。對於學校改革的計劃，拉丁文學校分爲三組：教授文法、修辭、與論理學的前三藝，並加以音樂。在拉丁文學校與大學之間，設有高等學校（Gymnasis），其修習課程，包括拉丁文、希臘文、希伯來文、辯證法、修辭、數學、與宇宙學。此種計劃，實際上保留至第十九世紀而不變。一五四五年，他又撰有神學科與自由藝科管理的律例與規章。自由藝設教授十名，以講授拉丁文、希臘文、及希伯來的文學、倫理學、數學、物理學、辯證法、與修辭，此爲較高深的學問。是時，北歐有宗教社會的共同昆仲生活會，影響於教育很大，介紹經學於學校中，風靡一時。史托爾莫（John Sturm，一五〇七至一五八九年）曾爲其中的學生。他在巴黎大學任經學與辯證法的教師時，與由意大利傳來之人文主義有些接觸。自一五三六年起，他在史托拉士堡（Stressberg），將市立拉丁文學校，改組爲一種人文主義的高等學校（Gymnasium），主持凡四十五年，而成爲歐陸上最著名的經典學校，並爲耶穌會及歐洲所有中學之模範。教育之目的，爲培養學生誠敬、智慧、及講話的技能；其訓練，利用宗教與新學問爲方法，陶冶青年爲教會及市民的領袖。這種學校與文藝復興的學校相同，但重視其組織與方法，而有修習的固定計劃。學校分爲十級：由第十（七歲）至第三級（十四至十五歲），其課程側重讀、寫、文學、音樂、文法（拉丁文與希臘文）、及演講。文學的作者，包括西塞祿、泰倫斯、伊索、馬施爾、賀拉西、惠吉爾、片達（Pindar）、巴勞陀斯等。由第三級起，開始教授修辭。在第二級（十五至十六歲），修辭專修德摩士達尼斯與西塞祿的演講原文。論理學與數學初階，亦開始教授。第一級（十六至十七歲），除論理學與修辭繼續修習外，並授以歐克里德的幾何（第一冊），及天文學的初步。此課程的特點，以前三藝爲骨幹，數學一科尤其幾何，給予鮮明的認可，拉丁文講話與寫作，最爲重視，希臘文僅有稍低的地位。拉莫斯（Peter Ramus，一五一五至一五七二年）乃一極著名的教育改革家，抨擊亞里斯多德的全部學說，認爲是虛僞的，並主張學校應側重經學、數學、科學、及土語之修習，而解除宗教權威之束縛，根據較廣泛的人類興趣而作科學之改革。他縮編七藝課程的期限爲七年；改革各科自由藝，改善其基本的學習，使獲得較簡單與較容易的方法。他的努力，直接注意於古代作家的智識之系統化與簡單化，而將中世紀的繁冗注疏與綜錯裁削。由此方法，使智識更適用於實際的社會情形，並把宗教的控制而解除之。最後，因其側重數學與科學，而使其易於成爲新數學與新科學。他撰有自由藝的研究（Scholae in Liberales Artes，一五六九年），七種自由藝的科目以及數學、物理學、倫理學、形而上學、與神學的教科書。對於前三藝、自然爲文法、修辭、與辯證法；而後四藝呢，則包括數學（卽算術與幾何）、物理學、形而上學、及倫理學。對於七藝的理論，他認爲文法是講話正確的技藝，採取一種簡易的方法，而對現行的文法，應滌除大部份謬誤、不適當、與重複的。修辭是有效演講的技藝、應用眞實、公正、與智慧的原則，爲修辭的內容。辯證法是善於討論的技藝、其最實用的辯證法，對於說服與解釋的技藝比諸眞理發現的技藝爲多；那些爲着辯證法之詭辯的爭論、不惟無益，而有害之。至於四藝，音樂經已衰退，他並未冀圖以恢復之。天文學包涵於其物理學的名詞之中，以應付天體、地帶、地極、黃道、年代學、及氣候。算術是適當的計算，分爲「簡單的」與「複合的。」幾何是正當量度的技藝，分爲平面的與立體的。喀爾文（John Calvin，一五〇九至一五六四年）在日內瓦組設一種學校，規定其效用爲「自由藝與優良訓練，乃協助世界的完全智識」，使人們適應其在教堂信奉天主或服務於國家，這種學校分爲兩部份：初級部份稱爲學院（College）或私立學校（Schola Privata）；高級部份稱爲專門學校（Academy）或公立學校（Schola Publica）。學院共分七級：由第七級（最低級）至第四級，教授法文、拉丁文、文法、造句法、及寫作。對於作家們，則採用惠吉爾、西塞祿、及奧維德。由第三級至第一級，課程包括希臘文、修辭、及論理學，而教本則採用亞里斯多德、西塞祿、德摩士達尼斯的名著。此顯然是重視前三藝的課程，此類學校，在新教徒社會中，遍設於法蘭西。至於專門學校的課程，每星期共有二十七講：卽神學三次，希伯來文八次，在希臘文中，倫理學三次，詩人的演講五次，物理學或數學三次，辯證法或修辭五次。

上述的宗教改革家，在教育思想與方法來說，不脫人文主義學者的本色。由其思潮的影響，所有北歐各類各式的人文主義學校，無論其修習年限之長短，而教學課程，大都以自由七藝中的前三藝爲中心。要言之，宗教改革家的課程計劃，雖然擯棄中世紀主義的形式，但對自由藝仍作變通的採用。

## 第三節　耶穌會的治學方法

爲着對抗宗教改革的運動，由羅馬正統的基督教（天主教）創設新修院的或教學的制度。這些制度之最强有力及最重要者爲耶穌會（Society of Jesus）。此會於一五四〇年組成，乃反抗宗教改革運動之主要工具。當喀爾文於一五三四年撰著其教理時，依納爵（Ignatius Loyola，一四九一至一五五六年）創設耶穌會士（Jesuits）之制度。及喀爾文在日內瓦組織專門學校及學院時，依納爵在羅馬亦設立相同的學校以訓練學生，遙遙相對。耶穌會士訓練之目的，是培養「基督教之士與基督教的學者」。耶穌會箴言：「一切乃爲天主更大的光榮」，卽表示其教育努力之終極目標。耶穌會士學校之主旨，是屬於人文主義的而加以宗教性的制度。其會章（Constitutiones）分爲十部份，第四部份爲治學方法（Ratio Studiorum），直至一五九九年方完成，保持於一八三二年而不變。會章規定耶穌會士教育的組織：一爲初級學院（Studia Inferiora），約等於中學性質，嚴格訓練經學語文、文法、修辭等基本之學；二爲高級學院（Studia Superiora），約等於大學性質，專授後四藝、科學、及哲學的課程。初級學院的課程分爲五級，前三級側重文法，後兩級則授修辭。第一級爲低級文法，授以拉丁文與希臘文初階，誦習簡易的選集。第二級爲中級文法，志在修習文法的智識，拉丁文的讀本爲西塞祿選集、凱薩（Caesar）的傳註、奧維德的簡易詩；希臘文則爲伊索寓言、琉坎的語錄選本、及西比斯（Cebes，希臘哲學家）的圖畫（Table）。第三級爲高級文法，拉丁文完成文法的修習，希臘文完成文法的初階，其讀本：拉丁文爲西塞祿友誼論（De Amicitia）、老年論（De Senectute）、奧維德、加陀洛

(Ctullus)、泰巴洛（Tibullus）的選集、及惠吉爾的對話體詩（Eclogues）；希臘文爲聖金口（St. Chrysostom)、任諾反的著作。第四級爲古文學，卽修辭級的準備，拉丁文每日修習西塞祿、歷史家如凱薩、沙盧斯特、李維、卡修斯、詩人如惠吉爾、賀拉西、與其他的選集；希臘文，有詩藝的專修、聖金口、聖巴西略、栢拉圖的書牘等散文、荷馬、浮西里地（Phocylides）、聖額俄略（St. Gregory of Nazianzus）等詩詞，爲作文的示範。第五級爲修辭，完成古文學訓練而進於哲學的準備。高級學院，卽爲哲學科，修業期限三年，其課程不僅爲論理學、形而上學、心理學、倫理學、自然神學，且有代數、幾何、三角、分析、微積分學、及自然科學如物理學、化學、地質學、天文、生理學、及外面的活動。學生對各科考試及格，則授以文科碩士的學位。最後爲神學科，修業期限六年，專授以宗教的課程，畢業則授以神學博士的學位。

耶穌會士學校的特色：一、教師受過長期而嚴格的訓練；二、學校免費，歡迎清寒的學子；三、教育的目的，根據是時的概念，授給一種自由訓練，準備青年以專門的及特殊的課程。依納爵生平中，此類學校，開設凡三十五間；其後繼續發展，數十年間，約增至一百五十間。以其教育方法之成功，影響極大，故耶穌會能異軍突起，而與新教徒抗衡。自由藝的科目，由其治學方法所規定的，皆恢復而運用於課程之中。其理想的課程，屬於普通的，文法與修辭兩科，於文學修習中乃一種堅實的基礎；屬於特殊的，爲論理學、物理學、形而上學、倫理學、及數學、乃學術上的上層建築。基礎務求其牢固，上層則使其豐富而崢嶸。這是耶穌會對於課程斟酌分配的用意，比諸人文主義學者與宗教改革家所訂者，尤爲嚴密。耶穌會士仍採用人文主義的理想，故對於經學，側重文法與修辭的訓練，被人文主義學者所忽視的論理學，却由前三藝脫出，視爲科學，與數學同列於哲學科之下。而哲學科的課程，不限於後四藝，並擴展科學的範圍，但音樂一科，自拉莫斯時期起，實際上已不復見於課程之中。這樣說來，耶穌會的治學方法，對於自由藝的教學，更善於變通而運用的了。

（註　一）Epharaim Emerton, Humanism and Tyranny, Cambridge, Harvard University Press, 1925, p. 323.

（註　二）Petrus Paulus Vergerius, De Ingenuis Moribus, 3, (W. H. Woodward, Vittorino da Feltre and Other Humanist Educators: Essays and Versions, p. 102.)

（註　三）Ibid., pp. 107–108.

（註　四）Ibid., p. 36.

（註　五）A. S. Piccolomini, De Liberorum Educatione, 9, (W. H. Woodward, Vittorino da Feltre and Other Humanist Educators: Essays and Versions, p. 157.)

（註　六）Ibid., 4, p. 144.

（註　七）Ibid., 8, p. 154.

（註　八）Ibid., 8, pp. 154–55.

（註　九）Ibid., 8, p. 156.

（註　十）Ibid., 8, p. 155.

（註十一）W. H. Woodward, Studies in Education during the Age of Renaissance, Cambridge, The University Press, 1924, pp. 202–203.

（註十二）Thomas Elyot, The Gouernour, Book I: x, p. 41. London, J. M. Dent & Sons Ltd.,

（註十三）Ibid., Book I: vii, p. 26.

（註十四）Roger Ascham, The Scholemaster, edited by William Aldis Wright, p. 188. New York, Cassell Publishing Co., 1909.

（註十五）Ibid., p. 190

（註十六）Arthur F. Leach, A History of Winchester College, pp. 65–66. New York, Charles Scribner's Sons, 1899.

（註十七）M. Luther, "Letter tothe Mayors and Aldermen of the Cities of Germany in Behalf of Christian Schools, "tr. by F. V. N. Painter, Luther on Education, p. 181. Philadelphia, Lutheran Publishing Society, 1889.

（註十八）Henry Barnard, German Teachers and Educators, p.157. Hartford, Brown and Gross, 1876.

中華社會科學叢書

# 西洋自由七藝綱要

作　　者／劉伯驥　著
主　　編／劉郁君
美術編輯／鍾　玟

出 版 者／中華書局
發 行 人／張敏君
副總經理／陳又齊
行銷經理／王新君
地　　址／11494 臺北市內湖區舊宗路二段181巷8號5樓
客服專線／02-8797-8396　　傳　　真／02-8797-8909
網　　址／www.chunghwabook.com.tw
匯款帳號／兆豐國際商業銀行　東內湖分行
067-09-036932　中華書局股份有限公司

法律顧問／安侯法律事務所
製版印刷／百通科技股份有限公司　海瑞印刷品有限公司
出版日期／2017年7月再版
版本備註／據1962年6月初版復刻重製
定　　價／NTD 350

國家圖書館出版品預行編目（CIP）資料

西洋自由七藝綱要 / 劉伯驥著.-- 再版.-- 臺北市 : 中華書局, 2017.07
面 ; 公分. --（中華社會科學叢書）
ISBN 978-986-94068-8-8(平裝)

1.課程綱要 2.歐洲

508　　106008213



*NO.F1013*
*ISBN 978-986-94068-8-8*（平裝）